# Curso de Literatura

# española moderna

**Laura Díaz López**
**Pilar Escabias Lloret**

**Gabriel García Bajo**
**Carmen Marimón Llorca**

© Editorial Edinumen, 2013
© Laura Díaz López, Pilar Escabias Lloret,
Gabriel García Bajo, Carmen Marimón Llorca

Depósito legal: M-13928-2013
ISBN: 978-84-9848-381-9
Impreso en España
*Printed in Spain*

**Edición:**
Amelia Guerrero

**Diseño e ilustraciones:**
Carlos Yllana

**Impresión:**
Gráficas Rógar, Navalcarnero (Madrid)

**Editorial Edinumen**
José Celestino Mutis, 4. 28028 Madrid
Teléfono: 91 308 51 42
Fax: 91 319 93 09
e-mail: edinumen@edinumen.es
www.edinumen.es

Este *Curso de Literatura española moderna* está dirigido a **estudiantes de Español como Lengua Extranjera** de nivel **intermedio alto** o **avanzado** (B1.2. y B2, según las directrices del *Marco común europeo de referencia* (MCER) y del *Plan curricular del Instituto Cervantes*). Está planteado como un curso especializado, en el que la literatura ofrezca al estudiante una oportunidad para trabajar la competencia comunicativa y ejercitar todas las destrezas lingüísticas. Por ello, no debe entenderse como un curso estándar para aprender lengua española a través de la literatura.

Con la ayuda de nuestros dos personajes **Helen** y **Akira**, queremos ofrecer a los profesores una **herramienta útil** y **eficaz** que les permita desarrollar una **clase ágil** y **comunicativa**. Para ello, hemos tenido siempre en mente los siguientes objetivos didácticos:

□ **Facilitar el aprendizaje.** El grado de dificultad de los textos literarios es elevado, puesto que se escribieron pensando en un público nativo culto. Por eso, hemos seleccionado los textos basándonos no solamente en el criterio de calidad o de importancia literaria, sino también en las **capacidades**, **necesidades** e **intereses del alumno actual de ELE**.

□ **Convertir al estudiante en un elemento activo.** El libro de texto que presentamos no explica todo; más bien, propone, guía, suscita y estimula. Preferimos que sean los estudiantes los que, guiados por el profesor pero de forma autónoma, lleguen a sus propias conclusiones a partir de las lecturas y las actividades propuestas. De esta manera, hacemos **participativa** y **comunicativa** la experiencia en el aula.

□ **Enseñar de una forma amena** y **creativa,** ya que la motivación de los estudiantes es mayor cuando ponen en marcha dinámicas creativas al mismo tiempo que leen, escriben, aprenden y reflexionan.

□ **Introducir** al estudiante extranjero en aspectos esenciales de la **cultura** y la **historia reciente de España**, que le ayuden a comprender el **alcance social** e **ideológico** de los textos que está leyendo. Es algo que los estudiantes extranjeros buscan: **comprender nuestra cultura**, su identidad y diversidad, y también su tradición y los conflictos que explican su presente.

Las **actividades** que planteamos constituyen el **eje vertebrador** de esta propuesta didáctica. Su objetivo es **poner en práctica** los **conocimientos** y mejorar la **competencia comunicativa** de los estudiantes. Estas actividades se organizan de la siguiente manera:

a. Actividades **previas a la lectura.** Su objetivo es doble: por un lado, **activar** los **conocimientos previos** que ya poseen los estudiantes y, por el otro, anticipar y trabajar el **vocabulario más difícil** para facilitar la lectura de los textos literarios.

**b.** Actividades de **comprensión lectora**, en las que se trabaja el contenido del texto y su organización textual.

**c.** Actividades de **aplicación de contenidos literarios** de diversos tipos:

- Identificación de **aspectos temáticos**, **características formales** y **cuestiones ideológicas** del autor o del movimiento literario del que se trate.

- Propuestas de **reflexión** y **opinión** sobre contenidos que tengan relación con el contexto histórico de la obra literaria y con **temas actuales de interés**.

- Ejercicios de **creatividad**, esenciales para acercarse sin miedo a los textos literarios y jugar con el lenguaje.

- **Búsqueda de información** por **Internet** para la ampliación de contenidos. No se trata simplemente de que el estudiante encuentre información, sino también de que sepa seleccionarla y adaptarla a lo que se le pide.

**d.** Cada unidad ofrece, además, un apartado final en el que se explora un **recurso literario** concreto que permite plantear actividades para fomentar la **creatividad del alumno**.

Esperamos que este libro sirva a todos aquellos alumnos extranjeros que, después de años de aprendizaje de nuestra lengua, buscan también conocer algo más de **nuestra literatura** y de **nuestro pasado reciente**.

Nuestro agradecimiento final está dirigido a todos los alumnos que han pasado durante años por nuestras clases de Literatura de la Universidad de Alicante. De sus ideas y de la ilusión que han sabido transmitirnos nace este libro.

**Los autores**

# ℛOMÁNTICOS Y LIBERALES

La Rendición de Bailén, por José Casado del Alisal

## CLAVES DE UNA ÉPOCA

### AÑOS DE GUERRA Y REVOLUCIÓN (1808-1844)

□ En España el siglo XIX empezó el 2 de mayo de 1808. Ese día el pueblo de Madrid se rebeló contra el ejército de Napoleón y comenzó la **Guerra de la Independencia**, que dejó el país en ruinas. En 1812 y con el rey todavía prisionero de los franceses, los españoles aprobaron en Cádiz una **constitución liberal**, que afirmaba derechos y libertades individuales y establecía por primera vez una **monarquía constitucional**.

□ En 1814 los franceses fueron expulsados y regresó el rey Fernando VII, que dio un **golpe de Estado** para volver al **absolutismo**. Los liberales fueron perseguidos y tuvieron que exiliarse a Inglaterra o a Francia. Durante el reinado de Fernando VII, las colonias americanas fueron consiguiendo una a una su independencia. Con el fin de este **imperio** desapareció también el comercio con América y el dinero para un Estado en bancarrota.

El juramento de las Cortes de Cádiz, por José Casado del Alisal

□ Tras la muerte del rey en 1833, los liberales tomaron el poder y cambiaron las leyes: recuperaron **derechos** y **libertades**, suprimieron el tribunal de la **Inquisición** y establecieron un parlamento y un **gobierno representativo**.

□ España se dividió en **liberales** y **carlistas**, que apoyaban el absolutismo. Ambos bandos se enfrentaron en una sangrienta **guerra civil** de siete años (1833-1840) que destruyó un riquísimo **patrimonio cultural** de documentos y obras de arte de siglos. El país estaba hundido, sin dinero ni industria ni colonias, pero habían dejado atrás el **Antiguo Régimen** absolutista. España se modernizaba, aunque tarde y mal.

1. **Busca en el texto** anterior **las palabras que corresponden a estas definiciones.**

a. .................................................: nombre de la guerra que enfrentó al pueblo español contra la invasión de Napoleón.

b. .................................................: acción violenta del ejército para imponer por la fuerza un cambio político.

c. .................................................: sistema político en que el rey tiene el poder absoluto.

d. .................................................: sistema político en el que el rey tiene que jurar y respetar una constitución aprobada por un parlamento.

e. .................................................: tribunal de la Iglesia Católica que persiguió la práctica de otras religiones.

f. .................................................: asamblea de representantes de la nación donde se aprueban las leyes.

g. .................................................: partidarios del absolutismo que se enfrentaron a los liberales en una guerra civil.

2. **Enumera dos hechos de esta época que consideres** positivos **y dos que consideres** negativos. **Justifica tu respuesta con razones.**

3. **La palabra** liberal **es de origen español pero se ha exportado a muchas otras lenguas. Tradúcela a tu idioma y explica qué significa. ¿Es lo mismo que en español?**

## Navega e investiga

4. **En el** Museo del Prado **de Madrid hay dos cuadros muy conocidos sobre los sucesos del 2 de mayo de 1808 y los fusilamientos del día siguiente.** Averigua **qué pintor los realizó y** describe **con tus palabras qué se puede ver en ellos.**

5. **Existe una serie de grabados titulada** Los desastres de la guerra. **Averigua quién los dibujó y** describe **qué se ve en ellos y cuál es la idea que el autor trata de transmitir.**

# 1 EL ROMANTICISMO

Oye, Akira. ¿Tú qué entiendes por romanticismo?

Pues es difícil, y mira que es una palabra que usamos a menudo; por ejemplo, cuando decimos que una canción es romántica o que hemos vivido un momento romántico...

O que alguien es un romántico y un soñador.

A mí me parece que lo asociamos sobre todo con el amor y el idealismo.

En el fondo, todos sabemos qué es ser romántico. Así que seguro que no nos va a resultar muy difícil hacer esta actividad.

**1.** Elige, entre cada par de términos de la siguiente tabla, cuál te parece más romántico.

| | | |
|---|---|---|
| **a.** ○ Día | ○ Noche | |
| **b.** ○ Campo | ○ Ciudad | |
| **c.** ○ Soledad | ○ Multitud | |
| **d.** ○ Razón | ○ Imaginación | |
| **e.** ○ Subjetividad | ○ Objetividad | |
| **f.** ○ Corazón | ○ Mente | |
| **g.** ○ Presente | ○ Pasado | |
| **h.** ○ Lo exótico | ○ Lo cercano | |
| **i.** ○ Tristeza, angustia, frustración | ○ Alegría, satisfacción | |
| **j.** ○ Conformidad y sumisión | ○ Rebeldía | |
| **k.** ○ Sociedad | ○ Individuo | |
| **l.** ○ Normas | ○ Libertad | |

*El caminante sobre el mar de nubes,* por Caspar David Friedrich

**2.** Haz una puesta en común con tus compañeros para compartir vuestras impresiones y redacta un breve texto que describa qué significa para ti eso de "ser romántico".

# ¿QUÉ ES EL ROMANTICISMO?

**E**l **Romanticismo** fue un movimiento cultural y artístico que nació en Alemania a finales del siglo XVIII y se extendió rápidamente por toda Europa. Dominó el arte y la literatura del siglo XIX, en especial la música y la poesía, pero es difícil saber cuándo llegó a su fin. De hecho, aún hoy perduran algunas de sus ideas, como la del **genio creador** o la de la **libertad creativa**.

## CARACTERÍSTICAS DEL ROMANTICISMO

Las ideas que defendían los románticos en su arte y en su manera de ver el mundo son las siguientes:

### 1. Irracionalismo

El siglo XVIII es el siglo de la **razón**. Por medio de esta, los filósofos ilustrados luchaban para liberar al ser humano del fanatismo y de la superstición. Los románticos pensaban que en el **espíritu humano** había *algo más*: la **imaginación**, los **sentimientos**, la **pasión** y la **intuición**.

### 2. Libertad contra las reglas

Durante gran parte de la historia de Occidente, en especial en el siglo XVIII, se pensaba que la literatura era un arte que se podía aprender mediante una serie de **normas** y consejos para su correcta elaboración, tal y como ya habían hecho los autores clásicos griegos y latinos.

Los románticos, sin embargo, rechazaban estas reglas. Veían el arte como la libre **expresión de un individuo**. Para crear, afirmaban, ante todo **libertad**. Y además de esta **libertad artística**, los románticos también defendieron la **libertad política**, frente al absolutismo, y la **libertad moral**, frente a las normas sociales.

### 3. Subjetivismo

La literatura romántica no aspira a mostrar la realidad objetivamente sino tal y **como el artista la ve**. Conciben el arte como expresión de su **intimidad**, de sus sentimientos y pasiones.

### 4. Nacionalismo

Los románticos alemanes se imaginaron a la humanidad dividida en naciones, es decir, en comunidades definidas por la raza, la lengua, la religión, las costumbres, la historia, etc. Cada una de estas comunidades o naciones presentaba una **visión del mundo** diferente que era necesario descubrir y mantener. No les interesaba lo universal sino lo **pintoresco**, lo que hacía único a cada país. Así que reivindicaron la **lengua materna** y el **folclore**, y volvieron la vista hacia la **Edad Media** para reconstruir la **historia nacional**.

*Doña Juana la Loca*, por Francisco Pradilla y Ortiz

### 5. El malestar romántico

Los románticos se aislaban de la **sociedad**, en la que se sentían incomprendidos. El resultado fue un sentimiento de **pesimismo**, **frustración** y **angustia** que condujo a una **obsesión por la muerte** o al **suicidio** como solución liberadora.

## 6. Rebeldía

La **libertad** era una exigencia primordial. El hombre romántico se rebeló contra las normas sociales, políticas, religiosas y artísticas. En sus obras aparecían **personajes desafiantes** y **satánicos** o se cantaba a seres marginados de la sociedad como piratas, mendigos, verdugos, reos de muerte, etc.

## 7. Evasión

Su malestar dio lugar a la necesidad de huida y evasión, que se orientó en dos direcciones:

**a. Hacia el pasado**: la imaginación del poeta viajaba a épocas remotas, en especial a la **Edad Media**, escenario de numerosas **novelas históricas**, **dramas históricos** y **leyendas** inspiradas en tradiciones populares.

**b. Hacia lo exótico**, en especial, **lo oriental**. En España, el **pasado árabe de la Reconquista** inspiró numerosas obras.

## 8. El amor ideal y la mujer

El amor romántico es la búsqueda de un **ideal imposible**. Por eso, su experiencia amorosa acaba en **decepción** y en **fracaso**, y despierta sentimientos de melancolía y deseos de morir.

Es un sentimiento más espiritual que físico. Ambas experiencias (el **amor espiritual** y el **erotismo**) se corresponden con dos **estereotipos femeninos**:

**a.** Por un lado, la **mujer angelical**, virgen e inocente, pero entregada de manera apasionada a su amante. Su fidelidad al protagonista masculino solían llevarla a un final trágico en el que moría asesinada, enloquecía o se suicidaba.

**b.** Por el otro, está la **mujer perversa** y **satánica**, sin moral, que disfrutaba del placer y representaba la tentación y el pecado.

Las mujeres también escribían, y el Romanticismo les dio la oportunidad de poder expresar sus sentimientos y experiencias. Pero estas **escritoras románticas** estaban sometidas a mayor **presión social** que los hombres: no se les permitía expresar su deseo amoroso con libertad.

*Sátira del suicidio romántico,* por Leonardo Alenza

## 9. La muerte y el más allá

Los románticos incorporaron en sus obras literarias **motivos fantásticos** y **misteriosos**. Mostraron gusto por **lo macabro**, esto es, por los aspectos físicos y repugnantes de la muerte, tales como calaveras, tumbas o cadáveres putrefactos. Fue la época del nacimiento de la **novela gótica** y de la **literatura de terror**.

## 10. Naturaleza idealizada

Los románticos descubrieron la belleza del **paisaje**. Encontraron en la naturaleza un lugar de soledad donde **huir de la sociedad** y pensar en sí mismos.

En su literatura, la naturaleza expresa los **estados de ánimo** del poeta o del personaje. La angustia y la obsesión por **la muerte** se corresponden con su atracción por la noche, las ruinas y los cementerios. Los espacios abiertos e inmensos del mar o de un cielo estrellado, por ejemplo, simbolizan sus ansias de **libertad** y plenitud. La turbulencia de una tormenta o un huracán reflejan la intensidad de sus **conflictos interiores**.

## ESPAÑA ROMÁNTICA

España estaba considerada en Europa como un **país romántico** por sus costumbres exóticas (como las corridas de toros) y por la abundancia de ruinas y monumentos de su pasado **cristiano** y **musulmán**. Un país de gitanos, toreros y guerrilleros que inspiró a numerosos **escritores extranjeros** que vinieron a España.

En la **evolución del Romanticismo** en España se distinguen dos momentos:

- **Primera etapa.** A principios del siglo XIX comenzó la difusión de las ideas de los **románticos alemanes** en artículos publicados en la prensa, por ejemplo la revista barcelonesa *El Europeo* (1823-1824). En esta etapa, predominó la **visión tradicionalista** y **conservadora** y la **defensa del catolicismo** como seña cultural propia.

- **Segunda etapa.** Coincidiendo con la muerte del rey absolutista Fernando VII en 1833 y el **regreso de los exiliados liberales**, se impuso un romanticismo de **influencia francesa**, **liberal** y **progresista**.

**3.** **Lee la siguiente lista de ideas de un escritor sobre su arte.**

- **Todas ellas son románticas excepto dos. Indica cuáles y explica por qué.**

  ........................................................................................................................................................

  ........................................................................................................................................................

- **Relaciona cada una de las restantes afirmaciones con la característica correspondiente del Romanticismo.**

  **a.** Lejos de la gente, contemplo el espectáculo grandioso de las cumbres o el cielo estrellado. En esas soledades, mi espíritu se encuentra a sí mismo, se reconoce en ellas.

  **b.** Escribir es difícil, sobre todo, escribir bien. Para eso hay que aprender ciertas técnicas y normas.

  **c.** Cuando escribo, estoy expresando lo que siento dentro, el mundo, tal y como yo lo veo.

  **d.** Sueño con un amor que nunca encuentro. Todas las personas que he conocido solo me han causado dolor y decepción. ¿Dónde está aquella alma gemela en la que todavía creo, aunque cada día menos?

  **e.** Las normas están para romperlas. Ante todo, libertad para crear y para vivir. Y si la sociedad no lo acepta, pues habrá que enfrentarse a ella o aislarse.

  **f.** Mientras haya misterios imposibles de resolver para la ciencia y bellezas que no se puedan explicar por la razón y la lógica, habrá poesía.

  **g.** Escribo sobre lo que me rodea. Mi propósito es representar la realidad lo más fielmente posible.

  **h.** Cuando escribo me gusta imaginar otras épocas aún no corrompidas. Odio la vida actual, falsa y aburrida. Nada en ella es bello ni glorioso.

  **i.** Es preciso volver a nuestros orígenes para saber quiénes somos, qué nos define como pueblo. Nuestra lengua y nuestras tradiciones demuestran que somos únicos, diferentes de los demás e iguales entre nosotros.

**4.** Indica **cuáles de estos escenarios te parecen característicamente románticos. Explica en cada caso por qué sí o por qué no.**

**a.** Las ruinas de un convento en un lugar solitario. Solo quedan restos de antiguas tumbas y unos arcos en pie, cubiertos de plantas trepadoras.

.................................................................................................................................................

**b.** Un hombre descansa en el banco en un parque al atardecer. Detrás, una fuente con la escultura de un pastor. De lejos se oyen risas de niños y voces de gente paseando.

.................................................................................................................................................

**c.** En una salita sucia y vulgar, un matrimonio discute a gritos. Se han quedado sin dinero para pagar el alquiler ese mes y se echan la culpa el uno al otro.

.................................................................................................................................................

**d.** Tormenta nocturna de rayos y truenos sobre un acantilado azotado por el viento. Una persona solitaria llora con la mirada perdida en las olas del mar que se estrellan contra las rocas.

.................................................................................................................................................

## Y tú, ¿qué opinas?

**5.** **¿Se ha perdido el romanticismo hoy en día? Justifica tu respuesta con ejemplos concretos.**

**6.** **España, país exótico. Un lema publicitario para atraer turismo extranjero a España durante la década de 1960 fue "*Spain is different*". ¿Crees que España sigue siendo un país exótico y *diferente*? Justifica tu respuesta.**

## Ahora te toca a ti

**7.** **Describe en tu cuaderno una escena lo más romántica posible. Intenta que no le falte ningún detalle.**

**8.** **Para entender algunos conceptos es más fácil poner un ejemplo que encontrar su definición. Así ocurre con los casos de *pintoresco* y *macabro*.**

**a.** Lo pintoresco ha degenerado a menudo en el estereotipo y en la postal turística. Describe un cuadro lo más pintoresco posible de tu país. Piensa en la imagen típica que crees que puede tener tu país en el extranjero.

**b.** Imagina y describe con detalle una escena macabra. Seguro que el recuerdo de alguna película de terror te puede ayudar.

## Navega e investiga

**9.** **Algunos de los mitos románticos españoles son producto de la imaginación de escritores extranjeros. Así ocurre con el personaje de Carmen, una gitana española, apasionada y rebelde, que seduce y enloquece a los hombres. Averigua qué escritor francés creó este personaje y qué músico también francés es autor de la música de la célebre ópera. ¿Qué visión de España crees que ofrece este personaje al público europeo?**

¡Me encanta Espronceda! Fue un romántico revolucionario, un idealista que luchó por la libertad.

Eso es fácil cuando se tiene dinero. Para mí no fue más que un joven de buena familia que jugó a hacer el papel de artista revolucionario.

Lo que sea. El caso es que su poesía es un canto a la libertad.

## *"QUE ES MI DIOS LA LIBERTAD"*

**N**ació en Pajares de la Vega (Badajoz) en 1808 en una familia acomodada. Estudió Humanidades en Madrid. A los 15 años presenció la ejecución en la horca del general **Riego**, héroe liberal, y fundó con otros compañeros una **sociedad secreta** para vengar su muerte y combatir el absolutismo de Fernando VII. Fue descubierto y encarcelado.

Con 18 años se exilió voluntariamente a Lisboa para unirse a otros exiliados liberales. Allí se enamoró de **Teresa Mancha**. La siguió a Inglaterra e inició con ella una relación amorosa.

En 1828, se instaló en París, donde participó en la **revolución liberal de 1830**. Quiso entrar en España por los Pirineos con una **expedición de revolucionarios** que fracasó.

Se fugó con Teresa, a quien había vuelto a encontrar casada y con hijos, y la llevó a España aprovechando la **amnistía** de 1832. Vivieron una temporada de feliz unión, durante la cual tuvieron una hija, pero Teresa decidió abandonarlo.

Sus últimos años fueron agitados, llegó a ser un conocido **periodista** y fundó varios periódicos liberales y democráticos. Adquirió fama nacional a partir de 1836, cuando publicó *La canción del pirata*. En 1840 publicó sus dos libros de poesías. Dos años más tarde fue elegido **diputado** por el **Partido Progresista**. Se volvió a enamorar pero, cuando estaba a punto de casarse, murió repentinamente de difteria ese mismo año.

## POESÍA

No entró en contacto con el Romanticismo hasta sus años de exilio en Inglaterra y Francia. En 1840 reunió sus poemas juveniles, aún clasicistas, y sus poemas de madurez, ya románticos, en su libro *Poesías*. Entre ellos destacan "La canción del pirata", "El verdugo", "El mendigo" y "El reo de muerte". En ellos da voz a **personajes marginales**, muestra su desprecio por las normas y confiesa además su **anhelo de libertad**.

Compuso también dos grandes **poemas narrativos**. Uno de ellos, *El estudiante de Salamanca*, también lo publicó en 1840. Se trata con seguridad del mejor poema narrativo del Romanticismo español. Utiliza elementos de la novela gótica inglesa y elementos literarios tradicionales como el personaje del donjuán seductor de mujeres, el del hombre que presencia su propio entierro, la figura de una mujer transformada en esqueleto o la danza de la muerte al final de la obra.

*El diablo mundo* fue publicado por entregas durante 1840 y 1841. Pese a su extensión (unos 6 000 versos), la obra se encuentra inacabada. Se trata de un ambicioso poema filosófico. La parte más célebre es el **"Canto a Teresa"**, conmovedora elegía por la muerte de su antigua amante.

## Lectura 1: UN CANTO A LA LIBERTAD

Me han dicho que este es el poema más popular de toda la literatura española. Los españoles conocen sus primeros versos desde que son niños.

¿En serio? La verdad es que es un poema muy sonoro y musical.

Es que todos querríamos ser como el pirata, sin miedo a nada y orgullosos de ser libres.

### Antes de leer

**A.** Las siguientes palabras aparecen en el poema. Solo una de ellas no se refiere a un barco. Indica cuál es.

*bergantín • bajel • navío • velero • yugo*

**B.** Relaciona cada palabra con su definición.

1. Popa.................... •
2. Confín................. •
3. Palmo de tierra.... •
4. Lona .................... •
5. Bonanza.............. •
6. Yugo.................... •

- **a.** Opresión y falta de libertad.
- **b.** Tiempo tranquilo en el mar.
- **c.** Parte trasera de un barco.
- **d.** Límite extremo de un territorio.
- **e.** Tela fuerte de algodón usada en las velas de los barcos.
- **f.** Espacio muy pequeño de territorio.

Con diez cañones por **banda**[1],
viento en popa, a toda vela,
no corta el mar, sino vuela
un velero **bergantín**[2].
5 **Bajel**[3] pirata que llaman,
por su bravura, el *Temido*,
en todo mar conocido
del uno al otro confín.

La luna en el mar **riela**[4]
10 en la lona gime el viento,
y alza en blando movimiento
olas de plata y azul;
y ve el capitán pirata,
cantando alegre en la popa,
15 Asia a un lado, al otro Europa,
y allá a su frente Estambul.

«Navega, *velero* mío,
sin temor,
que ni enemigo navío,
20 ni tormenta, ni bonanza
tu rumbo a torcer alcanza,
ni a sujetar tu valor.

Veinte presas
hemos hecho
25 a **despecho**[5]
del inglés,
y han rendido
sus **pendones**[6]
cien naciones
30 a mis pies.

*Que es mi barco mi tesoro,*
*que es mi Dios la libertad;*
*mi ley, la fuerza y el viento;*
*mi única patria, la mar.*

35 Allá muevan feroz guerra
ciegos reyes
por un palmo más de tierra,
que yo tengo aquí por mío
cuanto abarca el mar bravío,
40 a quien nadie impuso leyes.

Y no hay playa,
sea cualquiera,
ni bandera
de esplendor
45 que no sienta
mi derecho
y dé **pecho**[7]
a mi valor.

*Que es mi barco mi tesoro,*
50 *que es mi Dios la libertad;*
*mi ley, la fuerza y el viento;*
*mi única patria, la mar.*

A la voz de "¡barco viene!"
es de ver
55 cómo **vira**[8] y se previene
**a todo trapo**[9] a escapar;
que yo soy el rey del mar,
y mi furia es de temer.

En las presas
60 yo divido
lo cogido
por igual:
solo quiero
por riqueza
65 la belleza
sin rival.

*Que es mi barco mi tesoro,*
*que es mi Dios la libertad;*
*mi ley, la fuerza y el viento;*
70 *mi única patria, la mar.*

¡Sentenciado estoy a muerte!
Yo me río;
No me abandone la suerte,
y al mismo que me condena
75 colgaré de alguna **antena**[10],
quizá en su propio *navío*.

Y si caigo,
¿qué es la vida?
Por perdida
80 ya la di,
cuando el *yugo*,
del esclavo,
como un bravo,
sacudí.

85 *Que es mi barco mi tesoro,*
*que es mi Dios la libertad;*
*mi ley, la fuerza y el viento;*
*mi única patria, la mar».*

[...]

*Poesías* (1840)

<sup>1</sup> **por banda:** por cada lado.

<sup>2</sup> **bergantín:** barco de dos palos y vela cuadrada.

<sup>3</sup> **bajel:** barco.

<sup>4</sup> **rielar:** brillar con luz temblorosa.

<sup>5</sup> **a despecho de:** a pesar de.

<sup>6</sup> **pendón:** estandarte, bandera.

<sup>7</sup> **pecho:** tributo o impuesto que se pagaba antiguamente al rey o a un señor feudal.

<sup>8</sup> **virar:** girar, cambiar de rumbo.

<sup>9</sup> **a todo trapo:** a toda vela; es decir, a toda velocidad.

<sup>10</sup> **antena:** palo del barco que sostiene las velas.

## *Después de leer*

**C.** **En las dos primeras estrofas (versos 1-16) se nos presenta al capitán pirata "cantando alegre en la popa" de su barco. Señala en qué versos se nos dice lo siguiente:**

1. La luna se refleja en las olas.

   .................................................................................................................................

2. El barco pirata es famoso en todo el mundo.

   .................................................................................................................................

3. El viento suena en las velas de lona y mueve olas con crestas de espuma.

   .................................................................................................................................

4. El barco va muy rápido con todas las velas desplegadas.

   .................................................................................................................................

**D.** **El resto del poema recoge una supuesta canción en boca del capitán pirata. Señala también aquí en qué versos se afirma lo siguiente:**

1. El pirata recuerda con satisfacción cómo, cada vez que es descubierto por un barco, este se vuelve y emprende la huida, pues le tienen miedo.

   .................................................................................................................................

2. El pirata no tiene miedo a perder la vida.

   .................................................................................................................................

3. Al pirata no le afectan las guerras territoriales entre países. Él es el dueño del mar, donde no hay leyes ni fronteras.

   .................................................................................................................................

4. El pirata se ríe de los barcos de guerra que lo persiguen y llega incluso a amenazarlos con ahorcarlos.

   .................................................................................................................................

5. El pirata presume de los barcos que ha apresado y de los países que no se atreven a enfrentarse con él.

   .................................................................................................................................

6. El pirata presume de que nada es capaz de frenar ni cambiar el rumbo de su velero, ni las tormentas ni los enemigos.

   .................................................................................................................................

7. El pirata se define como una persona justa y generosa con su tripulación y explica qué es lo que realmente busca en la vida.

   .................................................................................................................................

**E. Parte de la popularidad de este poema se debe al atractivo del personaje que nos presenta.**

1. Caracteriza al personaje con tres adjetivos que lo definan.

.............................................  .............................................  .............................................

2. ¿Por qué crees que Espronceda ha elegido un pirata como protagonista? ¿Qué idea representa?

**Ahora te toca a ti**

**F. El estribillo del poema es un auténtico manifiesto romántico, una declaración de principios de un personaje libre y rebelde. ¿Y si en vez de este pirata fuera un niño o una persona enamorada quien cantara este estribillo? Piensa en algo original y completa esta tabla.**

|  | El pirata | Un niño | Alguien enamorado |
|---|---|---|---|
| **1. Mi tesoro** | Mi barco |  |  |
| **2. Mi Dios** | La libertad |  |  |
| **3. Mi ley** | La fuerza del viento |  |  |
| **4. Mi única patria** | La mar |  |  |

**¿Y si fueras tú? ¿Cuál sería el estribillo de tu vida?**

*Que es mi* .............................................. *mi tesoro,*

*que es mi Dios,* ..............................................*;*

*mi ley,* ..............................................*;*

*mi única patria* ...............................................*.*

# 3 MARIANO JOSÉ DE LARRA (1809-1837)

Mira, Akira, este es Larra. Es otro mito del Romanticismo, pero su historia es bastante triste.

¿Por qué? Si fue un periodista de éxito y sus artículos están llenos de humor e ironía.

Eso es lo que todos veían. En el fondo no fue más que una persona sensible y vulnerable que se quitó la vida con solo 28 años.

## *"ESCRIBIR EN MADRID ES LLORAR"*

**N**ació en Madrid en 1809 pero su padre tuvo que huir con su familia a Francia al finalizar la guerra. Cuando regresó a España, con nueve años de edad, hablaba mejor el francés que el español.

Durante algún tiempo, se ganó la vida traduciendo y adaptando obras teatrales francesas. Tras la muerte de Fernando VII, pudo colaborar en varias publicaciones liberales bajo el seudónimo de **"Fígaro"**. Escribió críticas teatrales y **artículos de costumbres** que lo convirtieron en uno de los periodistas más famosos y mejor pagados del país.

*Retrato de Larra*, por Federico Madrazo

En 1835 viajó por varios países de Europa y asistió en París al auge del **Romanticismo**. A su vuelta a España, participó en la vida política y llegó incluso a ser elegido **diputado liberal**.

Sin embargo, su vida acabó convertida en símbolo de la **angustia romántica**. Fue amargamente **desgraciado en el amor**: se enamoró de una mujer que más tarde resultó ser la amante de su padre, vivió un matrimonio infeliz que acabó en separación y mantuvo relaciones adúlteras con **Dolores Armijo**, una mujer casada que fue el gran amor de su vida pero que, al igual que su esposa, acabó también abandonándolo.

La decepción por la situación general del país y las amarguras de su vida personal lo llevaron al **suicidio** con solo 28 años.

> Larra es considerado el creador del artículo literario en España y, de hecho, ha pasado a la historia de la literatura por sus *artículos de costumbres*.

**L**as nuevas libertades de los años treinta facilitaron la proliferación de periódicos y la aparición de un nuevo género, muy popular en la prensa de la época: el **artículo costumbrista**. Generalmente, no eran más que **descripciones amables** de una **España pintoresca** y **folclórica**. Sus autores solo pretendían **entretener** y, por eso, dejaban de lado los conflictos sociales y políticos de su tiempo. Había en ellos un sentimiento de **nostalgia** a tradiciones que se perdían y desconfianza del progreso y de las influencias extranjeras.

A diferencia de estos autores, Larra no se limitó a describir. Utilizó el género costumbrista para crear una serie de retratos de la sociedad tremendamente **satíricos**, en los que critica la hipocresía y la corrupción de la sociedad española.

Larra fue un **crítico literario** reconocido, y aprovechó la apertura que siguió a la muerte de Fernando VII para escribir también **artículos políticos**. Desde su ideal de progreso, combatía el atraso de España y la mediocridad de sus gobernantes, y luchó por la **libertad de expresión**.

Se le puede considerar el primer escritor rigurosamente moderno, por su estilo desenfadado y por su **independencia política** y **económica**, pues vivió siempre de su trabajo como escritor.

1. **Señala cuáles de estas afirmaciones sobre Larra son verdaderas (V) y corrige las que sean falsas o contengan algún error (F).**

|  | V | F |
|---|---|---|
| **a.** Larra vivió sus primeros años en el extranjero porque su padre era un exiliado político. | ○ | ○ |
| **b.** Larra empezó a estudiar francés a los nueve años. | ○ | ○ |
| **c.** Se casó con Dolores Armijo. | ○ | ○ |
| **d.** Sus artículos venían firmados con el sobrenombre de "Fígaro". | ○ | ○ |
| **e.** Sus artículos ofrecían descripciones amables y folclóricas de España. | ○ | ○ |
| **f.** Larra trata en sus artículos de reformar el país para sacarlo de su atraso. | ○ | ○ |
| **g.** Escribió artículos sociales, críticas teatrales y artículos políticos. | ○ | ○ |

2. **Marca cuáles de estas afirmaciones crees que se refieren a un artículo de Larra o a un típico artículo costumbrista.**

| | **Larra** | **Artículo costumbrista** |
|---|---|---|
| **a.** En ocasiones, desahoga su dolor interior y deja salir su amarga visión de la vida. | ○ | ○ |
| **b.** Hace una descripción folclórica de unas clases populares sumisas y satisfechas. | ○ | ○ |
| **c.** Se vale de la ironía como medio para ganarse la complicidad del lector. Combina humor y crítica. | ○ | ○ |
| **d.** Su intención es educar al público y sacar a España de su atraso social y político. | ○ | ○ |
| **e.** Su intención es únicamente entretener al lector. | ○ | ○ |
| **f.** Suele tener una tendencia conservadora. | ○ | ○ |

Ya sé que es horrible, pero una de las razones de la aureola romántica de Larra fue su **suicidio** en plena juventud.

¿Y qué crees tú que pudieron encontrar de **romántico en su muerte**?

**3.** ¿Estás de acuerdo? ¿Te parece que un suicidio puede ser *romántico*? Explícalo.

## Lectura 2: LA PENA DE MUERTE

Vas a leer el final de un artículo de periódico, "Un reo de muerte", en el que Larra aprovecha la descripción de una **ejecución pública** para reflexionar sobre la pena de muerte como **castigo** legal y como **espectáculo** popular.

### Antes de leer

**A. Escribe cada palabra del recuadro junto a la definición que le corresponda.**

reo • copla • túnica • tropa • patíbulo • lúgubre • bayoneta

1. ................................: conjunto de soldados.

2. ................................: prenda de vestir amplia y larga que suele pasarse por la cabeza y cubre el cuerpo generalmente hasta los pies.

3. ................................: persona condenada a prisión por haber cometido un delito.

4. ................................: arma blanca, afilada y puntiaguda que se fija en la parte final del cañón de un fusil.

5. ................................: tablado o lugar en el que se ejecuta la pena de muerte.

6. ................................: que es oscuro o sombrío y recuerda lo relacionado con la muerte.

7. ................................: canción popular.

**B.** Larra nos cuenta en este artículo cómo transcurre la ejecución pública de un condenado a muerte desde que sale de la cárcel hasta su final en una plaza. Las siguientes oraciones corresponden a distintos momentos de este proceso. Trata de reordenarlos cronológicamente.

### Momento del día de la ejecución

☐ Los presos de la cárcel entonan una salve, un canto religioso, para despedir al reo.

☐ A la llegada del reo, se suceden enfrentamientos entre el público y los soldados que, armados de bayonetas, vigilan el patíbulo.

☐ El condenado es trasladado desde la cárcel hasta el patíbulo (lugar de ejecución), atado de pies y manos y vestido con una túnica y un gorro amarillos.

☐ Las campanas de la iglesia de San Millán anuncian la muerte del condenado.

☐ Se lleva al condenado a la capilla de la cárcel para que pueda rezar y confesar sus pecados a un sacerdote.

☐ La gente se apiña por la calle, en ventanas y balcones para ver pasar al reo camino de su ejecución.

☐ Sientan al reo en el garrote vil y comienza la ejecución.

☐ Se le lee y notifica al condenado la sentencia de muerte antes de sacarlo de su celda.

### "UN REO DE MUERTE"

Leída y notificada al *reo* la sentencia, y la última venganza que toma de él la sociedad entera, en lucha por cierto desigual, el desgraciado es trasladado a la capilla, en donde *la religión se apodera de él como de una presa ya segura*; la justicia divina espera allí a recibirle de manos de la humana. Horas mortales transcurren allí para él; gran consuelo debe de ser el
5  creer en un Dios, cuando es preciso prescindir de los hombres o, por mejor decir, cuando ellos prescinden de uno. *La vanidad, sin embargo, se abre paso a través del corazón en tan terrible momento, y es raro el reo que*, pasada la primera impresión, en que una palidez mortal manifiesta que la sangre quiere huir y refugiarse al centro de la vida, *no trata de afectar una serenidad pocas veces posible...*
                                          [...]
10  Llegada la hora fatal, entonan todos los presos de la cárcel, compañeros de destino del sentenciado, y sus sucesores acaso, una **salve**[1] en un compás monótono, y que contrasta singularmente con las *coplas* populares, inmorales e irreligiosas, que momentos antes componían el ruido de los patios y calabozos del espantoso edificio. *El que hoy canta esa salve se la oirá cantar mañana.*

**15** En seguida, la **cofradía**[2] vulgarmente dicha de la Paz y Caridad recibe al reo, que, vestido de una *túnica* y un **bonete**[3] amarillos, es trasladado atado de pies y manos sobre *un animal, que sin duda por ser el más útil y paciente, es el más despreciado,* y la marcha fúnebre comienza. Un pueblo entero obstruye ya las calles del tránsito. Las ventanas y balcones están corona-
**20** dos de espectadores sin fin, que se pisan, se apiñan, y se agrupan para devorar con la vista el último dolor del hombre.

—¿Qué espera esa multitud? —diría un extranjero que desconociese las costumbres—. ¿Es un rey el que va a pasar, ese ser coronado, que es todo un espectáculo para un pueblo? ¿Es un día solemne? ¿Es una pública festividad? ¿Qué hacen ociosos esos artesanos? ¿Qué curiosea esta nación?

**25** Nada de eso. Ese pueblo de hombres va a ver morir a un hombre.

—¿Dónde va?

—¿Quién es?

—¡Pobrecillo!

—Merecido lo tiene.

**30** —¡Ay!, si va muerto ya.

—¿Va sereno?

—¡Qué entero va!

*Por una navaja.*

He aquí las preguntas y expresiones que se oyen resonar alrededor. Numerosos **piquetes**[4] de infantería y caballería esperan en torno del *patíbulo.* He notado que en semejante acto
**35** siempre hay alguna **corrida**[5]; el terror que la situación del momento imprime en los áni- mos causa la mitad del desorden; la otra mitad es obra de la *tropa* que va a poner orden. ¡Siempre *bayonetas* en todas partes! ¿Cuándo veremos una sociedad sin bayonetas? ¡No se puede vivir sin instrumentos de muerte! Esto no hace por cierto el elogio de la sociedad ni del hombre.
**40** No sé por qué al llegar siempre a la plazuela de la Cebada mis ideas toman una tintura singular de melancolía, de indignación y de desprecio. No quiero entrar en la cuestión tan debatida del derecho que puede tener la sociedad de mutilarse a sí misma; siempre resultaría ser el derecho de la fuerza, y mientras no haya otro mejor en el mundo, ¿qué loco se atreve- ría a rebatir ese? Pienso solo en la sangre inocente que ha manchado la plazuela; en la que
**45** la manchará todavía. ¡Un ser que como el hombre no puede vivir sin matar, tiene la osadía, la incomprensible vanidad de presumirse perfecto!

Un **tablado**[6] se levanta en un lado de la plazuela; la **tablazón**[7] desnuda manifiesta que el reo no es noble. ¿Qué quiere decir un reo noble? ¿Qué quiere decir garrote vil? Quiere decir indudablemente que no hay idea positiva ni sublime que el hombre no impregne de
50 ridiculeces.

Mientras estas reflexiones han vagado por mi imaginación, el reo ha llegado al patíbulo; en el día no son ya tres palos de que pende la vida del hombre: es un palo solo; esta diferencia esencial de la horca al garrote me recordaba la fábula de los carneros, a quienes su amo proponía, no si debían morir, sino si debían morir cocidos o asados. Sonreíame todavía
55 de este pequeño recuerdo, cuando las cabezas de todos, vueltas al lugar de la escena, me pusieron delante que había llegado el momento de la catástrofe; el que solo había robado acaso a la sociedad, iba a ser muerto por ella; la sociedad también da ciento por uno; si había hecho mal matando a otro, la sociedad iba a hacer bien matándolo a él. Un mal se iba a remediar con dos. El reo se sentó por fin. ¡Horrible asiento! Miré al reloj: las doce y
60 diez minutos; el hombre vivía aún... De allí a un momento una *lúgubre* campanada de San Millán, semejante al estruendo de las puertas de la eternidad que se abrían, resonó por la plazuela; el hombre no existía ya; todavía no eran las doce y once minutos. "La sociedad, exclamé, estará ya satisfecha; ya ha muerto un hombre".

(*Revista Mensajero*, 30 de marzo de 1835)

[1] **salve:** oración religiosa, a veces cantada, dirigida a la Virgen.

[2] **cofradía:** asociación católica que algunas personas forman con fines piadosos.

[3] **bonete:** gorro cilíndrico de poca altura, pequeño y sencillo.

[4] **piquete:** pequeño grupo de soldados.

[5] **corrida:** carreras de un lugar a otro; en el texto, alboroto y desórdenes públicos.

[6] **tablado:** suelo de tablas elevado donde se ejecuta al condenado.

[7] **tablazón:** conjunto de tablas.

## Después de leer

**C.** Indica qué líneas abarcan cada una de las siguientes partes en que se puede dividir esta lectura.

1. ..............................: despedida religiosa de la vida (rezos y confesión a un sacerdote).

2. ..............................: el traslado al patíbulo.

3. ..............................: la expectación pública por el espectáculo de una ejecución.

4. ..............................: reflexiones sobre la pena de muerte.

5. ..............................: la ejecución.

**D.** La ejecución:

1. ¿De qué se asombraría, según Larra, un extranjero que presenciara la expectación de una multitud ante el paso de un condenado a muerte camino del patíbulo?

2. ¿Cuál te parece que es la actitud de Larra ante el hecho de que las ejecuciones constituyeran un espectáculo público?

3. ¿Qué critica Larra de la actitud de la gente ante una ejecución?

**E.** ¿Qué dice Larra acerca de las bayonetas?, ¿qué simbolizan?, ¿por qué las critica?

**F.** La pena de muerte:

    **1.** ¿Cuál te parece que es la opinión de Larra sobre la pena de muerte? Justifica tu respuesta.

    **2.** Subraya las oraciones del texto en las que Larra deja ver sus ideas y sentimientos.

**G.** Interpreta, dentro de su contexto, lo que quiere decir Larra en estas expresiones, resaltadas en cursiva en la lectura.

    **1.** "La religión se apodera de él como de una presa ya segura".

    **2.** "La vanidad, sin embargo, se abre paso a través del corazón en tan terrible momento, y es raro el reo que [...] no trata de afectar una serenidad pocas veces posible...".

    **3.** "El que hoy canta esa salve se la oirá cantar mañana".

    **4.** Indica a qué animal se refiere cuando dice: "Un animal, que sin duda por ser el más útil y paciente, es el más despreciado".

**Y tú, ¿qué opinas?**

**H.** ¿Una sociedad civilizada debería abolir la pena de muerte para todos los casos o crees que hay crímenes que sí la merecen? Justifica tu respuesta con argumentos.

**Navega e investiga**

    **I.** El 24 de abril de 1832, el rey Fernando VII abolió la pena de muerte en la horca y dispuso que, a partir de entonces, se ejecutase a todos los condenados a muerte con el garrote. Averigua en qué consiste el garrote vil y explica qué quiere decir Larra cuando afirma: "no son ya tres palos de que pende la vida del hombre: es un palo solo".

    **J.** Actualmente, en España está abolida la pena de muerte. ¿Sabes cuándo tuvo lugar la última ejecución? ¿Y la última ejecución por garrote vil?

# Lectura **3**: *FRAGMENTOS DE ARTÍCULOS*

Larra fue un periodista excepcional, siempre al tanto de lo que pasaba en España.

Fue un maestro del estilo. Sabía contar anécdotas, argumentar y hacer hablar a sus personajes.

Fíjate en estos breves fragmentos de artículos. En unos muestra su ironía; en otros expresa sus sentimientos más íntimos.

## Antes de leer

**A.** Relaciona **cada palabra con la definición que le corresponda.**

1. Aturdido ........ •
2. Precipitación .. •
3. Caudales ........ •
4. Nicho ............. •
5. Por ventura ..... •

• **a.** Por casualidad, acaso.
• **b.** Hueco en un cementerio para introducir un cadáver.
• **c.** Desconcertado, confundido.
• **d.** Prisa, rapidez.
• **e.** Dinero, ahorros, capital.

**B.** Señala la palabra o expresión que sobra de cada serie. **Justifica tu elección.**

**Texto 1:** *tomarse algún tiempo, darse una vuelta, dormir la siesta, amanecer, irse a los toros.*

**Texto 2:** *invertir, caudales, arraigar, capital, dinero, producir.*

**Texto 3:** *cementerio, sepulcro, urna cineraria, epitafio, acontecimiento.*

### Texto 1

Amaneció el día siguiente, y salimos ambos a buscar un genealogista, lo cual solo se pudo hacer preguntando de amigo en amigo y de conocido en conocido: lo encontramos por fin, y el buen señor, *aturdido* de ver nuestra *precipitación*, declaró francamente que necesitaba tomarse algún tiempo… y por mucho favor nos dijo definitivamente que nos diéramos una
5    vuelta por allí dentro de unos días. Sonreí y nos marchamos. Pasaron tres días: fuimos.

—Vuelva usted mañana —nos respondió la criada—, porque el señor no se ha levantado todavía.
—Vuelva usted mañana —nos dijo al siguiente día—, porque el amo acaba de salir.
—Vuelva usted mañana —nos respondió el otro—, porque el amo está durmiendo la siesta.
10  —Vuelva usted mañana —nos respondió el lunes siguiente—, porque hoy ha ido a los toros.
—¿Qué día, a qué hora se ve a un español?

Le vimos por fin, y "Vuelva usted mañana —nos dijo—, porque se me ha olvidado. Vuelva usted mañana, porque no está en limpio".

*Vuelva usted mañana* (14 de enero de 1833)

## Texto 2

Un extranjero que corre a un país que le es desconocido, para arriesgar en él sus *caudales*, pone en circulación un capital nuevo, contribuye a la sociedad, a quien hace un inmenso beneficio con su talento y su dinero... Ese extranjero que se establece en este país no viene a sacar de él el dinero, como usted supone; necesariamente se establece y se arraiga en él,
5 y a la vuelta de media docena de años, ni es extranjero ya ni puede serlo... toma cariño al suelo donde ha hecho su fortuna, al pueblo donde ha escogido una compañera; sus hijos son españoles, y sus nietos lo serán; en vez de extraer el dinero, ha venido a dejar un capital suyo que traía, invirtiéndolo y haciéndolo producir; ha dejado otro capital de talento, que vale por lo menos tanto como el del dinero.

*Vuelva usted mañana* (14 de enero de 1833)

## Texto 3

Se dirigían las gentes por las calles en gran número y larga procesión, serpenteando de unas en otras como largas culebras de infinitos colores: ¡al cementerio, al cementerio! ¡Y para eso salían de las puertas de Madrid!
Vamos claros, dije yo para mí, ¿dónde está el cementerio? ¿Fuera o dentro? Un vértigo
5 espantoso se apoderó de mí, y comencé a ver claro. El cementerio está dentro de Madrid. Madrid es el cementerio. Pero vasto cementerio donde cada casa es el *nicho* de una familia, cada calle el sepulcro de un acontecimiento, cada corazón la urna cineraria de una esperanza o de un deseo...
—¡Necios! —decía a los transeúntes—. ¿Os movéis
10 para ver muertos? ¿No tenéis espejos *por ventura*?...
¡Miraos, insensatos, a vosotros mismos, y en vuestra frente veréis vuestro propio epitafio! ¿Vais a ver a vuestros padres y a vuestros abuelos, cuando vosotros sois los muertos? Ellos viven, porque ellos tienen paz; ellos
15 tienen libertad, la única posible sobre la tierra, la que da la muerte...
Una nube sombría lo envolvió todo. Era la noche. El frío de la noche helaba mis venas. Quise salir violentamente del horrible cementerio. Quise refugiarme en
20 mi propio corazón, lleno no ha mucho* de vida, de ilusiones, de deseos.
¡Santo cielo! También otro cementerio. Mi corazón no es más que otro sepulcro. ¿Qué dice? Leamos. ¿Quién ha muerto en él? ¡Espantoso letrero!
25 ¡Aquí yace la esperanza!
¡Silencio, silencio!

*La noche de los difuntos,*
de Darío de Regoyos

*El día de difuntos de 1836* (2 de noviembre de 1836)

° **no ha mucho:** no hace mucho tiempo.

## *Después de leer*

**C.** Las siguientes afirmaciones describen el contenido de alguno de estos fragmentos. Primero **complétalas** con las palabras del recuadro y luego indica a cuál corresponden.

*lentitud • anécdota • hacer negocios • alrededor • inversores • pereza*

   **1.** Defiende a los ............................... de otros países que vienen a España a ............................... y a arriesgar su dinero frente a los españoles que desconfían de todo lo extranjero.

   **2.** Es tal su depresión que todo es muerte a su ............................... Confiesa que ya no le queda ninguna ilusión en el futuro.

   **3.** Una ............................... que le sucedió a un amigo extranjero le sirve a Larra para criticar la ............................... de los españoles y la ineficacia y ............................... de la Administración pública en España.

**D.** ¿Cuáles de estos breves textos se pueden considerar **liberales** y cuáles **románticos**? **Justifica tu respuesta.**

---

### Navega e investiga

**E.** El título del artículo **"Vuelva usted mañana"** se ha convertido en una expresión muy conocida y utilizada en español. Busca por Internet ejemplos actuales de esta frase e imágenes que hagan referencia a ella, pero que no tengan que ver con Larra.

   **1.** Haced una puesta en común en clase con las aportaciones de todos y votad cuál es la más original.

   **2.** ¿Guardan alguna relación con el artículo de Larra?

**F.** El último fragmento pertenece a un artículo titulado **"El día de difuntos de 1836"** y está fechado precisamente el **2 de noviembre de ese año.**

   **1.** Averigua cómo se celebra tradicionalmente este día en España. ¿Es un día especialmente alegre y festivo?

   **2.** Compáralo con tu país y compártelo con tus compañeros. ¿Cómo celebráis este día? ¿Hacéis algo parecido en algún otro momento del año?

# 4 RECURSOS LITERARIOS: LA IRONÍA

La ironía es un recurso de estilo mediante el cual se da a entender lo contrario de lo que se dice. Exige la **complicidad** del lector, que ha de darse cuenta de la intención irónica.

La ironía la usamos frecuentemente cuando hablamos. La **entonación** y la situación nos ayudan a entenderla. Pero la **palabra escrita** no tiene entonación ni tampoco podemos saber siempre el contexto en que se escribió. Por eso la ironía requiere también cierta dosis de humor e inteligencia, es decir, de **saber leer**.

**A continuación tienes tres ejemplos del empleo de la ironía en Larra. Realiza estas actividades.**

**1.** Localiza en cada texto la palabra que se define debajo.

**2.** Resume en una frase lo que realmente dice su autor en cada caso.

**3.** Subraya las expresiones irónicas y explica por qué lo son.

---

Cosa buena por ejemplo es la previa censura, y para algunos no solo buena, sino excelente. Que manda usted y manda usted mal, dos cosas que pueden ir juntas, ¿pues no es cosa buena y rebuena que nadie pueda decirle a usted una palabra?

*La policía* (10 de febrero de 1835)

- ............................: autorización del poder político necesaria para la publicación de libros, periódicos y otros escritos. Su objetivo es limitar y vigilar la libertad de expresión.

---

En los Estados Unidos y en Inglaterra no hay esta policía política; pero sabido es en primer lugar el desorden de ideas que reina en aquellos países; allí puede uno tener la opinión que le dé la gana; por otra parte, la libertad mal entendida tiene sus extremos, y nosotros… [debemos] no seguir las mismas huellas de los países demasiado libres, porque vendríamos a parar al mismo estado de prosperidad que aquellas dos naciones. La riqueza vicia al hombre, y la prosperidad le hace orgulloso por más que digan.

*La policía* (10 de febrero de 1835)

- ............................: riqueza y bienestar económico.

El duelo, en medio de la duración del mundo, es una invención de ayer; cerca de seis mil años se ha tardado en comprender que cuando uno se porta mal con otro, le queda siempre un medio de enmendar el daño que le ha hecho, y este medio es matarle. El hombre es lento en todos sus adelantos, y si bien camina indudablemente hacia la verdad, suele tardar en encontrarla.

*El duelo* (27 de abril de 1835)

- ...........................: combate o pelea entre dos a consecuencia de un reto o un desafío.

## Ahora te toca a ti

**4.** **El sentido de un comentario irónico depende mucho del contexto en el que aparezca. Describe con detalle diálogos o situaciones en las que los siguientes comentarios sean claramente irónicos. No te olvides de echarle humor:**

- Te lo aseguro, pensé que me había tocado la lotería…
- Este ha sido el mejor día de mi vida.
- Me muero de ganas por conocer más gente como tú.
- ¡Pero qué cosa más bonita!
- ¡Qué pena que esto se acabe!
- ¡Esto sí que es vida!
- ¡Claro que sí! No pienso en otra cosa.
- ¡Ahora mismo! No quiero esperar ni un minuto más.

**5. Imita a Larra y escribe tú mismo un artículo sobre tu país.**

   **a.** Muestra tu opinión personal sobre el aspecto de tu país que estás explicando.

   **b.** Escribe con humor e ironía, es decir, utiliza frases y expresiones en las que digas una cosa pero el lector entienda la contraria.

   **c.** Sé crítico, igual que Larra. Elige algo que no te guste o te parezca ridículo. Puedes inspirarte en la siguiente lista de temas:

- La desigualdad social y la pobreza.
- La xenofobia y el racismo.
- Las drogas, la delincuencia, la justicia.
- Los políticos, las guerras, la corrupción.
- El medioambiente y la contaminación.
- Las relaciones entre hombres y mujeres.
- La televisión, el *famoseo*, el cotilleo, el mundo de la moda.
- La familia, el trabajo, la universidad, etc.

# LA POESÍA ROMÁNTICA

*Retrato de familia*, por Valeriano Bécquer

## CLAVES DE UNA ÉPOCA

### LA VUELTA AL ORDEN (1844-1868)

- Durante los años 40 muchos liberales se cansaron de los años de guerra y revolución. Querían recuperar el **orden** y la **autoridad**. Una vez en el poder, se volvieron **conservadores**: recortaron libertades, restablecieron la **censura** y limitaron el derecho al voto al 1% más rico de la población.

- La **corrupción política** y la falta de libertades obligó a que el **ejército** vigilara la política nacional. Finalmente, una **revolución** popular y democrática expulsó en 1868 a la **reina Isabel II**, que nunca regresó a España.

- Durante su reinado se construyó un **Estado moderno**. A la organización del territorio en las actuales **50 provincias** (1833), se sumó la aprobación de un nuevo **código penal** aplicable en toda España (1848) y el establecimiento de un único sistema de **impuestos** y de un **sistema educativo** para todo el país.

- El objetivo fundamental de esta política conservadora era crear riqueza. Para ello, fundaron el **Banco de España** (1856), modernizaron la **banca privada** y construyeron miles de kilómetros de **ferrocarril**. Pero España seguía siendo un **país rural** y atrasado. La **industria** se reducía a Cataluña y algunas zonas aisladas.

- El siglo XIX es el **siglo de la burguesía**: banqueros, comerciantes, industriales, terratenientes y clases medias crearon sus propios **espacios sociales** (salones, bailes, casinos y tertulias) y **espectáculos** como el **teatro**, la **ópera** y la **zarzuela**. Las clases populares se divertían en fiestas al aire libre y en las **corridas de toros**.

- La **industria editorial** creció, al igual que la venta de **periódicos**, donde muchos escritores trabajaban o publicaban sus novelas. Se abrieron nuevos espacios para la **difusión de la cultura**: bibliotecas, sociedades privadas, cafés literarios en los que se organizaban **tertulias** y museos como el Museo del Prado y el Museo Arqueológico Nacional.

1. **Señala** cuáles de estas afirmaciones son verdaderas (V) y **corrige** las que sean falsas (F).

| | V | F |
|---|---|---|
| **a.** Los liberales se cansaron de tanta violencia política cuando cumplieron 40 años. | ○ | ○ |
| **b.** Durante el reinado de Isabel II se mantuvo la libertad de expresión. | ○ | ○ |
| **c.** Los militares participaron en la vida política. | ○ | ○ |
| **d.** Se aprobó el sufragio universal masculino. | ○ | ○ |
| **e.** El gobierno buscó la unificación legal de todo el país. | ○ | ○ |
| **f.** Para la élite gobernante era más importante la prosperidad económica que la libertad política. | ○ | ○ |
| **g.** España era un país muy industrializado. | ○ | ○ |
| **h.** La mayoría de los españoles vivía en ciudades. | ○ | ○ |
| **i.** El reinado de Isabel II acabó en 1868 con la muerte de la reina. | ○ | ○ |

2. ¿La tecnología ha cambiado la manera de relacionarnos? **Enumera** los espacios sociales y los espectáculos actuales, y **explica** las diferencias con el siglo XIX.

.......................................................................................................................................................................
.......................................................................................................................................................................
.......................................................................................................................................................................
.......................................................................................................................................................................
.......................................................................................................................................................................
.......................................................................................................................................................................
.......................................................................................................................................................................
.......................................................................................................................................................................

## Navega e investiga

3. **En grupos de tres, buscad** en Internet más información y ejemplos de espacios para la difusión de la cultura (bibliotecas, sociedades, cafés literarios...) y de espectáculos (teatro, ópera, corridas de toros...) propios del Romanticismo en España.

4. **Acompañad** la información obtenida con imágenes y **cread** un mural.

¿Qué te parecería dedicar tu vida a buscar el amor ideal y la fama literaria y que todo te saliera mal?

¿Me estás hablando de Bécquer?

Pues sí. El pobre fracasó en el amor y en su matrimonio, y murió sin ver publicado su único libro de poemas.

Ya, pero ahora todos lo consideran el gran poeta del siglo XIX y sus *Rimas* siguen vendiéndose año tras año.

## "MUERTO SERÉ MÁS Y MEJOR CONOCIDO QUE VIVO"

**P**rocedía de una familia sevillana de artistas, de origen noble pero sin muchos recursos económicos. Huérfano desde niño, se educó en casa de su madrina, donde leyó a los románticos. En 1854 decidió irse a Madrid para alcanzar la gloria literaria. Allí pasó seis años de apuros económicos que lo obligaron a redactar biografías de políticos, hacer traducciones, trabajar de escribiente, etc. para ganarse la vida. Fue entonces cuando contrajo la tuberculosis, que lo acompañaría hasta el final de su vida.

Retrato de Bécquer por su hermano, Valeriano Bécquer

Desde 1860 su **dedicación al periodismo** fue más constante y llegó a ser director del periódico conservador *El Contemporáneo*. En 1861 se casó con la hija del médico que lo trataba. Para reponerse, pasó varias temporadas con su familia y su hermano Valeriano en un monasterio, desde donde envió al periódico *El Contemporáneo* sus famosas *Cartas desde mi celda*. Se convirtió en un padre de familia burgués. Llegó a desempeñar el cargo de censor de novelas y de director de importantes revistas y periódicos.

**1868** fue un mal año para Bécquer. Tras varias peleas y mutuas infidelidades, acabó separándose de su mujer. Aquel fue el año de la **revolución liberal**. Perdió su puesto de censor y se refugió en Toledo con su hermano Valeriano.

Volvió a la capital en 1870 y pocos meses después una pulmonía acabó con su vida. Mientras agonizaba, pidió a sus amigos que quemaran sus cartas, cuidaran de sus hijos y publicaran su obra: "Si es posible, publicad mis versos. Tengo el presentimiento de que muerto seré más y mejor conocido que vivo.".

## RIMAS

Las *Rimas* son setenta y nueve poemas breves, de los cuales solo quince se publicaron en vida del autor. Tras su muerte, para ayudar a la viuda y los tres hijos, sus amigos publicaron este manuscrito en 1871 con el título de *Rimas*, con el que hoy se las conoce. Los poemas aparecían ordenados en cuatro grupos:

**a.** Las rimas I a XI son poemas de reflexión sobre la poesía.

**b.** Las rimas XII a XXIX son poemas de amor.

**c.** Las rimas XXX a LI hablan del desengaño en el amor y de los sentimientos de tristeza y dolor que este causa.

**d.** Las rimas LII a LXXVI son reflexiones acerca de la soledad y la muerte.

Su poesía, íntima, sencilla y confidencial, lo ha convertido en el gran poeta español del siglo XIX. Pero su talento pasó desapercibido entre la gran mayoría de sus contemporáneos. Su reconocimiento tuvo que esperar a que autores del siglo XX como Antonio Machado, Juan Ramón Jiménez, Pedro Salinas, Luis Cernuda o Rafael Alberti vieran en él al **fundador de la poesía moderna española**. Hoy en día es uno de los poetas más admirados y queridos por los lectores y sus *Rimas* no dejan de publicarse y venderse año tras año.

## LEYENDAS

Bécquer fue también un prosista excelente. Se le conoce sobre todo por sus *Leyendas*, veintiocho relatos de carácter fantástico y ambientación típicamente romántica, inspiradas en **leyendas populares** y publicadas en libro después de su muerte, en 1871, junto a las *Rimas*.

La mayoría están ambientadas en la Edad Media y tocan temas románticos como los del **amor imposible**, la presencia de lo **sobrenatural** o la descripción de ambientes exóticos.

En el periódico *El Contemporáneo* publicó además dos colecciones epistolares: las *Cartas literarias a una mujer* (1860) y las *Cartas desde mi celda* (1864).

---

**1.** **Reflexiona** **con tus compañeros sobre las siguientes afirmaciones relacionadas con la vida de Bécquer: ¿son ciertas? Justifica tu respuesta apoyándote en la biografía del poeta.**

**a.** No tuvo una vida fácil.

**b.** Fracasó en el amor.

**c.** Tuvo una relación estrecha con su hermano Valeriano.

**d.** Era de ideología conservadora.

**e.** Pensaba que no había conseguido el reconocimiento literario que merecía.

**2.** **Te habrás fijado en lo dispares que fueron las vidas de Espronceda y de Bécquer. Señala las diferencias entre ambos en lo referente a estos aspectos:**

**a.** El dinero y el trabajo.

**b.** La ideología.

**c.** La fama en vida.

**3.** Lee los siguientes fragmentos de las *Cartas literarias a una mujer*, en las que Bécquer reflexiona sobre la creación poética, y responde a las preguntas.

---

### Sentimiento y escritura

Por lo que a mí toca puedo asegurarte que cuando siento no escribo. Guardo, sí, en mi cerebro escritas, como en un libro misterioso, las impresiones que han dejado en él su huella al pasar; estas ligeras y ardientes hijas de la sensación duermen allí agrupadas en el fondo de mi memoria, hasta el instante en que, puro, tranquilo, sereno... mi espíritu las evoca.

---

**a.** Explica con tus palabras el proceso de creación literaria según Bécquer.

---

### Los poetas

Todo el mundo siente. Solo a algunos seres les es dado el guardar, como un tesoro, la memoria viva de lo que han sentido. Yo creo que estos son los poetas. Es más, creo que únicamente por esto lo son.

---

**b.** "Todo el mundo siente" pero no todo el mundo es poeta. ¿Qué hace falta para ser poeta?

---

### El lenguaje

El espíritu tiene una manera de sentir y comprender especial, misteriosa, porque él es un **arcano**[1]; inmensa porque él es infinito; divina, porque su esencia es santa. ¿Cómo la palabra, cómo un idioma grosero y mezquino insuficiente a veces para expresar las necesidades de la materia, podrá servir de digno intérprete entre dos almas?

---

[1] **arcano:** misterio, algo oculto y difícil de conocer.

**c.** ¿Por qué es tan difícil la comunicación entre las personas? ¿Por qué es tan difícil hacer poesía?

Bécquer es ante todo el poeta del amor y el sentimiento. En este poema expone el **ideal romántico del amor**, entendido como un sentimiento que une a **dos almas gemelas** en un solo ser.

### Antes de leer

**A.** La rima XXIV va describiendo sucesivamente cuatro imágenes de la naturaleza, que luego explica en la última estrofa. Señala a cuál de estas cuatro imágenes crees que se refieren las siguientes expresiones del poema:

| | 1 | 2 | 3 | 4 |
|---|---|---|---|---|
| • *mueren sobre una playa* | ☐ | ☐ | ☐ | ☐ |
| • *jirones de vapor* | ☐ | ☐ | ☐ | ☐ |
| • *lenguas de fuego* | ☐ | ☐ | ☐ | ☐ |
| • *del laúd la mano arranca* | ☐ | ☐ | ☐ | ☐ |
| • *se coronan con un penacho de plata* | ☐ | ☐ | ☐ | ☐ |

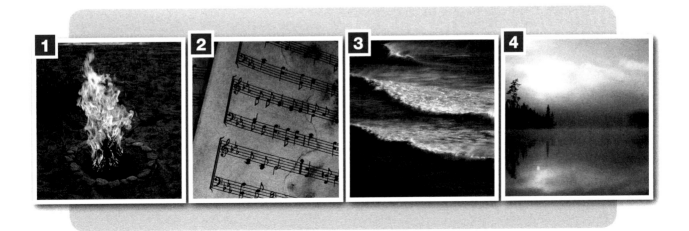

## RIMA "XXIV"

Dos rojas lenguas de fuego
que a un mismo tronco enlazadas
se aproximan y, al besarse,
forman una sola llama;

5     dos notas que del laúd
a un tiempo la mano arranca,
y en el espacio se encuentran
y armoniosas se abrazan;

dos olas que vienen juntas
10   a morir sobre una playa
y que, al romper, se coronan
con un penacho de plata;

dos jirones de vapor
que del lago se levantan
15   y, al juntarse allá en el cielo,
forman una nube blanca;

dos ideas que al par brotan;
dos besos que a un tiempo estallan;
dos ecos que se confunden:
20   eso son nuestras dos almas.

*Rimas* (1871)

*Golden Heat*, por Dante Gabriel Rossetti

---

## Después de leer

**B.** Las cuatro imágenes del poema repiten una misma idea sobre el amor, ¿de qué idea se trata? Escríbelo con tus palabras.

..................................................................................................................................................................

..................................................................................................................................................................

..................................................................................................................................................................

..................................................................................................................................................................

**C.** Un recurso literario que llama la atención en este poema es el de la personificación. Consiste en atribuir rasgos humanos a otros seres vivos, a objetos sin vida o a ideas abstractas. Así, por ejemplo, dice que las dos lenguas de fuego se aproximan y, "al besarse", forman una sola llama. Busca otros dos casos de personificación en el poema.

1.  ...........................................................................................................................................

2.  ...........................................................................................................................................

### Y tú, ¿qué opinas?

**D. El amor en Bécquer.**

  1. ¿Te parece una idea del amor realista o idealizada? ¿Por qué?
  2. El poema habla de *almas* pero, ¿es posible el amor sin deseo físico?, ¿sería un amor más auténtico o solo una ilusión?
  3. ¿Tiene sentido hoy en día esta manera de ver el amor entre almas gemelas? ¿Crees en la *media naranja* (una persona que te complementa y se convierte en el amor de tu vida)?

### Ahora te toca a ti

**E.** En este poema aparecen varias imágenes de la naturaleza que Bécquer utiliza para definir el amor. **Escribe** en tu cuaderno otra estrofa en la que añadas una imagen nueva del amor tal y como lo ve Bécquer: *el amor como unión de dos almas*. Y si tiene rima, pues mejor. Luego, en clase, podéis votar la estrofa que más os ha gustado y coronar al ¡mejor poeta romántico de la clase!

---

## Lectura 2: *EL AMOR, LA BELLEZA Y LA FELICIDAD*

Mira, Akira, este poema es uno de los más conocidos de Bécquer.

No me extraña. ¡Qué declaración de amor tan intensa!

A mí, más bien, me parece un poema de desamor. Es muy triste.

Yo la he leído un montón de veces. ¡Es tan romántico!

### Antes de leer

**A.** El **hipérbaton** consiste en cambiar el orden natural de las palabras. Es bastante frecuente en poesía, y en este poema hay varios ejemplos. Vuelve a escribir los siguientes hipérbatos de acuerdo con el orden normal de las palabras en español. Te ayudará a entender mejor el poema.

  1. "Volverán las oscuras golondrinas en tu balcón sus nidos a colgar y con el ala a sus cristales jugando llamarán":

     *Las oscuras golondrinas volverán a* ................................................................................................

     ................................................................................................................................................................

**2.** "Volverán las tupidas madreselvas de tu jardín las tapias a escalar":

.............................................................................................................................................................

.............................................................................................................................................................

**3.** "Volverán del amor en tus oídos las palabras ardientes a sonar":

.............................................................................................................................................................

.............................................................................................................................................................

## RIMA "LIII"

Volverán las oscuras golondrinas
en tu balcón sus nidos a colgar,
y otra vez con el ala a sus cristales
    jugando llamarán.

5     Pero aquellas que el vuelo **refrenaban**[1]
tu hermosura y mi dicha a contemplar,
aquellas que aprendieron nuestros nombres...,
    ¡esas... no volverán!

     Volverán las tupidas **madreselvas**[2]
10   de tu jardín las tapias a escalar,
y otra vez a la tarde aún más hermosas
    sus flores se abrirán.

     Pero aquellas, **cuajadas**[3] de rocío
cuyas gotas mirábamos temblar
15   y caer como lágrimas del día...
    ¡esas... no volverán!

     Volverán del amor en tus oídos
las palabras ardientes a sonar,
tu corazón de su profundo sueño
20    tal vez despertará.

     Pero mudo y **absorto**[4] y de rodillas
como se adora a Dios ante su altar,
como yo te he querido...; desengáñate,
    ¡así... no te querrán!

*Rimas* (1871)

[1] **refrenar:** contener, sujetar, frenar.
[2] **madreselva:** planta de jardín con flores y aromática.
[3] **cuajado/a:** cubierto.
[4] **absorto/a:** admirado, entregado por completo.

## Después de leer

**B.** ¿A quién se dirige Bécquer en esta rima? ¿Qué relación crees que hay entre ambos?

..................................................................................................................................

**C.** ¿En qué época del año se fija Bécquer? ¿Con qué ideas se asocia esta época del año?

..................................................................................................................................

**D.** ¿Qué reflexión hace Bécquer sobre los ciclos de la naturaleza? ¿Hay alguna relación entre el amor y los ciclos de la naturaleza?

..................................................................................................................................

**E.** Señala, entre cada par de interpretaciones del poema, cuál te parece la más acertada. Posiblemente no haya una única respuesta correcta en cada caso, pero justifica tu opinión apoyándote en el poema.

1. ○ El poeta añora tiempos pasados.
   ○ El poeta está contento de haber pasado página y de que el pasado quede por fin atrás.

2. ○ El poeta ya no siente nada por la mujer a la que se dirige.
   ○ El poeta sigue enamorado.

3. ○ El poeta está triste y melancólico.
   ○ El poeta está enfadado, despechado.

4. ○ El tono del poema es de indignación: no quiere ver más a esa mujer.
   ○ El tono del poema es de súplica: en el fondo, está pidiéndole a ella que vuelva con él.

5. ○ El poeta tiene ilusión por recuperar la felicidad pasada.
   ○ El poeta se muestra desesperanzado. Sabe que la ruptura no tiene marcha atrás.

6. ○ El poeta se cree especial porque nadie es capaz de amar como él.
   ○ El poeta quiere a su amada y lamenta que deje escapar la oportunidad del amor que él quiere ofrecerle, pues sabe que lo que ambos han vivido es único e irrepetible.

### Y tú, ¿qué opinas?

**F.** En este poema hay un contraste entre la percepción objetiva de la primavera y la percepción subjetiva por parte de los dos enamorados. Explica si estás de acuerdo con la idea de que el amor es *un sentimiento que nos hace más sensibles a la belleza*. Utiliza citas del poema para justificar tu razonamiento.

**G.** ¿Qué características del Romanticismo se reflejan mejor en este poema de Bécquer?

**H.** En la última estrofa el poeta se representa a sí mismo amando a una mujer "mudo y absorto y de rodillas / como se adora a Dios ante su altar". ¿Qué quiere decir Bécquer con esta imagen religiosa? ¿Te parece una relación de igual a igual?

**Ahora te toca a ti**

**I.** Vamos a darle voz a la mujer del poema para conocer sus sentimientos: si sigue enamorada, si después de leer lo que le dice Bécquer decide volver con él o no, cuáles son sus razones para romper o volver con él, etc. Imagínate que recibe de Bécquer este poema y le responde escribiéndole una carta.

**Lectura 3: _MUERTE Y SOLEDAD_**

**Helen:** Bécquer fue un hombre atormentado que vivió su vida como un fracaso.

**Akira:** Ya. Pero, ¡qué bien expresaba sus sentimientos!

**Helen:** Fíjate en este pequeño poema, lo que dice sobre el dolor, la muerte y el olvido.

**Akira:** Es verdad, no se puede escribir nada más triste.

**_Antes de leer_**

**A.** Relaciona las palabras, extraídas del poema, con su definición o sinónimo correspondiente.

1. Áspero ......... •
2. Sendero ....... •
3. Despojos...... •
4. Jirones ......... •
5. Zarzas .......... •
6. Páramo ........ •
7. Bruma..........•

• **a.** Pedazos desgarrados o arrancados de una prenda de ropa.
• **b.** Niebla, especialmente la que se forma sobre el mar.
• **c.** Arbusto con espinas común en campos y en caminos.
• **d.** Terreno desértico, frío y despoblado.
• **e.** Que no es suave ni liso. Irregular, abrupto, desagradable.
• **f.** Camino.
• **g.** Sobras, residuos, desperdicios.

**B.** En el poema que vas a leer Bécquer intenta responder, desde el dolor y la incertidumbre, a estas dos preguntas: "¿De dónde vengo?" "¿Adónde voy?". Antes de leer el poema, escribe en tu cuaderno cuáles crees que podrían ser las respuestas de Bécquer a estas dos preguntas, teniendo en cuenta sus sentimientos de fracaso, soledad y angustia.

## RIMA "LXVI"

¿De dónde vengo?... El más horrible y *áspero*
de los *senderos* busca;
las huellas de unos pies ensangrentados
sobre la roca dura;
5   los *despojos* de un alma hecha *jirones*
en las *zarzas* agudas,
te dirán el camino
que conduce a mi cuna.

¿Adónde voy? El más sombrío y triste
10   de los *páramos* cruza,
valle de eternas nieves y de eternas
melancólicas *brumas*;
en donde esté una piedra solitaria,
sin inscripción alguna,
15   donde habite el olvido,
allí estará mi tumba.

*Rimas* (1871)

*Viento de invierno*, por John E. Millais

## Después de leer

**C. De nuevo, se vale Bécquer de imágenes de la naturaleza para comunicar sus sentimientos e ideas. Explica qué significan:**

1. La imagen del camino, los pies ensangrentados y las zarzas de la primera estrofa.

2. La imagen de los páramos de eternas nieves y brumas, la lápida sin inscripción de la segunda estrofa.

**D. Un ejercicio de síntesis: resume el contenido de este poema en dos oraciones.**

.................................................................................................................................
.................................................................................................................................

**E. Explica los dos últimos versos: "donde habite el olvido, / allí estará mi tumba".**

### Y tú, ¿qué opinas?

**F. Señala qué características del Romanticismo describen mejor este poema.**

**G. ¿Este poema muestra a Bécquer como un hombre de firmes convicciones religiosas? Justifica tu respuesta.**

### Navega e investiga

**H. El penúltimo verso ("donde habite el olvido") es muy conocido y ha dado título a un libro de poemas de un poeta del siglo XX que admiró a Bécquer. ¿Qué poeta fue?**

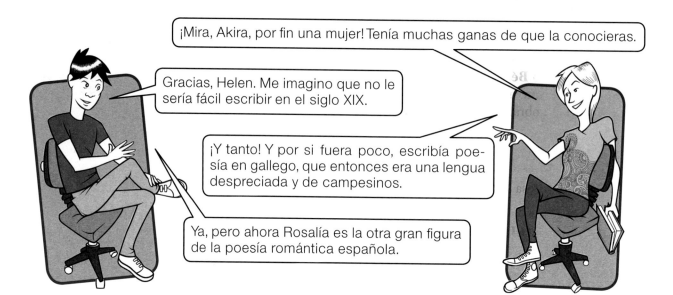

¡Mira, Akira, por fin una mujer! Tenía muchas ganas de que la conocieras.

Gracias, Helen. Me imagino que no le sería fácil escribir en el siglo XIX.

¡Y tanto! Y por si fuera poco, escribía poesía en gallego, que entonces era una lengua despreciada y de campesinos.

Ya, pero ahora Rosalía es la otra gran figura de la poesía romántica española.

## SER MUJER Y ESCRIBIR

**L**a nueva sociedad liberal del siglo XIX acabó con la **separación física de los sexos** y la práctica tradicional de encerrar a la mujer en casa. En la ciudad, las mujeres de la burguesía y la aristocracia podían moverse acompañadas y relacionarse con los hombres en lugares públicos como paseos, teatros o bailes.

Sin embargo, la situación no era, ni muchísimo menos, de igualdad. Carecían de **derechos políticos** y **legales**; se las excluía de la vida pública y no tenían acceso a la educación ni, por tanto, posibilidad de ejercer ninguna profesión.

En la burguesía, a la mujer se le impuso un nuevo ideal de conducta, el *ángel del hogar*, que reducía su función social a la crianza de los hijos y al cuidado de la casa. El hombre debía encontrar en ella a alguien dócil y obediente que hiciera del hogar un lugar de paz, descanso y felicidad para él y toda la familia.

Pero el Romanticismo también abrió la puerta a las mujeres que querían escribir poesía. Ya no era necesaria la erudición ni el conocimiento de los clásicos. Ahora, la poesía partía del sentimiento y de la experiencia del individuo. No era cuestión de saber sino de sentir, y del sentimiento siempre se había dicho que era un rasgo que definía a las mujeres. En ellas, delicadeza y sensibilidad iban de la mano.

*La lectura*, por Berthe Morisot

Podían escribir, pero apenas nada más que poesía religiosa y sentimental. **Vida doméstica** y **literatura femenina** eran, pues, dos caras de una misma moneda. Su poesía tenía que ser amorosa, tierna e inocente. El varón debía encontrar en sus versos la paz y el descanso que esperaba de ella en casa.

## "DE MÍ MURMURAN Y EXCLAMAN: AHÍ VA LA LOCA SOÑANDO"

### ROSALÍA DE CASTRO

**F**ue sin duda la única poeta de su siglo que aún se recuerda, se lee y se aprende en las escuelas. Nació en Santiago de Compostela en 1837, pero a los 19 años se marchó a Madrid a vivir con una tía suya. Allí conoció la poesía de **Heine**, al propio **Bécquer** y a otros poetas de su círculo. En 1858 se casó con **Manuel Murguía**, un historiador y crítico de arte gallego, que se convertiría en el difusor de su obra.

Pasó una vida llena de tristezas y **penurias**. Su matrimonio no pareció haber sido feliz. Fue madre de siete hijos, dos de los cuales murieron en la infancia. Poco más se sabe de su vida, pues vivió dedicada a su **hogar**, a sus hijos y a su marido, tal y como se esperaba de ella. Murió en Galicia, a los 48 años, tras una larga y dolorosa agonía.

### ESCRITORA BILINGÜE

Escribió varias novelas, artículos de periódico y la *Carta a Eduarda*, considerada un verdadero manifiesto **feminista**. Pero ha pasado a la historia de la literatura por sus tres libros de poesía, dos de ellos escritos en gallego:

- *Cantares gallegos* (1863) recoge las formas y las estrofas de la **poesía popular** gallega, expresa sus sentimientos de **añoranza** por su tierra, defiende la dignidad de su lengua y habla de Galicia, de su gente, sus tradiciones, sus fiestas y su paisaje.
  Este libro la convirtió en **símbolo de su tierra** para los gallegos de la emigración.

- *Follas novas* (1880) es el título (en castellano, *Hojas nuevas*) de su última colección de poemas en gallego. Reúne poemas **íntimos** y personales y poemas de denuncia social.

- *En las orillas del Sar* (1884), su obra maestra en castellano, y la última obra que publicó en vida, es una de las cumbres de la poesía española del siglo XIX. En ella canta al desengaño y la decepción causados por el **paso del tiempo** y la proximidad de la **muerte**.

Rosalía fue el centro y el símbolo del *Rexurdimento* o resurgimiento, el movimiento romántico de recuperación de la **literatura en lengua gallega**, silenciada durante siglos desde la Edad Media.

Dedicó especial atención a las **cuestiones sociales**, como la **emigración** masiva de los gallegos para huir de la miseria en el **campo**, o la difícil vida de la **mujer gallega**, separada del marido que emigró, y trabajando para mantener a su familia.

Su poesía nos transmite también su **visión pesimista** de la vida, sus sentimientos de tristeza y soledad, la presencia obsesiva de la **muerte**.

Sus poemas sobre el **amor** están escritos desde el **desengaño** de quien piensa que este no trae felicidad, sino dolor y sufrimiento. Desconfía de los hombres e intenta avisar sobre la falsedad de las ilusiones, sobre todo para las mujeres.

Merece ser considerada, al lado de Bécquer, como la precursora de la **modernidad poética**. Introdujo el **lenguaje coloquial** en la poesía, una manera sencilla de escribir que proporciona a sus versos un tono íntimo y sobrio, de leve musicalidad.

1. **La mujer en el siglo XIX:**

   a. ¿Qué nuevas libertades ganaron las mujeres de las ciudades en este siglo?

   b. Enumera qué no se le permitía hacer a una mujer por ser mujer.

   c. Explica con tus palabras en qué consiste el modelo femenino del "ángel del hogar".

2. **Mujeres escritoras:**

   a. Señala cuál de estos temas se consideraban adecuados a una escritora.

   ○ Un episodio de la Historia de España.      ○ Una propuesta política de reforma social.

   ○ Una canción de amor maternal a sus hijos.   ○ Un poema sobre la belleza de las flores.

   ○ Consejos para ser una buena esposa.         ○ Un ensayo filosófico, jurídico o político.

   ○ Un poema sobre su deseo sexual.             ○ Un texto ridiculizando al Gobierno.

---

**Navega e investiga**

Ya has visto, Akira, que Rosalía de Castro fue una mujer pionera pero no fue la única.

¿Ah no?

Pues no, y te daré una pista. Busca quién era Concepción Arenal y comprueba qué aspectos de su vida rompieron con el ideal burgués de feminidad.

Allá voy.

---

3. **El español, también llamado castellano, no es la única lengua que se habla en España. La actual Constitución española de 1978 reconoce otras tres lenguas, que son oficiales en sus comunidades autónomas.**

   a. Localiza en un mapa estas seis comunidades autónomas con otra lengua oficial además del español.

   b. Investiga de qué lengua oficial se trata en cada caso.

4. **¿A cuál de estas tres lenguas autonómicas de España se refieren las siguientes afirmaciones?**

   a. Cuenta con unos seis millones de hablantes entre Francia, Andorra y España.

   b. El *Rexurdimento* fue un movimiento cultural del siglo XIX de recuperación de la cultura y la literatura en esta lengua.

   c. La *Reinaxença* fue un movimiento cultural del siglo XIX de recuperación de la cultura y la literatura en esta lengua.

   d. Es hablada por poco más de medio millón de personas.

   e. Ambas lenguas son románicas: proceden del latín.

   f. Es la única lengua prerromana (anterior al latín) de la Península.

   g. La hablan unos tres millones de personas.

¿Has estado en Galicia, Helen?

Sí. ¡Qué belleza! Todo tan verde y, no sé, había algo de misterio allí...

Pues en ese paisaje de fuentes y bosques encontró Rosalía una imagen para pensar en lo injusto que es a veces el amor.

Sobre todo para las mujeres.

## Antes de leer

**A.** **Relaciona** **los elementos de la naturaleza con el verbo o nombre correspondiente.**

1. La fuente ....................................•
2. El arroyo ...................................•
3. La hierba ...................................•
4. El narciso ..................................•

• **a.** brota.
• **b.** florece.
• **c.** murmura.
• **d.** mana.

1. Los lirios esparcen ......................•
2. El ramaje de un sauce tiende ..........•
3. El viajero atraviesa ......................•
4. El árbol sombrea (= da sombra) ......•

• **a.** su sombra.
• **b.** el arroyo.
• **c.** su fragancia.
• **d.** el camino.

9

Ya no mana la *fuente*, se agotó el manantial;
ya el viajero allí nunca va su sed a apagar.

Ya no brota la *hierba*, ni florece el *narciso*,
ni en los aires esparcen su fragancia los *lirios*.

5   Solo el cauce arenoso de la seca corriente
le recuerda al sediento el horror de la muerte.

¡Mas no importa!; a lo lejos otro *arroyo* murmura
donde humildes violetas el espacio perfuman.

Y de un sauce el *ramaje*, al mirarse en las ondas,
10   tiende en torno del agua su fresquísima sombra.

El sediento *viajero* que el camino atraviesa,
humedece los labios en la linfa serena
del arroyo que *el árbol* con sus ramas sombrea,
y dichoso se olvida de la fuente ya seca.

Poema "343", *En las orillas del Sar* (1884)

## Después de leer

**B.** Indica a qué estrofa corresponden estas afirmaciones y ordénalas como en el poema.

1. Ya no hay plantas ni flores junto a la fuente. ..................................................................
2. Aparece otra corriente de agua. ..................................................................................
3. El viajero calma su sed sin acordarse de la fuente seca. ....................................................
4. No se puede beber de la fuente porque se ha secado. ........................................................
5. Un árbol da sombra al arroyo. ....................................................................................
6. El arroyo sin agua es símbolo del final de la vida. ............................................................

**C.** El símbolo. Este poema describe un paisaje natural, pero detrás de la descripción se insinúan significados más o menos claros. Las tres primeras estrofas contienen un símbolo de gran tradición literaria. ¿Qué simboliza una corriente de agua?, ¿y el cauce seco y arenoso?

..................................................................................................................................

**D.** La aparición de la nueva fuente a partir de la cuarta estrofa da un nuevo sentido al poema. Ahora se puede leer como una metáfora del desengaño amoroso.

1. ¿Con quién se identifica la poeta, con la fuente o con el viajero? ¿De qué está hablando realmente?

..................................................................................................................................

2. Indica cómo se pueden interpretar estos elementos del poema:
   - La fuente seca ▷ ..........................................................................................
   - La nueva fuente ▷ ..........................................................................................
   - El viajero sediento que "dichoso se olvida" de la fuente seca ▷ ..................................
   - Humedecer los labios o calmar la sed ▷ ..........................................................

3. De acuerdo con esta interpretación, búscale un título al poema.

..................................................................................................................................

### Y tú, ¿qué opinas?

**E.** Justifica con argumentos qué hay de romántico en este poema.

**F.** Explica la visión del amor en este poema y compárala con la rima LIII de Bécquer. Señala los puntos en común y también las diferencias.

**G.** ¿Estás de acuerdo con la visión del amor de Rosalía de Castro? Explica por qué.

**H.** ¿Dirías que es un poema feminista? Justifica tu respuesta.

### Ahora te toca a ti

**I.** Busca información sobre la vida de Rosalía de Castro y responde en tu cuaderno a esta pregunta: ¿en qué circunstancia de su vida podría estar inspirado este poema?

# 3 RECURSOS LITERARIOS: LA RIMA

**L**a **rima** es la repetición total o parcial de sonidos en dos o más versos **a partir de la última vocal acentuada**. En la poesía española existen dos tipos de rima:

- La **rima consonante**: coinciden todos los sonidos (vocales y consonantes) a partir de la última vocal acentuada. Por ejemplo, *manzana* rima con *ventana*, *lana* y *campana*, porque coinciden al final las **vocales** y las **consonantes**: *-ana*.

- La **rima asonante**: coinciden **solamente las vocales** a partir de la última vocal acentuada. Por ejemplo, *manzana* rima con *escasa*, *acaba* y *alta*, porque coinciden las vocales *á-a*.

*El hugonote*, por John E. Millais

**1.** **¿Te atreves con las rimas?**

**a.** Elige, entre las siguientes palabras, aquellas que rimen con *rosa* y colócalas en la columna correspondiente, según sea la rima consonante o asonante. Ten cuidado, hay tres palabras que no riman.

*mariposa • corona • silenciosa • preciosa • adiós*
*llora • besa • risa • hoja • enamora*

| Rosa ||
|---|---|
| **Rima consonante** | **Rima asonante** |
|  |  |

**b.** Completa tú mismo la tabla con otras palabras que rimen con *rosa* y colócalas en la columna que corresponda.

**2.** Alguien ha copiado mal dos estrofas de un poema de Espronceda y los ha convertido en prosa.

   **a.** Escribe de nuevo estas dos estrofas separando los versos. Una pista: todos los versos tienen rima.

> *Trae, Jarifa, trae tu mano; ven y pósala en mi frente, que en un mar de lava hirviente mi cabeza siento arder. Ven y junta con mis labios esos labios que me irritan, donde aún los besos palpitan de tus amantes de ayer.*
>
> "A Jarifa, en una orgía" (1839)

- ................................................................
- ................................................................
- ................................................................
- ................................................................
- ................................................................
- ................................................................
- ................................................................
- ................................................................

   **b.** ¿Qué versos riman entre sí?, ¿qué rima tienen, asonante o consonante?

**3.** Ahora vamos a hacer algo un poco más difícil. El texto que aparece a continuación pertenece a un poema de Rosalía de Castro, pero está incompleto. Solo le quedan las palabras finales de los versos que, como ves, riman entre sí. ¿Eres capaz de completarlo a tu manera?

|  | *día* |
|---|---|
|  | *ambiente* |
|  | *llovía* |
|  | *mansamente* |
|  | *silenciosa* |
|  | *gemía* |
|  | *rosa* |
|  | *moría* |

**4.** Tu profesor te leerá ahora el poema original. Escucha atentamente y responde: ¿con qué episodio de la vida de Rosalía de Castro se relaciona este poema?

# 4 ROMÁNTICOS Y POSROMÁNTICOS

Espronceda representa el **romanticismo revolucionario y liberal** de los años 30. Bécquer y Rosalía de Castro son **poetas posrománticos** de la segunda mitad del siglo XIX. Todos ellos son románticos pero su poesía es muy diferente.

**1.** En la siguiente lista de características de la poesía romántica, decide qué opción de cada par corresponde a la poesía de Espronceda y cuál a la poesía posromántica de Bécquer y Rosalía. Luego escríbelas en la casilla correspondiente de la tabla.

- Apenas hay narración. Es la expresión de una idea, un sentimiento.
- Poemas narrativos con argumento, diálogos y personajes.
- Estilo enfático y solemne.
- El estilo sencillo de una confidencia.
- Influencia alemana: Henrich Heine.
- Influencia francesa e inglesa: Victor Hugo y Lord Byron.

- Poemas breves.
- Poemas largos.
- Temas patrióticos, políticos y sociales.
- Temas íntimos y personales.
- Rima asonante.
- Rima consonante.
- Sonoridad intensa y rotunda.
- Sonoridad leve y delicada.

| Poesía de Espronceda | RASGO DEFINIDO | Poesía de Bécquer y Rosalía |
|---|---|---|
| | Estilo | |
| | Musicalidad | |
| | Rima | |
| | Temas | |
| | Longitud | |
| | Narración | |
| | Influencia | |

# UNIDAD 3

## *L*A NOVELA REALISTA

*La carga de la guardia civil*, por Ramón Casas

## CLAVES DE UNA ÉPOCA

### LA ESPAÑA DE LA RESTAURACIÓN (1868-1898)

- La **revolución burguesa de 1868** dio lugar a la **I República**, que fracasó entre el caos y la guerra civil. En 1874, un golpe de Estado restauró la **monarquía de los Borbones** y proclamó a **Alfonso XII** rey de España (1874-1885).

- A fin de garantizar la estabilidad política, **liberales** y **conservadores** pactaron **turnarse pacíficamente** en el Gobierno y **manipular** las **elecciones**. Así, aparentaban una democracia que no había y dejaban a las masas populares fuera del poder político. Aquel pacto permitió que la monarquía durase hasta 1931.

*Cuerda de presos*, por López Mesquita

- La estabilidad política facilitó el **desarrollo económico**. La **industria textil** estaba situada en Cataluña; la **industria del metal** se estableció en el norte junto a las minas de carbón (en Asturias) y hierro (en el País Vasco). En 1868, se estableció la **peseta** como moneda nacional, que siguió vigente hasta su sustitución por el euro en 2002.

- **Obreros** y **jornaleros** cobraban salarios mínimos y vivían en condiciones de miseria. Se organizaron en **sindicatos** y fundaron nuevos partidos políticos como el PSOE (1879). Los **socialistas** utilizaron la **huelga** y las **manifestaciones** masivas en las calles para presionar a políticos y empresarios. Los **anarquistas** practicaron la lucha violenta y los **atentados terroristas**, y fueron muy populares en Andalucía, donde defendían el reparto de tierras a los jornaleros. Unos y otros fueron duramente perseguidos.

❏ Los últimos años del siglo vieron también el nacimiento del **nacionalismo** político en **Cataluña** y en el **País Vasco**, en defensa de sus lenguas (el **catalán** y el **euskera**) y sus tradiciones culturales. Querían cierta **autonomía** o incluso la independencia de sus territorios.

**1.** **Responde a estas preguntas.**

    **a.** ¿Cómo se consiguió la alternancia en el poder entre liberales y conservadores?

    **b.** ¿Por qué luchaban socialistas y anarquistas?

**2.** **Señala a qué ideología de la época corresponde cada una de estas afirmaciones.**

*Liberales • Conservadores • Anarquistas • Socialistas • Nacionalistas*

    **a.** Una sociedad moderna no funciona sin orden ni autoridad. ......................................

    **b.** Tenemos una identidad propia y queremos decidir nuestro futuro aquí y no en Madrid. Hay que descentralizar el Estado. ......................................

    **c.** Hay que acabar con el Estado y la propiedad privada. Ocuparemos las tierras de los ricos para repartirlas entre los campesinos. ......................................

    **d.** Paralizaremos las fábricas y protestaremos en las calles para conseguir mejorar nuestros trabajos. ¡Por una jornada laboral de ocho horas! ......................................

    **e.** La ley debe proteger los derechos individuales y las libertades de expresión y de asociación. ......................................

**3.** **Interpreta y comenta este cuadro de Darío de Regoyos, *Viernes Santo en Castilla*.**

    **a.** En él hay dos líneas en movimiento, resaltadas por el color negro, que se cruzan pero nunca se encuentran. ¿Qué dos Españas se representan en este cuadro?

    ......................................................................

    ......................................................................

    **b.** Imagina una imagen similar para tu país en la actualidad y descríbela con palabras.

La verdad, Akira, ahora lo que me apetece es leerme una novela bien larga con historias creíbles y personajes de carne y hueso.

Ya veo. Quieres una novela que te hable de lo que le pasa a gente como nosotros. ¿No es eso?

¡Sí, eso mismo!

Pues tienes suerte, porque lo que tú quieres es una novela realista.

¡Pues rápido, a ver qué es esto del realismo!

## EL REALISMO

**E**l **realismo** nació en Francia durante la primera mitad del siglo XIX y se extendió por Europa en la segunda mitad, cuando los valores burgueses y liberales ya estaban consolidados. La novela realista es la literatura de una sociedad urbana e industrial. Su énfasis ya no estaba en lo individual sino en lo social.

### CARACTERÍSTICAS DEL REALISMO

1. Influido por el progreso científico y técnico de la época, el realismo suprime el subjetivismo, lo fantástico y los excesos de imaginación y sentimentalismo. Son escritores que quieren **representar objetivamente la realidad**. Con ese fin, visitan los escenarios, observan al detalle, toman notas y se documentan.

2. El género literario del realismo fue la **novela**, de la que se decía que era como un espejo de la realidad.

3. Se suele distinguir entre dos tipos de novelas. Por un lado, la **novela psicológica**, centrada en el análisis de un individuo, a menudo alguien derrotado por el mundo que lo rodea. Por otro lado, la **novela social**, en la que el protagonista es un grupo social que permite al novelista dar una visión global de la sociedad.

4. Frente a la evasión romántica hacia otros tiempos y lugares lejanos, prefieren escribir sobre lo que conocen y situar sus obras en el **tiempo presente**. Existe una **novela histórica** realista, como la serie de los *Episodios Nacionales* de **Benito Pérez Galdós**, que habla del pasado más inmediato para comprender el momento político de su tiempo.

**5.** La novela realista retrata, ante todo, la **vida doméstica** y las preocupaciones materiales de la **clase media**. El héroe romántico es sustituido por **personajes mediocres** y **ordinarios** que el lector puede identificar y juzgar.

**6.** El **amor** romántico acaba en unión o en tragedia. Al realismo le interesa la vida del **matrimonio**. Un argumento fundamental de estas novelas es el del **adulterio femenino**, que se veía como una amenaza a la **familia**.

**7.** Los autores realistas escriben para que las cosas cambien. Su intención es hacer una **crítica social** y **política** de la realidad. A veces escriben **novelas de tesis**, con las que quieren demostrar una idea. Los **autores conservadores** critican la degradación moral de la sociedad y reclaman la vuelta a los valores tradicionales. Los **autores progresistas** también denuncian los males sociales, pero los atribuyen a la mentalidad conservadora, que frena el progreso del país.

**8.** Prefieren un estilo sencillo y coloquial, que busque la claridad y la exactitud. El **lenguaje** es más un medio para **reflejar la realidad** que un fin en sí mismo. Los **diálogos** de los personajes incluyen vulgarismos y regionalismos que muestran su diversidad social, geográfica y psicológica.

**9.** Su obsesión por la exactitud les lleva a hacer extensas y minuciosas **descripciones** de lugares y personajes. A veces hay incluso más descripción que narración.

## EL NATURALISMO

**E**n el último tercio del siglo XIX la novela naturalista llevó los principios del realismo hasta sus últimas consecuencias. El **naturalismo** fue un proyecto literario de un escritor francés, **Émile Zola** (1840-1902), que básicamente consiste en la **aplicación del método científico a la literatura**.

**1.** Lleva el ideal de **objetividad científica** a la literatura. De las ciencias naturales toma la observación neutral e impersonal. El autor desaparece: no juzga ni saca conclusiones y expone las cosas tal y como son.

**2.** El novelista quiere ofrecer una interpretación racional de las **pasiones humanas**. Encuentra la explicación de la conducta de sus personajes en la **visión determinista** de dos factores: la **herencia genética** y el **medio social**.

**3.** El naturalismo trata de entender al ser humano sin tener en cuenta a Dios, tal y como haría un científico. Zola propone una **literatura materialista** y **atea** que encontró oposición en los círculos católicos. Además, rompió con el **tabú estético** y **moral** de no mostrar los aspectos más desagradables e inmorales de la realidad: miseria, alcoholismo, violencia, prostitución, etc.

**4.** Toma de la medicina su **intención terapéutica**. El naturalismo quiere ser útil a la sociedad. Entendían que, si lograban hallar las causas de las enfermedades sociales, quizás también les podrían encontrar una solución.

*Retrato de Émile Zola,*
por Édouard Manet

**1.** En cuál de los puntos de la explicación del realismo y el naturalismo se habla de lo siguiente:

**a.** La influencia de la ciencia y de los avances técnicos del siglo XIX en la mentalidad de la época. □

**b.** Los personajes de estas novelas son individuos corrientes como los que encontramos en nuestras vidas. □

**c.** No se habla del amor imposible sino de las relaciones amorosas reales en el día a día. □

**d.** Se describen sitios y personas con detalle. □

**e.** No interesa el pasado lejano. Se habla del presente más cercano e inmediato. □

**f.** Una obsesión literaria: la mujer infiel a su marido. □

**g.** El lenguaje pierde importancia estética: se reduce a un medio para reflejar la realidad. □

**h.** La novela es un testimonio de lo que ocurre alrededor. □

**i.** Las novelas que ilustran una ideología. □

**j.** El escritor francés que dio forma al naturalismo. □

**k.** Los dos factores que explicaban la conducta humana en la novela naturalista. □

## Navega e investiga    ⊟◻☒

**2.** Averigua el título de las novelas de estos autores europeos en las que se trata el tema del adulterio femenino y la lengua en la que escribieron.

| Autor | Novela | Lengua |
|---|---|---|
| **Gustave Flaubert** (1821-1880) | | |
| **León Tolstoi** (1828-1910) | | |
| **Theodor Fontane** (1819-1898) | | |
| **Leopoldo Alas "Clarín"** (1852-1901) | | |
| **Eça de Queiroz** (1845-1900) | | |

**3.** Muchos autores realistas ambientaron sus novelas en espacios concretos, rurales y urbanos, de la geografía española. **Relaciona** cada uno de estos escritores con la región española que describieron en sus novelas.

*Andalucía • Asturias • Galicia • Madrid • Valencia*

| Novelista | Región española |
|---|---|
| **Juan Valera** (1824-1905) | |
| **Leopoldo Alas "Clarín"** (1852-1901) | |
| **Benito Pérez Galdós** (1843-1920) | |
| **Emilia Pardo Bazán** (1851-1921) | |
| **Vicente Blasco Ibáñez** (1867-1928) | |

## Y tú, ¿qué opinas?

**4.** El cine también puede ser realista. Trata de recordar alguna película que hayas visto y que te parezca realista. Haz lo siguiente:

    **a.** Resume su argumento y describe el ambiente social.

    **b.** Explica por qué es una película realista.

    **c.** Señala qué aspecto de la realidad denuncia o pretende cambiar.

    **d.** ¿Qué prefieres en el cine?, ¿que te abran los ojos a lo que pasa en el mundo o que te ayuden a olvidarte de la realidad por unos momentos? Defiende tus ideas ante tus compañeros de clase.

**5.** Realismo o Romanticismo es un dilema que solemos encontrar en nuestras vidas. La decisión no siempre es fácil, pero seguro que tienes una opinión sobre las siguientes cuestiones y afirmaciones.

    **a.** ¿Cómo tendría que ser el amor, romántico o realista?

    **b.** Si no eres romántico de joven, no tienes corazón; si no eres realista de mayor, no tienes cabeza.

    **c.** ¿Quiénes son más realistas, los conservadores o los progresistas?, ¿y quiénes son más románticos?

    **d.** ¿Somos libres y responsables de nuestros actos o estamos determinados por la herencia genética y por el ambiente social?

# 2 LA GENERACIÓN DE 1868

La revolución burguesa de 1868 trajo aires de libertad e ideas nuevas a España. Apareció una nueva generación de escritores que querían contar historias sobre la realidad del momento y que escribieron sus mejores novelas en las últimas tres décadas del siglo XIX.

Los autores **conservadores** ambientaron sus obras en el **mundo rural**, donde aún se mantenían los valores tradicionales. Los autores **progresistas** luchaban por una sociedad más justa y plural y buscaron sus temas en el **mundo urbano**.

Los escritores tradicionalistas defendieron la Iglesia católica como seña de identidad nacional. La **cultura** era enemiga del ser humano porque conducía a la duda y a la incredulidad. La salvación estaba en la **fe religiosa**. Los liberales atacaban el poder político y social de la Iglesia católica. Creían que la **educación** era la base para construir una España nueva.

La lectura de la historia también es diferente: para unos todo lo que ocurría era por **designio divino**; para los otros, la historia reflejaba el **progreso** hacia una sociedad mejor.

Es difícil hablar de naturalismo en España. Básicamente, se limitó a adoptar la temática, el enfoque y a incluir la representación de las clases bajas y de los aspectos más sórdidos y siniestros de la realidad.

**1.** **Explica las diferencias entre escritores tradicionalistas y progresistas en estos tres asuntos:**

    **a.** La cultura y la educación.

    .................................................................................................................................................
    .................................................................................................................................................
    .................................................................................................................................................

    **b.** La religión.

    .................................................................................................................................................
    .................................................................................................................................................
    .................................................................................................................................................

    **c.** La historia.

    .................................................................................................................................................
    .................................................................................................................................................
    .................................................................................................................................................

### Y tú, ¿qué opinas?

**2.** **Ya has leído las diferencias políticas que dividieron a conservadores y liberales en la España del siglo XIX. Pero, ¿y hoy en día?, ¿cuáles son las ideas que enfrentan a conservadores y progresistas en tu país? ¿Con qué ideología te identificas más?** Explica **tus razones.**

Oye, Akira, ¿te suena este autor? Escribió tantas novelas que no sé cuál escoger.

No me extraña. Trabajó toda su vida escribiendo sin parar. Y eso que al final acabó sin dinero y murió en la miseria.

Dicen que en sus novelas está retratado todo el Madrid del siglo XIX.

¡Hay tantos personajes en sus novelas, tanta vida!

***"YO NO TENGO LA CULPA DE QUE LA VIDA SE NUTRA DE LA VIRTUD Y DEL PECADO, DE LO HERMOSO Y DE LO FEO"***

*Retrato de Benito Pérez Galdós*, por Joaquín Sorolla

**N**ació en Canarias pero vivió la mayor parte de su vida en Madrid. De ideas liberales, intervino en la política en el **partido liberal** y luego como **diputado republicano**. Fue un hombre tímido que llevó una vida humilde. No se casó pero tuvo varias amantes, una de ellas **Emilia Pardo Bazán**. Su final fue triste: sus enemigos conservadores impidieron que se le concediera el premio Nobel, y murió ciego y empobrecido.

Escribió la **historia novelada de la España del siglo XIX** en su serie de 46 novelas titulada *Episodios Nacionales*. Empezó con novelas de tesis anticlericales, pero acabó convirtiéndose en **el novelista de Madrid**, en especial de sus clases medias con obras como *La desheredada* (1881), *Fortunata y Jacinta* (1886-87), *Miau* (1888) o *Misericordia* (1897), entre muchas otras.

En sus novelas destaca la fuerza de sus personajes y la **recreación de la sociedad madrileña**. Su estilo es espontáneo y coloquial, en ocasiones descuidado, pero siempre ágil y expresivo. Se han hecho numerosas adaptaciones al cine de sus novelas, como *Tristana* (1892) y *Nazarín* (1895) de Luis Buñuel, *Tormento* (1889) de Pedro Olea, y *El abuelo* (1897) de José Luis Garci.

Esta lectura reproduce una conversación en la cocina de casa entre una criada, mayor pero luchadora, y su señora, viuda, arruinada y cansada de miserias y dificultades. Pertenece a la novela *Misericordia* (1897) de Benito Pérez Galdós. Espero que te guste.

## Antes de leer

**A.** Intenta averiguar a quién corresponden estas intervenciones del diálogo según expresen el optimismo de la criada o el pesimismo de su señora.

| Criada optimista y luchadora | | Señora pesimista y cansada |
|---|---|---|
| | **Frases de los personajes** | |
| ○ | **1.** "¿Querrá Dios traernos mañana un buen día?". | ○ |
| ○ | **2.** "No me fío de tus corazonadas". | ○ |
| ○ | **3.** "Tras un día malo viene otro peor". | ○ |
| ○ | **4.** "No hay ilusión que no se me convierta en desengaño". | ○ |
| ○ | **5.** "Cuando menos lo pensemos nos vendrá el golpe de suerte y estaremos tan ricamente acordándonos de estos días de apuros y desquitándonos de ellos con la gran vida que nos vamos a dar". | ○ |
| ○ | **6.** "Yo me encuentro muy a gusto en este mundo". | ○ |
| ○ | **7.** "Ya no aspiro a la gran vida. Solo aspiro al descanso". | ○ |
| ○ | **8.** "Venga todo antes que la muerte, y padezcamos con tal que no falte un pedazo de pan". | ○ |

**B.** Dos de las siguientes expresiones y acciones no están relacionadas con los apuros económicos de estas dos mujeres. Señálalas.

1. Empeñar la ropa interior para comprar comida. ........................................................ ○
2. Avivar el fuego de la cocina con el fuelle. ........................................................ ○
3. Vivir de mil enredos, trampas y embustes. ........................................................ ○
4. No encontrar quien te fíe. ........................................................ ○
5. Verse perseguida por tenderos y vendedores. ........................................................ ○
6. Soportar vergüenza, miseria y humillaciones. ........................................................ ○
7. Preparar la comida y administrar la medicina. ........................................................ ○

—¿Hiciste todo lo que te mandé? —preguntó la señora, en marcha las dos hacia la cocina—. ¿**Empeñaste**[1] mis dos **enaguas**[2]?

—¿Cómo no? Con las dos **pesetas**[3] que saqué y otras dos que me dio don Romualdo por ser

5   su santo, he podido atender a todo.

—¿Pagaste el aceite de ayer?

—¡**Pues no**[4]!

—¿Y la **tila** y la **sanguinaria**[5]?

—Todo, todo… Y aún me ha sobrado, después

10   de la compra, para mañana.

—¿Querrá Dios traernos mañana un buen día? —dijo con honda tristeza la señora, sentándose en la cocina, mientras la criada, con nerviosa prontitud, reunía astillas y carbones.

15   —¡Ay!, sí, señora: téngalo por cierto.

—¿Por qué me lo aseguras, Nina?

—Porque lo sé. Me lo dice el corazón. Mañana tendremos un buen día, estoy por decir que un gran día.

20   —Cuando lo veamos te diré si aciertas… No me fío de tus corazonadas. Siempre estás con que mañana, que mañana…

—Dios es bueno.

—Conmigo no lo parece. No se cansa de darme golpes; me apalea, no me deja respirar. Tras un día malo viene otro peor. Pasan años aguardando el remedio, y no hay ilusión que

25   no se me convierta en desengaño. Me canso de sufrir, me canso también de esperar. Mi esperanza es traidora, y como me engaña siempre, ya no quiero esperar cosas buenas, y las espero malas para que vengan… siquiera regulares.

—Pues yo que la señora —dijo Benina dándole al fuelle— tendría confianza en Dios, y estaría contenta… Ya ve que yo lo estoy… ¿No me ve? Yo siempre creo que cuando menos lo

30   pensemos nos vendrá el golpe de suerte, y estaremos tan ricamente, acordándonos de estos días de apuros y **desquitándonos**[6] de ellos con la gran vida que nos vamos a dar.

—Ya no aspiro a la buena vida, Nina —declaró casi llorando la señora—. Solo aspiro al descanso.

—¿Quién piensa en la muerte? Eso, no; yo me encuentro muy a gusto en este mundo, y

35   hasta **le tengo ley**[7] a los **trabajillos**[8] que paso. Morirse, no.

—¿Te conformas con esta vida?

—Me conformo, porque no está en mi mano el darme otra. Venga todo antes que la muerte, y padezcamos con tal que no falte un pedazo de pan, y pueda uno comérselo con dos salsas muy buenas: el hambre y la esperanza.

40   —¿Y soportas, además de la miseria, la vergüenza, tanta humillación, deber a todo el mundo,

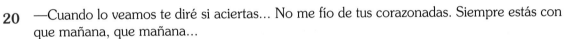

**La novela realista**

no pagar a nadie, vivir de mil enredos, trampas y embustes, no encontrar quien te fíe valor de dos **reales**[3], vernos perseguidos de tenderos y vendedores?

—¡Vaya si lo soporto!... Cada cual, en esta vida se defiende como puede. ¡Estaría bueno que nos dejáramos morir de hambre, estando las tiendas tan llenas de sustancia! Eso, no.

45 Dios no quiere que a nadie se le enfríe el cielo de la boca por no comer, y cuando no nos da dinero, un suponer, nos da la sutileza del **caletre**[9] para inventar modos de **allegar**[10] lo que hace falta sin robarlo... Eso no. Porque yo prometo pagar, y pagaré cuando lo tengamos. Ya saben que somos pobres... que hay formalidad en casa, ya que no *haigan* otras cosas. ¡Estaría bueno que nos afligiéramos porque los tenderos no cobran estas miserias, sabiendo

50 como sabemos que están ricos!...

—Es que tú no tienes vergüenza, Nina; quiero decir decoro, quiero decir dignidad.

—Yo no sé si tengo eso; pero tengo boca y estómago natural, y sé también que Dios me ha puesto en el mundo para que viva y no para que me deje morir de hambre. Los gorriones, un suponer, ¿tienen vergüenza? ¡Quiá!... Lo que tienen es pico... Y mirando las cosas como

55 deben mirarse, yo digo que Dios no tan solo ha criado la tierra y el mar, sino que son obra suya mismamente las tiendas de **ultramarinos**[11], el Banco de España, las casas donde vivimos y, pongo por caso, los puestos de verdura... Todo es de Dios.

—Y la moneda, la indecente moneda, ¿de quién es? —preguntó con lastimero acento la señora—. Contéstame.

60 —También es de Dios, porque Dios hizo el oro y la plata... Los billetes, no sé... Pero también, también.

—Lo que yo digo, Nina, es que las cosas son del que las tiene..., y las tiene todo el mundo menos nosotras... ¡Ea!, date prisa, que siento debilidad. ¿En dónde me pusiste las medicinas?... Ya; están sobre la cómoda. Tomaré una **papeleta de salicilato**[12] antes de comer...

65 ¡Ay, qué trabajo me dan estas piernas! En vez de llevarme ellas a mí, tengo yo que tirar de ellas. (Levantándose con gran esfuerzo.) Mejor andaría yo con muletas. ¿Pero has visto lo que hace Dios conmigo? ¡Si eso parece burla! Me ha enfermado de la vista, de las piernas, de la cabeza, de los riñones, de todo menos del estómago. Privándome de recursos, dispone que yo digiera como un buitre.

70 —Lo mismo hace conmigo. Pero yo no lo llevo a mal, señora. ¡Bendito sea el Señor, que nos da el bien más grande de nuestros cuerpos: el hambre santísima!

*Misericordia* (1897)

---

[1] **empeñar:** dejar un objeto como garantía de devolución de un préstamo.

[2] **enaguas:** prenda interior femenina parecida a una falda.

[3] **peseta; reales:** la peseta fue la moneda de referencia en España de 1868 a 2002. Se dividía en 100 céntimos. Un real equivalía a 25 céntimos.

[4] **¡pues no!:** Ironía coloquial. Significa todo lo contrario: "¡Claro que sí!".

[5] **tila y sanguinaria:** hierbas medicinales que se toman en infusión, como el té. Ayudan en la digestión.

[6] **desquitarse:** vengar una ofensa o perjuicio, recuperar una pérdida.

[7] **tenerle ley:** tenerle estima, cariño.

[8] **trabajillos; trabajo:** penalidad, molestia, sufrimiento.

[9] **caletre:** juicio, capacidad para pensar.

[10] **allegar:** recoger, reunir, conseguir.

[11] **ultramarinos:** comida en conserva que solía venir de los países de América, en ultramar.

[12] **papeleta de salicilato:** medicina para el dolor y la fiebre, por ejemplo, la aspirina. Se vendía en polvo dentro de un papel doblado, una papeleta.

## Después de leer

**C.** **Responde** a estas preguntas.

1. ¿Cómo obtuvo Nina las dos pesetas? ¿Qué hizo y qué piensa hacer luego con ellas?

2. ¿De qué se queja la señora?

3. ¿Cómo reacciona Nina ante sus quejas?

**D.** **Las diferencias de carácter, la posición social y el sentimiento religioso explican el contraste entre ambos personajes.**

1. Explica las diferencias de carácter entre ambas mujeres. Te pueden ayudar estos adjetivos.

> *trabajadora* • *débil* • *luchadora* • *optimista* • *cobarde*
> *valiente* • *pesimista* • *quejica* • *conformista* • *activa*

2. ¿Qué entiende la señora por "decoro", el "aparentar", la "dignidad"? Explica en qué medida estos sentimientos se deben a su diferente posición social.

3. Comenta el sentimiento religioso de Nina. Justifica tu respuesta con ejemplos de la lectura.

**E.** **¿Por qué califica Nina al hambre de "santísima"?**

### Y tú, ¿qué opinas?

**F.** **Elige** la opción correcta para describir esta lectura y justificar que se trata de un texto realista.

1. Análisis de los sentimientos del escritor ○    ○ Análisis de las relaciones sociales.

2. Personajes mediocres ○    ○ Héroes extraordinarios.

3. Intimidad doméstica ○    ○ Grandes acontecimientos.

4. Idealización del mundo ○    ○ Observación de la realidad.

**G.** **Indica** si estás de acuerdo o no con estas afirmaciones del diálogo. Explica tus razones en cada caso.

1. "Ya no quiero esperar cosas buenas, y las espero malas para que vengan... siquiera regulares". *(Señora)*

2. "Me conformo [con esta vida], porque no está en mi mano el darme otra". *(Nina)*

3. "Dios me ha puesto en el mundo para que viva y no para que me deje morir de hambre". *(Nina)*

**H.** **¿Con cuál de los dos personajes te identificas más? ¿Por qué?**

**I.** Esta conversación íntima entre criada y señora recuerda los diálogos frecuentes entre Don Quijote y Sancho Panza en la novela de Cervantes.

    **1.** Averigua lo que puedas sobre ambos personajes (su personalidad, forma de ver la vida).

    **2.** ¿A cuál de ellos dos se parece Nina?, ¿y su señora? Justifica tu respuesta.

 **Ahora te toca a ti**

**J.** Un diálogo es una buena manera de expresar opiniones contrarias acerca de algo y dramatizar conflictos. Escribe un diálogo entre dos personajes en los que discutan diferentes formas de ver la vida. Por ejemplo:

    **1.** Entre un romántico y un realista sobre el amor.

    **2.** Entre un ateo y un creyente sobre la existencia de Dios.

    **3.** Entre un conservador y un progresista sobre política.

    **4.** Entre un hombre y una mujer sobre la igualdad en nuestra sociedad.

**Akira:** Clarín es el autor de *La Regenta*, ¿no es así? Dicen que es una lectura difícil.

**Helen:** Sí, pero apasionante. Es la gran novela española del siglo XIX, una historia de adulterio y amores imposibles.

**Akira:** A mí me han contado que sus protagonistas son un sacerdote ambicioso y una mujer en busca de amor.

**Helen:** Más bien la protagonista es toda una ciudad, su hipocresía y su doble moral.

### *"LA HEROICA CIUDAD DORMÍA LA SIESTA"*

**D**e origen asturiano, vivió siempre vinculado a la ciudad de Oviedo. Se doctoró en leyes en Madrid, donde conoció el ambiente liberal tras la revolución de 1868. Fue profesor de Derecho en la Universidad de Oviedo, y desde esta ciudad supo estar al tanto de todas las novedades literarias y culturales de Europa.

**Republicano convencido**, fue un crítico literario respetado y una autoridad intelectual. Escribió más de dos mil artículos filosóficos, políticos y literarios que firmaba con el seudónimo de "Clarín". Al contrario que Galdós, escribió poca ficción. Destacan algunos **cuentos** excelentes y una novela corta, ***Doña Berta*** (1892). A los 31 años escribió su obra maestra, ***La Regenta*** (1885), una historia de adulterio que le sirvió para hacer una **crítica de la hipocresía** en los ambientes burgueses y clericales de su ciudad. Murió de tuberculosis con solo 49 años.

## Lectura **2**: *RETRATO DE UN SACERDOTE*

En este texto un sacerdote observa la ciudad de Vetusta desde la torre de la catedral. El narrador hace un retrato de su afición a la montaña, su ambición y sus deseos de poder sobre los habitantes de la ciudad. Pertenece a *La Regenta*, considerada la mejor novela española del siglo XIX.

## Antes de leer

**A.** Agrupa estas palabras de la lectura según se refieran a la vista o al deseo. Puedes usar el diccionario si lo necesitas.

*inspección • satisfacer • ansiar • mirar • voluptuoso • columbrar • contemplar • gula saciar • escudriñar • codicia • microscopio • goce • devorar • voluntad*

| La vista | El deseo y el placer |
|---|---|
|  |  |

**B.** Relaciona las siguientes palabras del texto sobre la Iglesia católica con la definición que le corresponda.

1. Campanario .....................•
2. Campanero .....................•
3. Teólogo ...........................•
4. Cónclave de cardenales ...•
5. Tiara ...............................•
6. Diócesis ..........................•

• **a.** Experto en estudios religiosos sobre Dios.
• **b.** Persona encargada de tocar las campanas.
• **c.** Distrito o territorio bajo la autoridad de un obispo.
• **d.** Corona del papa, símbolo de su autoridad.
• **e.** Torre de la iglesia donde están las campanas.
• **f.** Reunión de cardenales para elegir un nuevo Papa.

11

Uno de los recreos solitarios de don Fermín de Pas consistía en subir a las alturas. Era montañés, y por instinto buscaba las cumbres de los montes y los *campanarios* de las iglesias. En todos los países que había visitado había subido a la montaña más alta, y si no las había, a la más soberbia torre. No se daba por enterado de cosa que no viese a vista de pájaro,
5 abarcándola por completo y desde arriba. Cuando iba a las aldeas acompañando al Obispo en su visita, siempre había de emprender, a pie o a caballo, como se pudiera, una excursión a lo más **empingorotado**[1]. En la provincia, cuya capital era Vetusta, abundaban por todas partes montes de los que se pierden entre nubes; pues a los más arduos y elevados ascendía el Magistral, dejando atrás al más robusto andarín, al más experto montañés. Cuanto más
10 subía, más *ansiaba* subir; en vez de fatiga sentía fiebre que les daba vigor de acero a las piernas y aliento de fragua a los pulmones. Llegar a lo más alto era un triunfo *voluptuoso* para De Pas. Ver muchas leguas de tierra, *columbrar* el mar lejano, *contemplar* a sus pies los pueblos como si fueran juguetes, imaginarse a los hombres como **infusorios**[2], ver pasar un águila o un milano, según los parajes, debajo de sus ojos, enseñándole el dorso dorado
15 por el sol, *mirar* las nubes desde arriba, eran intensos placeres de su espíritu altanero que De Pas se procuraba siempre que podía. Entonces sí que *en sus mejillas había fuego y en sus ojos dardos*. En Vetusta no podía *saciar* esta pasión; tenía que contentarse con subir

algunas veces a la torre de la catedral. Solía hacerlo a la hora del coro, por la mañana o
20 por la tarde, según le convenía.

[...]

El **Magistral**[3], olvidado de los *campaneros*, paseaba lentamente sus miradas por la ciudad, *escudriñando* sus rincones, levantando con la imaginación los techos, aplicando su espíritu
25 a aquella *inspección* minuciosa, *como el naturalista estudia con poderoso microscopio las pequeñeces de los cuerpos*. No miraba a los campos, no contemplaba la **lontananza**[4] de montes y nubes; sus miradas no salían de
30 la ciudad.

Escultura dedicada a *La Regenta*, en la plaza de la Catedral de Oviedo

Vetusta era su pasión y su presa. Mientras los demás le tenían por sabio *teólogo*, filósofo y jurisconsulto, él estimaba sobre todas su ciencia de Vetusta. La conocía **palmo a palmo**[5],
35 por dentro y por fuera, por el alma y por el cuerpo, había escudriñado los rincones de las conciencias y los rincones de las casas. *Lo que sentía en presencia de la heroica ciudad era* gula; *hacía su anatomía, no como el fisiólogo que solo quiere estudiar, sino como el*
40 *gastrónomo que busca los bocados apetitosos; no aplicaba el* **escalpelo**[6], *sino el* **trinchante**[7].

Y bastante resignación era contentarse, por ahora, con Vetusta. De Pas había soñado con más altos destinos, y aún no renunciaba a ellos. Como recuerdos de un poema heroico leído en la juventud con entusiasmo, guardaba en la memoria brillantes cuadros que la ambición
45 había pintado en su fantasía; en ellos se contemplaba **oficiando de pontifical en Toledo**[8] y asistiendo en Roma a un *cónclave de cardenales*. Ni la *tiara* le pareciera demasiado ancha; todo estaba en el camino; lo importante era seguir andando. Pero estos sueños, según pasaba el tiempo, se iban haciendo más y más vaporosos, como si se alejaran. "Así son las perspectivas de la esperanza —pensaba el Magistral—; cuanto más nos acercamos
50 al término de nuestra ambición, más distante parece el objeto deseado, porque no está en lo por venir, sino en lo pasado; lo que vemos delante es un espejo que refleja el cuadro soñador que se queda atrás, en el lejano día del sueño..." No renunciaba a subir, a llegar cuanto más arriba pudiese, pero cada día pensaba menos en estas vaguedades de la ambición a largo plazo, propias de la juventud. Había llegado a los treinta y cinco años, y la *codicia* del poder
55 era más fuerte y menos idealista; se contentaba con menos, pero lo quería con más fuerza, lo necesitaba más cerca; *era el hambre que no espera, la sed en el desierto que abrasa y se satisface en el charco impuro sin aguardar a descubrir la fuente que está lejos, en lugar desconocido*.

Sin confesárselo, sentía a veces desmayos de la voluntad y de la fe en sí mismo que le daban
60 escalofríos; pensaba en tales momentos que acaso él no sería jamás nada de aquello a que había aspirado, que tal vez el límite de su carrera sería el estado actual o un mal obispado en la vejez, todo un sarcasmo. Cuando estas ideas le sobrecogían, para vencerlas y olvidarlas

se entregaba con furor al *goce* de lo presente, del poderío que tenía en la mano; *devoraba su presa, la Vetusta **levítica**[9], como el león enjaulado los pedazos ruines de carne que* el domador le arroja.

Concentrada su ambición entonces en punto concreto y tangible, era mucho más intensa; la energía de su *voluntad* no encontraba obstáculo capaz de resistir en toda la diócesis. Él era el amo del amo. *Tenía al Obispo en una garra*, prisionero voluntario que ni se daba cuenta de sus prisiones. En tales días el **Provisor**[3] era un huracán, un castigo bíblico, un azote de Dios **sancionado**[10] por Su Ilustrísima.

Estas crisis de ánimo solían provocarlas noticias del personal: el nombramiento de un obispo joven por ejemplo. Echaba sus cuentas: él estaba muy atrasado, no podría llegar a ciertas grandezas de la jerarquía.

[...]

Don Fermín *contemplaba* la ciudad. *Era una presa que le disputaban, pero que acabaría de devorar él solo.* ¡Qué! ¿También aquel mezquino imperio habían de arrancarle? No, era suyo. Lo había ganado en **buena lid**[11]. ¿Para qué eran necios? También al Magistral se le subía la altura a la cabeza; también él veía a los vetustenses como escarabajos; sus viviendas viejas y negruzcas, aplastadas, las creían los vanidosos ciudadanos palacios, y eran madrigueras, cuevas, montones de tierra, labor de topo... ¿Qué habían hecho los dueños de aquellos palacios viejos y arruinados de la Encimada que él tenía allí a sus pies? ¿Qué habían hecho? Heredar. ¿Y él? ¿Qué había hecho él? Conquistar.

*La Regenta* (1885)

---

[1] **empingorotado:** alto, elevado.

[2] **infusorio:** microbio.

[3] **magistral, provisor:** don Fermín tenía dos cargos importantes. El **magistral** es el predicador de la catedral; el **provisor** es un juez eclesiástico nombrado por el obispo.

[4] **lontananza:** lejanía.

[5] **palmo a palmo:** por completo y con detalle.

[6] **escalpelo:** cuchillo pequeño usado en autopsias.

[7] **trinchante:** cuchillo para partir la comida antes de servirla.

[8] **oficiar de pontifical en Toledo:** presidir la misa como arzobispo de Toledo, el más importante de España.

[9] **levítico:** aficionado a la Iglesia o supeditado a los eclesiásticos.

[10] **sancionado:** autorizado, aprobado.

[11] **buena lid:** por buenos medios, justamente.

## Después de leer

**C.** Las excursiones a la montaña.

**1.** ¿Qué le gustaba hacer a Fermín de Pas en sus excursiones a la montaña?, ¿con qué disfrutaba tanto?

......................................................................................................................................................................

**2.** Explica la relación que se sugiere entre esta pasión solitaria y el carácter del personaje.

......................................................................................................................................................................

......................................................................................................................................................................

......................................................................................................................................................................

**D.** **Con el catalejo desde la torre de la catedral.**

    **1.** ¿Qué busca con la mirada? ¿Qué es para él la ciudad de Vetusta?

        ...........................................................................................................................................................

        ...........................................................................................................................................................

    **2.** Explica las diferencias entre un romántico contemplando un paisaje desde las alturas y Fermín de Pas.

        ...........................................................................................................................................................

        ...........................................................................................................................................................

**E.** **Sueños de juventud.**

    **1.** ¿Qué diferencias hay entre los sueños de juventud del protagonista y su ambición actual de hombre adulto?

        ...........................................................................................................................................................

    **2.** ¿Qué tipo de noticias lo entristecían?, ¿por qué? ¿Qué hacía entonces para vencer el desánimo?

        ...........................................................................................................................................................

    **3.** ¿Con qué animal compara a los habitantes de Vetusta?, ¿qué nos dice esto del carácter del protagonista?, ¿cuáles son sus sentimientos hacia ellos?

        ...........................................................................................................................................................

**F.** **Explica qué nos dice del carácter del personaje cada una de estas frases del texto.**

    **1.** "Cuanto más subía, más ansiaba subir".

        ...........................................................................................................................................................

    **2.** "Vetusta era su pasión y su presa".

        ...........................................................................................................................................................

    **3.** "Lo que sentía en presencia de la heroica ciudad era gula".

        ...........................................................................................................................................................

    **4.** "Ni la tiara le parecía demasiado ancha; todo estaba en el camino, lo importante era seguir andando".

        ...........................................................................................................................................................

    **5.** "Él era el amo del amo. Tenía al Obispo en una garra".

        ...........................................................................................................................................................

**G.** **El narrador compara a este personaje y su carácter con imágenes de la naturaleza. Explica el sentido de estas imágenes y comparaciones (en cursiva en el texto) dentro de su contexto.**

    **1.** "En sus mejillas había fuego y en sus ojos dardos".

        ...........................................................................................................................................................

        ...........................................................................................................................................................

2. "...como el naturalista estudia con poderoso microscopio las pequeñeces de los cuerpos".

........................................................................................................................................................

........................................................................................................................................................

3. "Lo que sentía en presencia de la ciudad era gula; hacia su anatomía, no como el fisiólogo que solo quiere estudiar, sino como el gastrónomo que busca los bocados apetitosos; no aplicaba el escalpelo, sino el trinchante".

........................................................................................................................................................

........................................................................................................................................................

4. "Era el hambre que no espera, la sed en el desierto que abrasa y se satisface en el charco impuro sin aguardar a descubrir la fuente que está lejos, en lugar desconocido".

........................................................................................................................................................

........................................................................................................................................................

5. "Devoraba su presa como el león enjaulado los pedazos ruines de carne que el domador le arroja". "Tenía al Obispo en una garra". "Era una presa que le disputaban, pero que acabaría de devorar él solo".

........................................................................................................................................................

........................................................................................................................................................

## Y tú, ¿qué opinas?

**H.** ¿Qué critica Clarín de la Iglesia católica a través de este personaje?

**I.** Señala las características de la literatura realista que se puedan aplicar a esta lectura.

## Ahora te toca a ti

**J.** Imagina que te subes a una torre y contemplas tu ciudad. Describe lo que ves teniendo en cuenta las siguientes informaciones.

1. Descripción física por barrios: el centro, los alrededores.
2. Tipo de gente que la habita.
3. Lo que ocurre según el momento del día.
4. "Levanta con la imaginación los techos" y entra en las casas de ricos y pobres. Describe la diferencia entre lo que la gente muestra en público y lo que esconde en casa.

**Helen:** Akira, te presento a Emilia Pardo Bazán, escritora y primera profesora catedrática de la universidad española.

**Akira:** Un verdadero honor. ¿Y cuándo ocurrió eso?

**Helen:** En 1906, pero no te creas que todo fue tan bueno. La Real Academia Española nunca la admitió por ser mujer. ¿No te parece increíble?

**Akira:** Y que lo digas. La verdad es que la historia ha sido muy injusta con las mujeres.

## "LA EDUCACIÓN DE LA MUJER NO PUEDE LLAMARSE TAL EDUCACIÓN, SINO DOMA, PUES SE PROPONE POR FIN LA OBEDIENCIA, LA PASIVIDAD Y LA SUMISIÓN"

Nacida en una familia muy rica de la nobleza gallega, pudo viajar por Europa, pronunciar conferencias y estar al tanto de la literatura de su tiempo.

Fue una firme defensora de los **derechos de la mujer**. Publicó un libro de ensayos sobre el naturalismo, *La cuestión palpitante* (1883), que causó tal escándalo que llevó a su marido a prohibirle escribir más. Se negó a obedecerle y acabó separándose de él. Fue amante, entre otros, de Galdós durante más de veinte años. Con todo, siempre se declaró católica.

Fue autora de **ensayos**, **libros de viajes** y **novelas** inspiradas en el naturalismo, como *Los pazos de Ulloa* (1886) y *La madre naturaleza* (1887), en las que refleja los **aspectos más brutales de la vida rural** en Galicia. Más adelante evolucionó hacia una literatura de mayor espiritualidad. Escribió unos quinientos **cuentos**, que figuran entre los mejores del siglo XIX.

## Lectura 3: *UN RELATO NATURALISTA*

Una joven campesina llega a su casa con leña para cocinar. Su padre, mientras fuma sentado, le descubre unas medias rojas que conducen a la tragedia final de este cuento sobre los sueños rotos de una joven por escapar de la miseria.

## *Antes de leer*

**A.** Señala las acciones que crees que hacían falta para preparar la comida en la casa de unos campesinos del siglo XIX.

○ Traer la leña a casa.
○ Prender el fuego.
○ Atusarse el cabello.
○ Soplar y activar la llama.

○ Echar judías, patatas y berzas en el pote.
○ Liar un cigarrillo.
○ Desgarrar las berzas.
○ Escudarse con las manos.

**B.** Escribe estas palabras en el recuadro correspondiente.

*pesos • manecitas • pupilas • ira • labrador • lastimado • furor • cejas*
*labriego • cuartos • aporrear • carrillos • cosecha • cachete • cultivar*
*faenas aldeanas • dentadura • párpados • lujo • puño*

| **Violencia** | **Cuerpo humano** |
|---|---|
| | |

| **Dinero** | **Trabajo en el campo** |
|---|---|
| | |

### "LAS MEDIAS ROJAS"

Cuando la moza entró cargada con la *leña* que acababa de robar en el monte del señor amo, el tío Clodio no levantó la cabeza, entregado a la ocupación de **picar un cigarro**[1], sirviéndose, en vez de navaja, de una uña **córnea**[2], color de ámbar oscuro, porque la había tostado el fuego de las apuradas colillas.

5    Ildara soltó *el peso* en tierra y *se atusó el cabello*, peinado a la moda "de las señoritas" y revuelto por los enganchones de las ramillas que se agarraban a él. Después, con la lentitud de las *faenas aldeanas*, preparó *el fuego, lo prendió*, desgarró las berzas, las echó en el pote negro, en compañía de unas patatas mal troceadas y de unas judías demasiado secas, de la *cosecha* anterior, sin remojar. Al cabo de estas operaciones, tenía el tío Clodio liado su
10    cigarrillo, y lo chupaba haciendo en los *carrillos* dos hoyos entre el azuloso de la descuidada barba.

Sin duda la leña estaba húmeda de tanto llover la semana entera, y ardía mal, soltando una humareda **acre**[3]; pero el *labriego* no reparaba: al humo, ¡bah!, estaba él bien hecho desde niño. Como Ildara se inclinase para *soplar y activar la llama*, observó el viejo cosa más

**15** insólita: algo de color vivo, que emergía de las **remendadas**[4] y encharcadas faldas de la moza... Una pierna robusta, aprisionada en una media roja, de algodón...

—¡Ey! ¡Ildara!

—¡Señor padre!

—¿Qué novedad es esa?

**20** —¿Cuál novedad?

—¿Ahora me gastas medias, como la hermana del **abad**[5]?

Incorporose la muchacha, y la llama, que empezaba a alzarse, dorada, lamedora de la negra panza del **25** pote, alumbró su cara redonda, bonita, de facciones pequeñas, de boca apetecible, de *pupilas* claras, golosas de vivir.

—Gasto medias, gasto medias —repitió, sin amilanarse—. Y si las gasto, no se las debo a nadie.

**30** —Luego nacen los *cuartos* en el monte —insistió el tío Clodio con amenazadora sorna.

—¡No nacen!... Vendí al abad unos huevos, que no dirá menos él... y con eso compré las medias.

Campesina preparando la comida.
Grabado del Siglo XIX

Una luz de *ira* cruzó por los ojos pequeños, **engarzados**[6] en duros *párpados*, bajo *cejas* **35** hirsutas, del labrador... Saltó del banco donde estaba sentado y, agarrando a su hija por los hombros, la zarandeó brutalmente, arrojándola contra la pared, mientras **barbotaba**[7]:

—¡Engañosa! ¡Engañosa! ¡Así andan las gallinas que no **ponen**[8]!

Ildara, apretando los dientes por no gritar de dolor, se defendía la cara con las manos. Era siempre su temor de moza guapa y requebrada, que el padre la **mancase**[9], como le había **40** sucedido a la Mariola, su prima, señalada por su propia madre en la frente con el **aro de la criba**[10], que le desgarró los tejidos. Y tanto más defendía su belleza, hoy que se acercaba el momento de fundar en ella un sueño de porvenir. Cumplida la mayor edad, libre de la autoridad paterna, la esperaba el barco, en cuyas entrañas tantos de su parroquia y de las parroquias vecinas se habían ido hacia la suerte, hacia lo desconocido de los lejanos países **45** donde el oro rueda por las calles y no hay sino bajarse para cogerlo. El padre no quería emigrar, cansado de una vida de labor, indiferente a la esperanza tardía: pues que se quedase él... Ella iría sin falta; ya estaba de acuerdo con el **gancho**[11], que le adelantaba los *pesos* para el viaje, y hasta le había dado cinco de señal, de los cuales habían salido las famosas medias... y el tío Clodio, ladino, sagaz, adivinador o sabedor, sin dejar de tener acorralada **50** y acosada a la moza, repetía:

—Ya te cansaste de andar descalza de pie y pierna, como las mujeres de bien, ¿eh, condenada? ¿Llevó medias alguna vez tu madre? ¿Peinose como tú, que siempre estás con el cacho de espejo? Toma, para que te acuerdes...

Y con el cerrado *puño* hirió primero la cabeza, luego, el rostro, apartando las **medrosas**[12] **55** *manecitas*, de forma no alterada aún por el trabajo, con que se escudaba Ildara, **trémula**[13]. El *cachete* más violento cayó sobre un ojo, y la moza vio, como un cielo estrellado, miles de puntos brillantes envueltos en una radiación de intensos coloridos sobre un negro terciopeloso. Luego, el *labrador aporreó* la nariz, los *carrillos*. Fue un instante de *furor*, en que sin escrúpulo la hubiese matado, antes que verla marchar, dejándole a él solo, viudo, casi imposibilitado de *cultivar* la tierra que llevaba **en arriendo**[14], que fecundó con sudores tantos años, a la cual profesaba un cariño maquinal, absurdo. Cesó al fin de pegar; Ildara, aturdida de espanto, ya no chillaba siquiera.

Salió fuera, silenciosa, y en el **regato**[15] próximo se lavó la sangre. Un diente bonito, juvenil, le quedó en la mano. Del ojo *lastimado*, no veía.

65 Como que el médico, consultado tarde y de mala gana, según es uso de *labriegos*, habló de un desprendimiento de la retina, cosa que no entendió la muchacha, pero que consistía... en quedarse tuerta.

Y nunca más el barco la recibió para llevarla hacia nuevos horizontes de holganza y *lujo*. Los que allá vayan, han de ir sanos, válidos, y las mujeres, con sus ojos alumbrando y su dentadura completa...

70

*Cuentos de la tierra* (1922)

[1] **picar un cigarro:** cortar el tabaco en trozos muy pequeños para preparar el cigarro.

[2] **córnea:** de una dureza parecida a la de un cuerno.

[3] **acre:** áspera y picante.

[4] **remendado/a:** con trozos tela, cosido para reforzar las partes rotas o viejas.

[5] **abad:** superior de un monasterio.

[6] **engarzado/a:** encajado.

[7] **barbotar:** hablar pronunciando mal las palabras.

[8] **poner:** aquí, depositar el huevo.

[9] **mancar:** en Galicia y Asturias, hacer daño.

[10] **aro de la criba:** pieza de hierro redonda para limpiar las semillas de polvo y tierra.

[11] **gancho:** intermediario.

[12] **medroso/a:** temeroso, miedoso.

[13] **trémulo/a:** tembloroso.

[14] **en arriendo:** en alquiler.

[15] **regato:** arroyo pequeño.

## Después de leer

**C.** Señala si las siguientes afirmaciones sobre el cuento son completamente verdaderas (V) o contienen alguna falsedad (F).

|  | V | F |
|---|---|---|
| 1. El tío Clodio tenía la uña oscurecida por el calor del fuego de los cigarrillos. | O | O |
| 2. Ildara se arreglaba el pelo a la moda. | O | O |
| 3. Ildara preparaba la comida con judías frescas. | O | O |
| 4. Al tío Clodio no le molestaba el humo que soltaba la leña húmeda al quemarse. | O | O |
| 5. El tío Clodio descubrió las medias rojas cuando su hija se agachó para soplar la llama. | O | O |
| 6. Ildara había planeado emigrar a América en cuanto fuera mayor de edad y pudiera irse de la casa de su padre. | O | O |
| 7. Ildara compró las medias con el dinero que le dio el abad por la compra de unos huevos. | O | O |
| 8. A la madre de Ildara también le gustaba llevar medias, peinarse y mirarse al espejo. | O | O |

**D.** Subraya **en el texto las líneas donde:**

    **1.** Se describe físicamente a Ildara.

    **2.** Se comentan muestras de coquetería de Ildara.

**E.** Explica **el comportamiento de Ildara.**

    **1.** ¿Por qué no le dijo a su padre de dónde había sacado el dinero para las medias?

    .................................................................................................................................................................................

    **2.** ¿Por qué quería Ildara irse a América?

    .................................................................................................................................................................................

    **3.** ¿Por qué no pudo ir?

    .................................................................................................................................................................................

**F.** Explica **el comportamiento de su padre.**

    **1.** ¿A qué le tenía tanto cariño?

    .................................................................................................................................................................................

    **2.** ¿Qué futuro le esperaba sin su hija?

    .................................................................................................................................................................................

    **3.** ¿Por qué le dio una paliza a esta?

    .................................................................................................................................................................................

 **Y tú, ¿qué opinas?**

**G.** En la literatura naturalista el ambiente es fundamental para entender a los personajes. Busca **en el texto indicios de la pobreza de esta familia. Subráyalos y coméntalos.**

**H.** En esta familia campesina, el padre y la hija están en casa pero ocupados en tareas diferentes.

    **1.** ¿Qué está haciendo cada uno de ellos?

    **2.** ¿Qué aspecto de la realidad quiere denunciar la autora? ¿Te parece todavía actual? Comenta tus razones.

**I.** La autora ha elegido el título por su carga simbólica. ¿Simbolizan las medias rojas lo mismo para Ildara que para su padre? Explica lo que significan para cada uno.

**J.** Explica **por qué este cuento es un ejemplo de literatura naturalista.**

**K.** El naturalismo ha traído a la literatura el gusto por la violencia, lo feo y lo desagradable. Se ha roto un tabú que plantea una cuestión ética: ¿dónde crees tú que está el límite entre la denuncia social y el gusto morboso por la violencia, el horror y la intimidad de los demás? Piensa **en los medios de comunicación actuales (prensa, radio, televisión, Internet).**

# 3 RECURSOS LITERARIOS: EL RETRATO

**L**as novelas realistas suelen presentar a sus personajes mediante detalladas descripciones. El **retrato** es la descripción de un personaje, tanto de sus rasgos físicos o externos como de sus **rasgos psicológicos** o morales.

Los **rasgos físicos** más importantes se refieren al **rostro**, al **aspecto general** y al **vestido**, y pueden servir para **sugerir rasgos de carácter**. La descripción de su **personalidad** hace referencia a costumbres, gestos típicos, actitudes y ejemplos concretos del **personaje en acción**.

En un retrato también se pueden incluir otros elementos:

- Comentarios y **valoraciones del narrador**.

- **Opiniones de otros personajes**.

- **Episodios** relevantes de **su vida** que explican qué tipo de persona es.

- Generalizaciones sobre el **entorno social** del personaje.

**1.** **Lee los siguientes fragmentos adaptados de retratos de personajes de novelas realistas, y completa las actividades.**

---

### Retrato de una vieja borracha, mendiga y prostituta

– Su aliento apestaba. Hablaba como una **carreterona**[1], y tenía un toser perruno y una carraspera que tiraba para atrás.

– A veces pedía por el camino de Carabanchel y de noche se quedaba a dormir en cualquier mesón. De vez en vez se lavaba un poco la cara, compraba *agua de olor* y pedía prestada una camisa, una falda, un pañuelo, y se **ponía de puerta**[2] en la calle de Mediodía Chica.

– No tenía constancia para nada. Solo duraba en ella el gusto del aguardiente; y cuando se **apimplaba**[3], que era un día sí y otro también, hacía figuras en medio del arroyo, y la toreaban los chicos. Dormía sus **monas**[4] en la calle o donde le cogía, y más bofetadas tenía en su cara que pelos en la cabeza.

*Misericordia* de Benito Pérez Galdós

---

[1] **carreterona:** persona sin educación y con lenguaje grosero.

[2] **ponerse de puerta:** exhibirse para atraer la atención de los hombres.

[3] **apimplarse:** emborracharse.

[4] **mona:** borrachera.

**2.** **Señala en el texto los siguientes elementos descriptivos.**

    **a.** Rasgos físicos de su rostro.

    **b.** Referencias al olor del personaje.

    **c.** Referencias a la voz y a sonidos corporales.

    **d.** Qué ropa llevaba y cómo se arreglaba cuando se prostituía.

    **e.** Gestos y acciones que hacía cuando se emborrachaba.

    **f.** Otras costumbres sobre su mendicidad y dónde dormía.

## Una viuda coqueta y provocativa a los ojos de don Fermín, un sacerdote

– Aquella mujer le crispaba los nervios a don Fermín; era un escándalo andando. No había más que notar cómo iba vestida a la catedral. «Estas señoras desacreditan la religión».

– La falda del vestido no tenía nada de particular mientras la dama no se movía; era negra, de raso. Pero lo peor de todo era una coraza de seda escarlata que ponía el grito en el cielo. Aquella coraza estaba apretada contra algún armazón. ¡Qué brazos! ¡Qué pecho! ¡Y todo parecía que iba a estallar!

– Las miradas más ardientes, más negras de aquellos ojos negros, grandes y abrasadores eran para don Fermín; los adoradores de la viuda lo sabían y le envidiaban. Pero él maldecía: «Necia, ¿si creerá que a mí se me conquista como a don Saturno?».

*La Regenta* de Leopoldo Alas "Clarín"

**3.** **Responde** **en tu cuaderno a las siguientes preguntas.**

    **a.** ¿Qué nos dice de ella su forma de vestir?

    **b.** ¿Qué se destaca de su descripción física?

    **c.** ¿Cómo se comportaba con el sacerdote?

    **d.** ¿Qué opinaban de ella otros personajes?

### Ahora te toca a ti

- Alguien a quien quieres mucho.
- Una persona a la que admiras.
- La persona ideal de la que te enamorarías.
- Alguien que no te cae bien.
- Alguien que te da asco.
- Tú mismo pero visto por otra persona.

**4.** **Elige** **una de las personas arriba propuestas y escribe un retrato que incluya:**

- Rasgos del rostro.
- Características de su aspecto general.
- Su forma de vestir.
- Adjetivos que describan su carácter.
- Comentarios sobre aficiones, costumbres, manías y gustos personales.
- Referencias a su trabajo y a su vida social.
- Un gesto típico (una mueca, una expresión de la cara…).
- Una breve mención de algún episodio significativo de su vida que haga ver qué tipo de persona es.
- Una valoración personal y subjetiva.

Ten en cuenta estos consejos para escribir tu retrato:

- Piensa bien el orden de tu descripción.
- Presenta al personaje en acción para que sea único y parezca real.
- Intenta ser visual: evita las generalizaciones y la acumulación de datos irrelevantes.

# EL MODERNISMO Y LA GENERACIÓN DEL 98

Helen, ¿has oído hablar de que cuando cambia un siglo pasan cosas extraordinarias?

Akira, eso son bobadas. No hace tanto que cambiamos de siglo... Y aquí estamos.

Claro que estamos, pero al final de un siglo siempre hay la sensación de que algo se acaba... y algo está por empezar. Y si no estás convencida, mira lo que pasó entonces en España.

Vale Akira, soy toda oídos.

## CLAVES DE UNA ÉPOCA

### UNA SOCIEDAD EN CRISIS (1898-1931)

☐ En **1898** Estados Unidos derrotó militarmente a España en una guerra colonial que aniquiló por completo la armada española. España perdía **Cuba**, **Filipinas** y **Puerto Rico**, los últimos restos de su **imperio colonial**. El país, humillado y conmocionado, se dio cuenta de su debilidad y decadencia.

☐ El sistema liberal de la **Restauración**, basado en el turno pacífico de conservadores y liberales y en la **manipulación electoral**, entró en crisis. No fue capaz de aceptar una verdadera democracia ni de incluir a las nuevas fuerzas políticas, cada vez más populares: los **republicanos**, el movimiento obrero de **socialistas** y **anarquistas**, y los partidos **nacionalistas** de Cataluña y el País Vasco.

☐ Fueron años de miedo a la revolución obrera, años de **terrorismo anarquista** y **represión policial**, con numerosos atentados, tres presidentes del gobierno asesinados y revueltas populares como la *Semana Trágica de Barcelona* en 1909 y la *Huelga General Revolucionaria* de 1917.

Asesinato de Cánovas del Castillo por un terrorista anarquista en 1897

- El **ejército** trató de paralizar las reformas y de influir en el poder político. Se embarcó en una **guerra colonial en Marruecos** que acabó con el *Desastre de Annual*, en el que murieron miles de soldados españoles frente a tropas marroquíes.

- Los continuos cambios de gobiernos, que apenas duraban meses y eran incapaces de llevar a cabo ninguna reforma, alentaron al general **Primo de Rivera** para dar un **golpe de Estado** en 1923 con el apoyo del **rey Alfonso XIII**. Se suspendió la Constitución, se disolvieron los ayuntamientos y se prohibieron los partidos políticos.

- La **dictadura** logró la victoria militar en Marruecos con ayuda de Francia, realizó una **política social** de viviendas obreras e hizo importantes **inversiones** en carreteras, ferrocarril, regadíos y energía hidráulica. Pero la **crisis económica** de 1929, el descontento obrero y su política conservadora y centralista llevaron a la dimisión de Primo de Rivera en 1930. Al año siguiente, unas elecciones municipales dieron la victoria a los partidos republicanos. El rey se vio obligado a abandonar España para dejar paso a la **II República**.

- Estos años se conocen como la **Edad de Plata de la cultura española**. Fue una época de gran **creatividad literaria** y **artística**. Surgió una generación de intelectuales que lucharon por conseguir la modernización y la **europeización de España**. Y por primera vez en siglos, el país estaba a la **vanguardia cultural** con figuras de alcance internacional en ciencia, filosofía, pintura, música, literatura y periodismo.

**1.** **Señala cuáles de estas afirmaciones sobre este periodo de la historia de España son verdaderas (V) o falsas (F). Si son falsas, corrígelas con la ayuda de tus compañeros.**

| | V | F |
|---|---|---|
| **a.** Tras la derrota de 1898, a España solo le quedaban las colonias de Cuba, Filipinas y Puerto Rico. | ○ | ○ |
| **b.** El sistema político de la Restauración era una auténtica democracia. | ○ | ○ |
| **c.** El movimiento obrero mantuvo enfrentamientos violentos con el Estado. | ○ | ○ |
| **d.** Marruecos se convirtió en una colonia española de manera pacífica. | ○ | ○ |
| **e.** El rey Alfonso XIII tuvo que abandonar España por su oposición a la dictadura de Miguel Primo de Rivera. | ○ | ○ |

**2.** **Indica cuáles de estas circunstancias históricas contribuyeron al fracaso del sistema parlamentario y a la llegada de la dictadura de Primo de Rivera.**

- ○ **a.** La exclusión y la oposición de movimientos políticos populares como nacionalistas, socialistas y republicanos.
- ○ **b.** El cansancio general por la manipulación electoral.
- ○ **c.** La derrota militar en Marruecos tras el *Desastre de Annual*.
- ○ **d.** La crisis económica mundial de 1929.
- ○ **e.** La parálisis política causada por los continuos cambios de gobierno.
- ○ **f.** El apoyo del ejército y del rey a la dictadura.

**3.** El primer tercio del siglo XX se considera la Edad de Plata de la cultura española.

    **a.** ¿Reconoces a alguna de las siguientes personalidades de alcance internacional?

    **b.** Averigua en qué campo destacó cada uno de ellos:

*Filosofía • Ciencia • Literatura • Música • Pintura • Cine • Arquitectura*

| Nombre | Campo en el que destacó |
|---|---|
| **Antonio Gaudí** (1852-1926) | |
| **Santiago Ramón y Cajal** (1852-1934) | |
| **Isaac Albéniz** (1860-1909) | |
| **Manuel de Falla** (1876-1946) | |
| **Juan Ramón Jiménez** (1881-1958) | |
| **Pablo Picasso** (1881-1973) | |
| **José Ortega y Gasset** (1883-1955) | |
| **Joan Miró** (1893-1983) | |
| **Luis Buñuel** (1900-1983) | |

    **c.** Dos de ellos recibieron el Premio Nobel. ¿Quiénes son?

# EL MODERNISMO

**1.** **A la exposición sobre el Modernismo que vas a leer le faltan estos trece epígrafes. Coloca cada uno a la cabeza del párrafo correspondiente.**

*Modernismo en España* • *Lenguaje poético* • *Musicalidad* • *Estereotipos femeninos*
*Irracionalismo* • *Cosmopolitismo* • *Mundo sensorial* • *Hispanismo* • *Bohemia*
*Arte por el arte* • *Escapismo* • *Influencia francesa* • *Decadentismo*

A finales del siglo XIX los **principios racionalistas** y **utilitarios** de la cultura burguesa e industrial entran en **crisis**. La oposición de los artistas a este sistema de valores no es política ni revolucionaria sino individual y estética. Para unos es un ejemplo de **escapismo** y **subjetivismo** que no conduce a nada. Para otros, un gesto de **rebeldía** y **libertad**.

El modernismo es un movimiento literario de **ruptura** y **renovación** artística de esta época que se opone a los excesos de sentimentalismo de la poesía romántica y al racionalismo de la novela realista.

## CARACTERÍSTICAS DEL MODERNISMO

**1.** ....................................

La razón no era suficiente: la industrialización trajo problemas sociales y la ciencia no ofrecía verdades absolutas. Se volvió la atención a pensadores que reclamaban un modo de acceso al conocimiento basado en la **intuición** (Henry Bergson) o que reflexionaron sobre la **existencia humana**, concebida como una experiencia de **dolor** (Arthur Schopenhauer), **angustia** (Soren Kierkegaard) o como una oportunidad de afirmar el individualismo y la fuerza de **voluntad** (Friedrich Nietzsche).

**2.** ....................................

Los artistas de esta época quieren hacer de su vida una obra de arte y crean una **subcultura de resistencia** a los valores morales de la **sociedad burguesa**: materialismo, utilitarismo, progreso, ambición personal. Llevaron una **vida marginal**, amoral y nocturna que predicaba el placer, la libertad y la **transgresión** de las normas sociales, que los llevó a vivir al día y, en ocasiones, a terminar en la miseria.

**3.** ....................................

Su voluntad de transgresión para **escandalizar** a la sociedad burguesa los llevó a adoptar una permanente actitud de **provocación** y a disfrutar del **placer de lo prohibido**. Buscaron la **libertad sexual** y el placer de las perversiones, el consumo de **drogas** y el **alcoholismo**.

**4.** ....................................

Los modernistas encontraron en la **poesía francesa** de la segunda mitad del siglo XIX sus modelos artísticos, en especial dos escuelas literarias:

**a. Parnasianismo:** reaccionó contra los excesos de subjetivismo de los románticos y se propuso escribir una poesía **plástica** y **descriptiva**. De ellos tomaron los modernistas el ideal de **perfección formal** y los **temas exóticos** de sus poemas.

**b.** Para los poetas del **simbolismo** la realidad encierra, más allá de sus apariencias, significados ocultos. La misión del poeta es encontrarlos, mediante la intuición, y transmitirlas al lector por medio del símbolo. Por **símbolo** se entiende una imagen física que sugiere algo no perceptible por los sentidos, como una idea o un sentimiento. Por ejemplo, el atardecer es símbolo de la muerte; el camino, símbolo de la vida. Se trata de símbolos subjetivos que no pretenden demostrar racionalmente sino evocar y sugerir.

**5.** ................................................................................

Para los modernistas el arte no es expresión de sentimientos ni una explicación de ideas políticas. El arte no tiene que ser útil a la sociedad. El arte se justifica por sí mismo pues solo busca la **belleza**.

**6.** ................................................................................

La búsqueda de la belleza y el rechazo a la vulgaridad de la sociedad de su tiempo los lleva a sentirse atraídos por **culturas exóticas** de oriente y a **huir en el tiempo** hacia épocas del pasado. Recrean en sus poemas ambientes **refinados**, **aristocráticos** y **sensuales** de la mitología grecolatina, el Renacimiento, el siglo XVIII o de su imaginario orientalista.

**7.** ................................................................................

Huyen también de sus entornos locales y buscan su liberación en una nueva **cultura literaria universal** que localizan en **París**, meta de artistas y tema de sus poemas.

**8.** ................................................................................

Los autores americanos recuperaron **temas indígenas** para reivindicar una **cultura colonizada** y **marginal** sin voz propia. Por otro lado, tras el final del imperio español en 1898, defienden **lo hispano** como una **unidad cultural** con valores propios que se resiste al poder de la civilización anglosajona de los Estados Unidos.

**9.** ................................................................................

Mantienen el **doble estereotipo de mujer**: por un lado, escriben poemas de un amor delicado por una mujer débil, triste y lánguida; por el otro, la recreación de ambientes exóticos orientales o mitológicos les permite **fantasear** con mujeres sometidas a sus deseos y escribir poemas de intenso erotismo.

**10.** ................................................................................

El Romanticismo es la literatura de los **sentimientos**. El modernismo es la literatura de las sensaciones. En sus poemas juegan con el contraste de **efectos plásticos sensoriales**, y ofrecen imágenes innovadoras dirigidas a los cinco sentidos.

**11.** ................................................................................

Ante todo, la música en el verso. Los modernistas dan importancia a los **efectos rítmicos** mediante el contraste de sílabas tónicas y átonas, o la repetición de sonidos (aliteración), de palabras y estructuras sintácticas (paralelismo). Recuperan versos antiguos, proponen nuevas variantes de estrofas tradicionales como el soneto e inician el **verso libre** y el **poema en prosa**.

**12.** ................................................................................

Rechazan el lenguaje coloquial y la expresión vulgar de los sentimientos. Su objetivo es elaborar un lenguaje poético elevado. Para ello, emplean un **vocabulario selecto** de palabras con especial **sonoridad** o capacidad de **sugerencia**. No buscan la comunicación, buscan la belleza.

**13.** ................................................................................

El modernismo nace en Hispanoamérica y viene luego a España. Por primera vez, la antigua colonia renueva la literatura de la antigua metrópoli. Por otro lado, en **España** el modernismo fue menos brillante y más íntimo, con mayor influencia del **simbolismo** que del **parnasianismo**. Se trata de un **modernismo interior** que concibe el poema como expresión íntima de sentimientos como la melancolía, el hastío y la tristeza. Son poemas enmarcados en ambientes otoñales de jardines abandonados, parques solitarios, tardes grises, etc.

**2.** **Explica** las diferencias y semejanzas entre la poesía romántica (R) y la poesía modernista (M) en lo relativo a los siguientes aspectos.

| Cosmopolitismo y nacionalismo | R | |
| | M | |
| Escapismo | R | |
| | M | |
| Sentimientos y sensaciones | R | |
| | M | |
| Acatamiento de la moral y la norma social | R | |
| | M | |
| Qué buscan en la poesía | R | |
| | M | |

**3.** **Decide** cuáles de los siguientes escenarios son característicos del Romanticismo (R) y cuáles son plenamente modernistas (M). **Justifica en cada caso tu elección.**

| | R | M |
|---|---|---|
| **a.** Un poeta desahoga su angustia durante una tormenta de rayos y truenos sobre la cumbre de una montaña. | ○ | ○ |
| **b.** Una escena erótica y sensual de ninfas perseguidas por dioses griegos. | ○ | ○ |
| **c.** Un estanque de cisnes y flores flotando en el agua junto a un palacio oriental. | ○ | ○ |
| **d.** En los calabozos de un castillo medieval un sacerdote confiesa los pecados a un prisionero antes de ser quemado en la hoguera por hereje. | ○ | ○ |
| **e.** Un salón de baile en un palacio con vizcondes elegantes, marquesas, música de violines y brillo de joyas. | ○ | ○ |
| **f.** Un viajero solitario reflexiona sobre la vida junto a las ruinas de un antiguo convento abandonado. | ○ | ○ |
| **g.** Un jardín solitario en una tarde triste de otoño. Solo se oye el murmullo del agua de la fuente. El lector intuye que hay algo más. | ○ | ○ |

¡Ya tenía yo ganas de conocer a un escritor hispanoamericano!

Pues aquí lo tienes. Rubén Darío fue el primer gran poeta modernista en nuestra lengua, maestro de poetas españoles, cosmopolita, americano y universal.

No será para tanto…

¡Pues claro que sí! Vamos a leer ahora sus versos y descubrirás por qué fue maestro de maestros.

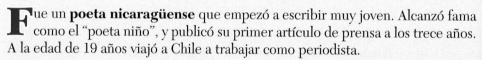
**Navega e investiga**

1. **Al redactar la biografía de Rubén Darío se nos han colado algunas** anotaciones incorrectas **que hay que eliminar. Encuentra cuáles son y táchalas.**

## *"YO DETESTO LA VIDA Y EL TIEMPO EN QUE ME TOCÓ NACER"*

Fue un **poeta nicaragüense** que empezó a escribir muy joven. Alcanzó fama como el "poeta niño", y publicó su primer artículo de prensa a los trece años. A la edad de 19 años viajó a Chile a trabajar como periodista.

En 1888 se publicó *Azul*, un libro modernista que incluye cuentos breves y poemas llenos de cisnes, princesas y palacios. La crítica entusiasta del influyente novelista español **Juan Valera** lo dio a conocer en todo el mundo hispánico.

Su vida transcurrió entre la **literatura**, los **viajes** y el **periodismo**. Entre otros países, vivió en Centroamérica, Chile, Argentina, España y Francia. Sus constantes viajes entre ambos continentes lo convirtieron en el **difusor del modernismo**.

Viajó siempre en compañía de su segunda esposa **Rosario Murillo** de quien no se separaría hasta su muerte en 1916.

Su siguiente libro, *Prosas profanas* (1896), combina la evasión aristocrática y la preocupación social.

En España conoció a otros escritores modernistas como **Valle Inclán** o **Juan Ramón Jiménez**. En París conoció a **Antonio Machado**, del que fue un gran amigo toda su vida.

Durante su estancia en España, nadie le prestó atención. Su poesía fue ignorada en los círculos literarios españoles debido a prejuicios raciales y culturales.

Llevó una vida de **desenfreno** y tuvo que recibir cuidados médicos por sus excesos con el **alcohol**. Sufría de alucinaciones, y estaba patológicamente obsesionado con la idea de la muerte.

Entre otros honores, fue miembro de la **Real Academia Española** y, poco antes de morir, recibió el **Premio Nobel** de Literatura.

En 1905 publicó *Cantos de vida y esperanza*, en el que trata temas políticos. En 1908 volvió a España como embajador de su país, pero, debido a la crisis nicaragüense, se marchó de nuevo. Siguió viajando hasta que murió en Nicaragua en 1916.

## Lectura 1 : UN CUENTO DE PRINCESAS

### Antes de leer

**A.** Las siguientes palabras y expresiones pertenecen al poema. Utilízalas para escribir tu propia versión antes de leerlo. Tienes libertad total para crear.

> *la princesa está triste • se desmaya una flor • piensa en el príncipe*
> *los suspiros se escapan de su boca de fresa • ha perdido la risa*
> *está presa en la jaula de mármol del palacio real • quiere tener alas ligeras • un beso*

**B.** Señala la palabra que sobra en cada una de las siguientes series y explica por qué.

1. *oro • teclado • diamantes • perlas • plata • marfil*
2. *rosa • lirio • jazmín • carroza • dalia*
3. *pavo real • golondrina • mariposa • cisne • halcón • azor*
4. *hada madrina • dragón • caballo con alas • libélula*

1. ......................................................................................................................................
2. ......................................................................................................................................
3. ......................................................................................................................................
4. ......................................................................................................................................

## "SONATINA"

La princesa está triste... ¿Qué tendrá la princesa?
Los suspiros se escapan de su boca de fresa,
que ha perdido la risa, que ha perdido el color.
La princesa está pálida en su silla de *oro*,
5    está mudo el *teclado* de su **clave**[1] sonoro,
y en un vaso, olvidada, se desmaya una flor.

El jardín puebla el triunfo de los *pavos reales*.
**Parlanchina**[2], la dueña dice cosas banales,
y vestido de rojo piruetea el **bufón**[3].
10    La princesa no ríe, la princesa no siente;
la princesa persigue por el cielo de Oriente
la *libélula* vaga de una vaga ilusión.

¿Piensa, acaso, en el príncipe de **Golconda**[4] o de China,
o en el que ha detenido su *carroza* **argentina**[5]
15    para ver de sus ojos la dulzura de luz?
¿O en el *rey* de las islas de las rosas fragantes,
o en el que es soberano de los claros *diamantes*,
o en el dueño orgulloso de las *perlas* de **Ormuz**[6]?

¡Ay!, la pobre princesa de la boca de rosa
20    quiere ser *golondrina*, quiere ser *mariposa*,
tener alas ligeras, bajo el cielo volar;
ir al sol por la escala luminosa de un rayo,
saludar a los *lirios* con los versos de mayo
o perderse en el viento sobre el trueno del mar.

25    Ya no quiere el palacio, ni la **rueca**[7] de *plata*,
ni el *halcón* encantado, ni el bufón escarlata,
ni los *cisnes* unánimes en el lago de **azur**[8].
Y están tristes las flores por la flor de la corte,
los *jazmines* de Oriente, los **nelumbos**[9] del Norte,
30    de Occidente las *dalias* y las rosas del Sur.

¡Pobrecita princesa de los ojos azules!
Está presa en sus *oros*, está presa en sus **tules**[10],
en la jaula de mármol del palacio real;
el palacio soberbio que vigilan los guardas,
35    que custodian cien negros con sus cien **alabardas**[11],
un **lebrel**[12] que no duerme y un *dragón* colosal.

¡Oh, quién fuera **hipsipila**[13] que dejó la **crisálida**[14]!
(La princesa está triste, la princesa está pálida.)
¡Oh visión adorada de *oro, rosa y marfil*!
40    ¡Quién volara a la tierra donde un príncipe existe,
—la princesa está pálida, la princesa está triste—,
más brillante que el alba, más hermoso que abril!

—«Calla, calla, princesa —dice el *hada madrina*—;
en *caballo*, con alas, hacia acá se encamina,
45    en el cinto la espada y en la mano el *azor*,
el feliz caballero que te adora sin verte,
y que llega de lejos, vencedor de la Muerte,
a encenderte los labios con un beso de amor».

*Prosas profanas* (1896-1901)

*Princesa Hyacinta,*
por Alfons Mucha

[1] **clave:** instrumento musical de teclado anterior al piano, muy utilizado en los siglos XVII y XVIII.

[2] **parlanchín/a:** que habla mucho.

[3] **bufón:** hombre cómico y ridículo que se encargaba de hacer reír a los reyes.

[4] **Golconda:** antigua ciudad de la India dedicada al comercio de diamantes.

[5] **argentino/a:** de plata o brillante como la plata.

[6] **Ormuz:** antigua ciudad situada en la isla de Ormuz, en el golfo Pérsico, conocida por su lujo y su riqueza.

[7] **rueca:** instrumento tradicional para convertir la lana o el algodón en hilo.

[8] **azur:** azul.

[9] **nelumbo:** planta acuática con hojas y flores que flotan en el agua.

[10] **tul:** tejido delicado y transparente de seda o algodón.

[11] **alabarda:** tipo de lanza con punta y hoja de hacha como la que usa la guardia suiza del Vaticano.

[12] **lebrel:** perro de caza muy veloz, galgo.

[13] **hipsipila:** alude al nombre de una reina de la mitología griega.

[14] **crisálida:** estado previo al adulto en insectos como la mariposa.

## Después de leer

**C.** Responde estas preguntas sobre el contenido del poema.

1. **Estrofa I:** ¿Qué le ocurre a la princesa? Señala los indicios que nos muestran su estado de ánimo.

   ......................................................................................................................................................

2. **Estrofa II:** ¿Quiénes intentan distraer a la princesa?, ¿lo consiguen?

   ......................................................................................................................................................

3. **Estrofa III:** ¿En quién cree el poeta que puede estar pensando?

   ......................................................................................................................................................

4. **Estrofa IV:** ¿Qué quiere la princesa?, ¿por qué dice el poema que quiere ser golondrina?

   ......................................................................................................................................................

5. **Estrofa V:** ¿Qué le aburre?

   ......................................................................................................................................................

6. **Estrofa VI:** ¿Qué es para ella la vida en palacio?

   ......................................................................................................................................................

7. **Estrofa VIII:** ¿Qué le asegura el hada madrina que le ocurrirá?

   ......................................................................................................................................................

**D.** El poeta busca la belleza recreando el ambiente aristocrático y exótico de un palacio de fantasía.

1. Escribe las palabras del poema que hagan referencia a este mundo de lujo y riqueza aristocráticos.

   ......................................................................................................................................................

2. Señala las referencias exóticas del poema.

   ......................................................................................................................................................

3. Escribe el nombre de los seres fantásticos que se mencionan.

   ......................................................................................................................................................

Una **metáfora** es un tipo de **imagen literaria** en la que las palabras no pueden interpretarse de manera literal. Tenemos que buscar un significado diferente o figurado para que la expresión tenga sentido. En una metáfora la relación que se mantiene entre el **sentido literal** de las palabras y su **sentido figurado** es siempre de **semejanza**. Detrás de toda metáfora hay siempre una **comparación oculta**.

**E.** Cuando el poema dice que la princesa tiene una "boca de fresa", ¡ningún lector entiende que sus labios estén literalmente hechos de fruta! Pero interpretar el sentido figurado de esta y otras metáforas no siempre es fácil.

1. Explica qué quieren decir las siguientes metáforas del poema:

   "boca de fresa" (verso 2)

   ..................................................................................................................................

   "la dulzura de luz de sus ojos" (verso 15)

   ..................................................................................................................................

   "boca de rosa" (verso 19)

   ..................................................................................................................................

   "la escala luminosa de un rayo" (verso 22)

   ..................................................................................................................................

   "la flor de la corte" (verso 28)

   ..................................................................................................................................

   "encenderte los labios" (verso 48)

   ..................................................................................................................................

2. Explica el significado del verso 39: "¡Oh visión adorada de oro, rosa y marfil!". ¿Es una metáfora? Justifica tu respuesta.

   ..................................................................................................................................

**F.** Los poetas modernistas daban mucha importancia a la musicalidad del verso. En este poema se pueden encontrar varios procedimientos rítmicos, como son la aliteración, el paralelismo, la rima y la distribución acentual.

1. **La aliteración** consiste en la repetición de uno o varios sonidos semejantes en un verso. ¿Qué sonidos se repiten en el verso 2 y en el verso 12? El verso 5 ofrece un caso particular de aliteración: ¿a qué recuerda el sonido de la sílaba que se repite?

2. **El paralelismo** ocurre cuando se repiten palabras y una misma estructura gramatical entre los versos, tal y como ocurre en el verso 3: "que ha perdido la risa, que ha perdido el color". Busca otros ejemplos de paralelismo.

3. El texto contiene un **vocabulario selecto** de cultismos y palabras singulares, algunas de ellas elegidas por su sonoridad. Busca en el poema al menos tres de estas palabras.

**4. Rima:** Si nombramos con la misma letra del alfabeto los versos que riman entre sí, ¿cuál de estos esquemas métricos corresponde a la primera estrofa del poema?

*AABAAB • AABCBC • AABCCB • ABABAB*

- Indica si se mantiene o no este mismo esquema en todas las otras estrofas.

- ¿Cómo es la rima, asonante o consonante?

## Y tú, ¿qué opinas?

**G.** Elige de cada par de conceptos el que mejor defina el poema.

| A | | B | |
|---|---|---|---|
| **1.** Es un ejemplo de expresión **sincera** de sentimientos. | ○ | Es una **ficción** con la que no se identifica el autor. | ○ |
| **2.** El poeta se **distancia** de lo que cuenta y muestra cierta indiferencia. | ○ | El poeta se desahoga con **pasión**. | ○ |
| **3.** El poeta quiere **comunicar una verdad** y encontrar una explicación al misterio de la vida. | ○ | El poeta busca la **belleza** mediante el uso de recursos formales y un lenguaje selecto. | ○ |

**H.** Ahora explica en qué se parece y en qué se diferencia este texto de la poesía del Romanticismo.

**I.** ¿Por qué crees que Rubén Darío ha titulado este poema "Sonatina"? Elige tú otro título para el poema.

**J.** ¿Qué te parece el final del poema? ¿Es el príncipe la solución a la tristeza de la princesa y a su falta de libertad? ¿Qué se les enseña a las niñas con cuentos como este?

## Ahora te toca a ti

**K.** Es evidente que este poema recuerda un cuento infantil de princesas, hadas y príncipes azules. Pero sigue siendo un poema. Sin cambiar la historia ni los personajes, transforma este poema en un cuento y escríbelo en tu cuaderno.

*Érase una vez una princesa...*

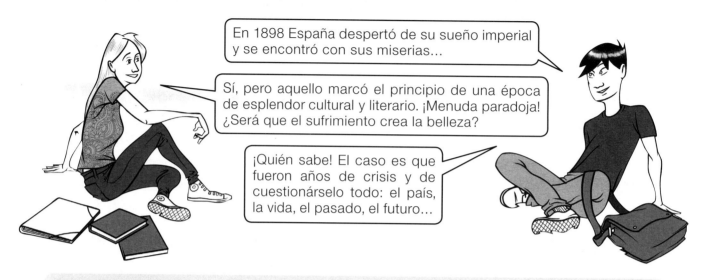

> En 1898 España despertó de su sueño imperial y se encontró con sus miserias...

> Sí, pero aquello marcó el principio de una época de esplendor cultural y literario. ¡Menuda paradoja! ¿Será que el sufrimiento crea la belleza?

> ¡Quién sabe! El caso es que fueron años de crisis y de cuestionárselo todo: el país, la vida, el pasado, el futuro...

## EL DESASTRE DEL 98

**D**entro del **cambio de sensibilidad** de esta generación de fin de siglo, en España se distingue tradicionalmente a un grupo de escritores más preocupados por la regeneración política y cultural de España que por la búsqueda de la **belleza artística**.

El **desastre del 98** despertó en los autores de esta generación la conciencia de que España era un país débil y atrasado y la necesidad de reflexionar sobre su **decadencia como nación**. España se plantea como un problema y, generalmente, desde una actitud **pesimista**. Pero entre estos intelectuales hay que distinguir dos grupos:

- Los **regeneracionistas**: autores que reflexionaban de manera técnica y científica sobre la situación del país. Querían **reformar** España con medidas económicas, sociales y políticas concretas en reforma agraria, educación, infraestructuras, etc.

- Los autores de la **Generación del 98**: reflexionaban sobre la situación del país de manera **subjetiva**, **literaria e idealista**. Proyectaron sobre España sus deseos y temores más íntimos.

### LA GENERACIÓN DEL 98

Modernistas y noventayochistas forman una misma **generación histórica**. Comparten la misma actitud de rebeldía y el mismo propósito de **renovación artística**. Se suele hablar de un "grupo de los tres": **Pío Baroja** (1872-1956), **José Martínez Ruiz "Azorín"** (1873-1967), **Ramiro de Maeztu** (1875-1936), a los que habría que añadir a quien consideraban su guía y maestro, **Miguel de Unamuno** (1864-1936). En esta lista se suele incluir también a dos autores modernistas en su juventud: **Ramón María del Valle-Inclán** (1866-1936) y **Antonio Machado** (1875-1939).

Su evolución literaria e ideológica fue muy diversa. En general, pasaron de una **ideología revolucionaria**, marxista o anarquista en su juventud a adoptar más adelante **posturas idealistas**, en general más conservadoras, salvo Antonio Machado y Valle-Inclán, que evolucionaron hacia posiciones progresistas.

Es difícil encontrar **características comunes** a todos ellos pero se pueden citar las siguientes:

- La Generación del 98 fue principalmente un movimiento literario nacionalista de **redefinición** de la **identidad nacional de España** tras la pérdida de sus últimas colonias imperiales.

- En su reflexión sobre la **historia de España** buscan, ante todo, los valores permanentes e invariables a lo largo de los siglos. Es lo que Unamuno llamó la **intrahistoria**: la vida privada y olvidada de generaciones de españoles que mantuvieron unas tradiciones propias heredadas de sus antepasados. Les interesaba la **España real** del pueblo, frente a la **España oficial** de reyes y políticos.

Imagen de una población castellana de principios del siglo XX

- Compartían una **reflexión crítica** sobre el atraso y la miseria de la población junto con una **exaltación poética** de los pueblos y el paisaje de todas las regiones, pero sobre todo de **Castilla**. Todos ellos eran de la periferia pero encontraron en Castilla, en sus pueblos y en sus gentes, el alma de España. Descubrieron la belleza literaria de su **paisaje** de llanuras y páramos, y vieron en su situación de miseria un símbolo del país.

- Configuraron el **ensayo literario moderno**, al darle la **flexibilidad** necesaria para recoger por igual la reflexión cultural, la evocación poética del paisaje o la expresión de lo más íntimo. En ellos, realidad y sensibilidad se confunden.

- Compartían una **voluntad de estilo** literario caracterizado por la **sobriedad**. Su rechazo a la retórica excesiva anterior hace que su prosa nos resulte más moderna y mucho más cercana a nosotros. La belleza formal sin más no les interesaba. Ante todo, había que contar algo.

1. **Explica qué diferencia a estos autores de los poetas modernistas, tanto en el contenido como en la forma de sus composiciones.**

2. **¿Por qué crees que consideraron a Larra un precursor? Si no te acuerdas, puedes consultar la unidad 1 del libro.**

3. **Esta época vio el nacimiento de la figura pública del intelectual. Pero...**

   a. ¿Qué es un intelectual? Trata de definirlo con tus palabras.

   b. Hoy en día, se habla de creadores de opinión. ¿Sabrías explicar qué es un creador de opinión? En tu país, ¿quiénes son? Habla con tus compañeros. ¿Hay diferencias entre unos y otros países?

---

### Ahora te toca a ti

4. **Los autores del 98 trataron de definir la esencia de España en su paisaje, en sus gentes y en su historia. Trata de hacer tú lo mismo con tu país:**

   a. Define tu país o a la gente de tu país con al menos tres adjetivos.

   .................................................................................................................................

**b.** Explica alguna derrota militar o algún momento de la historia de tu país que haya determinado la manera de ser, de vivir o de pensar de la gente, y justifica por qué.

**c.** Describe un lugar o un paisaje que tenga valor simbólico o te parezca característico y representativo de tu país. Explica por qué.

**d.** Encuentra en clase algún compañero que haya estado en tu país y averigua su opinión. ¿En qué se parece y en qué se diferencia de la tuya?

---

Después de una puesta en común en clase, comentad entre todos las diferencias y semejanzas entre las visiones de unos y otros países. ¿Crees que es objetiva la visión que tenemos de nuestro propio país?

---

## Navega e investiga

**5.** Lee estas citas y averigua quién las dijo o las escribió, a quién y en qué situación.

*"Venceréis pero no convenceréis"*

*"Vosotros no sabéis por qué me matáis, pero yo sí sé por lo que muero"*

*"Estos días azules y este sol de la infancia"*

---

## 2.1. ANTONIO MACHADO (1875-1939)

Prepárate para conocer a uno de los grandes poetas en lengua española, Akira. Los versos de Antonio Machado se saben de memoria en España, se cantan y se recuerdan como si fueran del pueblo.

¡Claro que lo conozco! Luchó por la justicia y la libertad en su vida y en sus poemas.

También fue un hombre enamorado que amó su país.

¡Cómo me gusta!

**1.** Se nos han caído las notas para escribir la **biografía** de Antonio Machado y ahora están desordenadas. ¿Podrías ayudarnos a volver a colocarlas por orden cronológico?

| F | | | | | | | | | |
|---|---|---|---|---|---|---|---|---|---|

## "CAMINANTE NO HAY CAMINO, SE HACE CAMINO AL ANDAR"

**a.** Ese mismo año publicó ***Campos de Castilla***, libro cercano a la inquietud patriótica de los autores de la **Generación del 98**. En él, reflexiona sobre la decadencia de España y descubre la belleza del paisaje de Castilla.

**b.** Tras unos días de enfermedad, murió en **Colliure**, un pueblo francés cercano a la frontera. Tres días después moriría su madre. En el bolsillo de su chaqueta se encontraron sus **últimos versos**. Su tumba es un símbolo de la causa republicana y un lugar de peregrinación para muchos españoles de izquierdas.

**c.** Durante la **Guerra Civil** mostró su apoyo a la **II República** en varios artículos de prensa. Cruzó con su madre la frontera de Francia en medio del éxodo de medio millón de refugiados.

**d.** Consiguió el puesto de profesor de francés en el instituto de Soria. En esta ciudad conoció a **Leonor**, con quien se casaría dos años después. Él tenía 34 años, y ella solo 15.

**e.** Viajó con 24 años a **París**, donde vivía su hermano Manuel, también poeta. Allí conoció a **Oscar Wilde**, a **Pío Baroja** y a **Rubén Darío**, del que fue gran amigo toda su vida.

**f.** Nació en Sevilla en el seno de una familia liberal pero se trasladó con ocho años a Madrid, donde completó su formación en la célebre **Institución Libre de Enseñanza**.

**g.** Dos años después de casarse, viajó con su mujer a París, pero ella se puso enferma y tuvieron que volver a Soria. La **muerte** de **Leonor** en 1912 hundió al poeta en una gran depresión. Pidió traslado a Baeza, en Andalucía, y se dedicó a la enseñanza y a los estudios.

**h.** A su vuelta a Madrid, entabló amistad con **Juan Ramón Jiménez** y, en 1903, publicó ***Soledades***, su primer libro de poemas. Son poemas de tono simbolista sobre el paso del tiempo, la pérdida de la juventud, la muerte y los sueños.

**i.** En 1927 fue elegido miembro de la **Real Academia Española** y durante los años veinte y treinta escribió teatro en colaboración con su hermano Manuel.

**j.** La muerte de su padre en 1893 y la de su abuelo, tres años después, afectaron la economía de su familia. Esos años comenzó a asistir a tertulias literarias.

## Lectura 2: UN OLMO SECO

### Antes de leer

**A.** En este poema, Antonio Machado se dirige a un olmo seco porque ha encontrado en él un valor simbólico. ¿Qué crees que puede significar para él un árbol seco como este? Imagínate que eres él y completa la siguiente oración.

*Olmo, yo en ti veo...* ...................................................................................................................

...................................................................................................................

**B.** Relaciona **cada palabra de la columna de la izquierda con su explicación.**

1. Podrido .........•
2. Centenario ....•
3. Carcomido.....•
4. Polvoriento....•
5. Álamo ............•
6. Ribera............•
7. Ruiseñor ........•
8. Musgo............•

- **a.** Atacado por un insecto, la carcoma.
- **b.** Árbol alto y recto que suele crecer junto a los ríos.
- **c.** Material orgánico muerto y descompuesto.
- **d.** Orilla de un río.
- **e.** Pájaro conocido por su canto alegre.
- **f.** Que tiene más o menos cien años.
- **g.** Cubierto de polvo.
- **h.** Planta diminuta que forma manchas verdes o amarillentas en lugares húmedos de árboles y piedras.

**C.** Coloca **las siguientes palabras del poema en la casilla correspondiente.**

*colina* • *ruiseñor* • *musgo* • *hoja* • *carcomido* • *corteza* • *tronchar* • *tronco* • *viejo*
*álamos* • *araña* • *podrido* • *ribera* • *rama* • *sierra* • *valle* • *hormiga* • *barranca*

| Paisaje | Animales | Plantas | Enfermedad y muerte |
|---|---|---|---|
| | | | |

## "A UN OLMO SECO"

Al olmo *viejo*, **hendido**[1] por el rayo
y en su mitad *podrido*,
con las lluvias de abril y el sol de mayo
algunas *hojas* verdes le han salido.

5   ¡El olmo *centenario* en la *colina*
que lame el **Duero**[2]! Un *musgo* amarillento
le mancha la *corteza* blanquecina
al tronco *carcomido* y *polvoriento*.

No será, cual los *álamos* cantores
10   que guardan el camino y la *ribera*,
habitado de pardos *ruiseñores*.

Ejército de *hormigas* en hilera
va trepando por él, y en sus entrañas
urden sus telas grises las *arañas*.

15   Antes que te derribe, olmo del Duero,
con su hacha el leñador, y el carpintero
te convierta en **melena de campana**[3],
**lanza de carro**[4] o **yugo de carreta**[5];
antes que rojo en el **hogar**[6], mañana,
20   ardas en alguna mísera caseta,
al borde de un camino;

antes que te **descuaje**[7] un torbellino
y **tronche**[8] el soplo de las *sierras* blancas;
antes que el río hasta la mar te empuje
25   por *valles* y *barrancas*,
olmo, quiero anotar en mi cartera
la gracia de tu *rama* verdecida.
Mi corazón espera
también, hacia la luz y hacia la vida,
30   otro milagro de la primavera.

*Campos de Castilla* (1907-1917)

**1 hendido:** partido incompletamente en dos partes. Rajado, abierto.

**2 Duero:** río que pasa por Castilla y Portugal y desemboca en el océano Atlántico.

**3 melena de campana:** estructura de madera de donde cuelga la campana.

**4 lanza de carro:** vara larga de madera de un carro a cuyos dos lados se enganchan los animales.

**5 yugo de carreta:** estructura pesada de madera que va sujeta a los bueyes por el cuello o la cabeza.

**6 hogar:** lugar de la casa donde se hace el fuego. Chimenea.

**7 descuajar:** arrancar de raíz.

**8 tronchar:** partir un árbol por su tronco sin usar herramienta de corte.

## *Después de leer*

**D.** Indica **si las siguientes afirmaciones sobre el poema son verdaderas (V) o contienen alguna falsedad (F) y, en este caso, corrígelas.**

|  | V | F |
|---|---|---|
| 1. Un rayo ha partido en dos el árbol. | ○ | ○ |
| 2. Al olmo se le han caído sus hojas verdes. | ○ | ○ |
| 3. El olmo está cubierto de polvo y atacado por la carcoma. | ○ | ○ |
| 4. Los álamos son árboles llenos de pájaros que están a la orilla del río y a lo largo de los caminos. | ○ | ○ |
| 5. Un leñador ha derribado el olmo. | ○ | ○ |
| 6. Un incendio ha quemado el bosque donde estaba el olmo. | ○ | ○ |
| 7. El poeta cree que alguien cortará el árbol con una sierra blanca. | ○ | ○ |
| 8. Al poeta le hace gracia la rama verde del árbol. | ○ | ○ |
| 9. Al poeta le parece que la rama del olmo es un milagro de la primavera. | ○ | ○ |

**E.** Explica **cómo han atacado al olmo los siguientes elementos de la naturaleza.**

1. El rayo: ......................................................................................................................
2. La carcoma: ...............................................................................................................
3. Las hormigas: ............................................................................................................
4. Las arañas: .................................................................................................................

**F.** Señala **los versos que abarcan cada una de las tres partes del poema.**

| Versos | Contenido |
|---|---|
|  | Descripción del árbol. |
|  | El poeta imagina el futuro que aguarda al olmo. |
|  | El poeta habla de sí mismo y explica qué simboliza el olmo para él. |

**G.** Parte I: Descripción del olmo.

En el significado de una palabra se distingue entre la denotación, que es su significado fundamental, y la connotación, que son los significados culturales y subjetivos asociados a esta palabra.

1. Escribe los adjetivos que se refieren al olmo. ¿Qué significado connotan?

..........................................................................................................................................

**2.** En el poema aparecen cinco colores diferentes. Señálalos e indica a qué hacen referencia. Indica qué connotan estos colores.

..................................................................................................................................

..................................................................................................................................

..................................................................................................................................

..................................................................................................................................

..................................................................................................................................

**H.** **Parte II: El futuro del olmo.**

**1.** ¿Cómo imagina Machado el futuro que le aguarda al árbol?

..................................................................................................................................

..................................................................................................................................

**2.** Escribe los verbos que hagan referencia a este futuro y señala qué rasgos de significado tienen en común.

..................................................................................................................................

..................................................................................................................................

**I.** **Parte III: El olmo, símbolo literario.**

Antonio Machado escribió este poema en Soria en mayo de 1912 mientras Leonor, su mujer, se encontraba enferma de tuberculosis. Moriría en agosto de ese mismo año.

**1.** ¿Qué crees que simboliza el olmo con su rama verdecida para el poeta? ¿Cuál es el milagro que espera también él?

..................................................................................................................................

..................................................................................................................................

**2.** Decide y justifica con razones y citas del poema cuál de estas dos afirmaciones te parece más correcta.

○ *El olmo ha despertado en Machado la esperanza de que la vida pueda vencer a la muerte.*

○ *Las hojas verdes del olmo le han impresionado pero sabe que no es más que una ilusión pasajera.*

..................................................................................................................................

..................................................................................................................................

..................................................................................................................................

..................................................................................................................................

## Y tú, ¿qué opinas?

**J.** Los árboles han sido siempre un símbolo de gran tradición cultural. ¿Qué otros significados suele simbolizar la figura del árbol?, ¿y la rama verde?

**K.** Compara este poema con "Sonatina" de Rubén Darío y explica las diferencias.

**1.** ¿Qué buscaban ambos escritores en la poesía?

**2.** ¿Con qué tipo de poesía te identificas más?

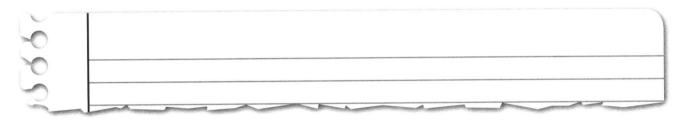

Estás muy impresionado Akira. Lo sabía, Machado no deja indiferente a nadie.

Tanta emoción, tan sencillo todo… ¡y tan profundo! Es muy difícil llegar a expresarse así.

No podemos ser Machado, pero vamos a intentar sentir las cosas como él, ¿te parece?

**L.** Elige un objeto o un elemento de la naturaleza que tenga un significado especial para ti (puede ser una pluma, una joya, una maleta, la hoja de un árbol, un río, etc.). Descríbelo de manera que sugiera su valor simbólico y personal.

# 2.2. PÍO BAROJA (1872-1956)

**1.** Completa los huecos de la biografía de Pío Baroja con las palabras del recuadro.

*regresó • solitaria • médico • dolor • argumento • fracaso • acomodada • escéptico*

***"LA VIDA ES UNA LUCHA CONSTANTE, UNA CACERÍA CRUEL EN QUE NOS VAMOS DEVORANDO UNOS A OTROS"***

Nació en 1872 en San Sebastián en una familia **1.** ........................... y culta. Estudió Medicina y se doctoró con una tesis sobre el **2.** ..........................., que es un tema fundamental en su obra. Trabajó como **3.** ........................... pero un año después renunció a su profesión para hacerse cargo de una panadería que tenía su tía en Madrid, ciudad en la que conoció a otros escritores.

En 1900 aparecieron sus primeros relatos, *Vidas sombrías*, y a partir de entonces se dedicó a escribir sin descanso **novelas**, **cuentos**, **artículos** y **ensayos**. Fue un **4.** ............................................ y un **pesimista**. Sus novelas están protagonizadas por hombres de acción, pesimistas y desesperanzados como él, que acaban en **5.** ............................................

Vivió una vida **6.** ............................................ y tranquila. Ni se casó ni tuvo hijos, y pasó la Guerra Civil en Francia, de donde **7.** ............................................ en 1940 para seguir escribiendo hasta su muerte en 1956. Sus novelas, llenas de acción y aventuras, pero sin apenas **8.** ............................................ ni grandes personajes, entusiasmaron a autores como Hemingway y lo convirtieron en el gran novelista español de la primera mitad del siglo XX.

## Lectura 3: *RECUERDOS DE LA GUERRA*

Un soldado **veterano repatriado de Cuba** cuenta con amargura los horrores de su experiencia en la guerra y de cómo fue recibido en España tras la derrota.

### Antes de leer

**A.** Relaciona las causas de la columna de la izquierda con la correspondiente consecuencia de la derecha.

| Causas |
|---|
| **1.** Largas marchas de los soldados por tierras pantanosas. |
| **2.** Rivalidades entre oficiales y disputas por ganar méritos. |
| **3.** Soldados enfermos y flacos como esqueletos en el barco de regreso a España. |
| **4.** Llegada a España. |
| **5.** Incendios de cultivos y de instalaciones de azúcar en Cuba. |

| Consecuencias |
|---|
| **a.** Cadáveres arrojados diariamente al mar. |
| **b.** Indiferencia de la gente y reproches por la derrota. |
| **c.** Hambre y miseria de la población civil cubana. |
| **d.** Picaduras de mosquitos y pies descalzos hundidos en el barro. |
| **e.** Burlas de los soldados por las batallas, las medallas y el valor de sus jefes. |

Manuel se metió por la calle de Ciudad Rodrigo a guarecerse en los arcos de la plaza Mayor, y como estaba cansado, se sentó en el escalón de un portal. Iba a dormirse, cuando un hombre **con trazas de**[1] mendigo se sentó también allí y hablaron; el hombre dijo ser repatriado de Cuba, que no encontraba empleo ni servía tampoco para trabajar, pues se
5   había acostumbrado a vivir **a salto de mata**[2].

[...]

El repatriado contó algunos episodios de la campaña de Cuba. Hablaba de una manera violenta, y cuando la cólera o la indignación le dominaban se ponía densamente pálido.

Habló de la vida en la isla, una vida horrible, siempre marchando y marchando, descalzos, con las piernas hundidas en las tierras pantanosas y el aire lleno de mosquitos que levanta-
10   ban **ronchas**[3]. Recordaba el teatrucho de un pueblo convertido en hospital, con el escenario lleno de heridos y de enfermos. No se podía descansar del todo nunca. Los oficiales del Ejército, antes de fantásticas batallas —porque los cubanos corrían siempre como liebres—, disputándose las propuestas para cruces, y los soldados burlándose de las batallas y de las cruces y del valor de sus jefes. Luego, la guerra de exterminio decretada por Weyler, los
15   **ingenios**[4] ardiendo, las lomas verdes que quedaban sin una mata en un momento, la **caña**[5] que estallaba, y en los poblados, la gente famélica, las mujeres y los chicos que gritaban: "¡Don Teniente, don Sargento, que tenemos hambre!". Además de esto, los fusilamientos, el machetearse unos a otros con una crueldad fría. Entre generales y oficiales, odios y rivalidades; y mientras tanto, *los soldados, indiferentes*, sin contestar apenas al tiroteo de los
20   enemigos, *con el mismo cariño por la vida que se puede tener por una alpargata vieja*. Algunos decían: "Mi capitán, yo me quedo aquí"; y se les quitaba el fusil y se seguía adelante. Y después de todo esto, la vuelta a España, casi más triste aún; todo el barco lleno de hombres vestidos de **rayadillo**[6]; un barco cargado de esqueletos; todos los días, cinco, seis, siete que expiraban y se les tiraba al agua.

25   —Y al llegar a Barcelona, ¡moler!, ¡qué desencanto! —terminó diciendo—. Uno que espera algún recibimiento por haber servido a la patria y encontrar cariño. ¿Eh? Pues nada. ¡Dios!, todo el mundo le veía a uno pasar sin hacerle caso. *Desembarcamos en el puerto como si fuéramos **fardos**[7] de algodón*; uno se decía en el barco: "Me van a marear a preguntas cuando llegue a España". Nada. Ya no le interesaba a nadie lo que había pasado en la **ma-**
30   **nigua**[8]... *¡Ande usted a defender a la patria! ¡Que la defienda el **nuncio**[9]!* Para morirse de hambre y de frío, y luego que le digan a uno: "Si hubieras tenido riñones no se habría perdido la isla". Es también demasiado amolar esto...

*Mala hierba* (1904)

---

[1] **con trazas de:** con apariencia de.

[2] **a salto de mata:** de un lado a otro y sin dinero, sobreviviendo como un vagabundo.

[3] **roncha:** bulto enrojecido en la piel. Picadura de insecto.

[4] **ingenio:** instalaciones con máquinas para moler la caña y obtener el azúcar.

[5] **caña:** caña de azúcar.

[6] **rayadillo:** tela de algodón rayada.

[7] **fardo:** paquete de ropa u otra cosa preparado para transportar.

[8] **manigua:** bosque tropical pantanoso e impenetrable.

[9] **nuncio:** representante diplomático del Papa en un país.

## Después de leer

**Akira:** El texto puede parecer antiguo, pero la verdad es que es de lo más actual: la guerra, los refugiados…

**Helen:** Lamentablemente, Akira, hay cosas que no cambian nunca. Y los grandes escritores como Baroja las hacen aún más eternas.

**B.** ¿A qué se dedicaba el repatriado en España? ¿Qué nos dice del trato sufrido por estos veteranos de guerra?

**C.** El narrador asegura que a este hombre "la cólera o la indignación le dominaban" cuando contaba sus recuerdos de la guerra. Explica por qué.

**D.** Comenta las diferentes actitudes entre soldados y oficiales antes y durante las batallas.

**E.** De todos los horrores de la guerra que se cuentan en la lectura, elige el que te llame más la atención. Justifica tu elección.

**F.** Explica en su contexto el significado de estas expresiones (en cursiva en el texto).

1. "Los soldados, indiferentes," tenían el mismo "cariño por la vida que se puede tener por una alpargata vieja".

   ....................................................................................................................................................

   ....................................................................................................................................................

2. "Desembarcamos en el puerto como si fuéramos fardos de algodón".

   ....................................................................................................................................................

   ....................................................................................................................................................

3. "¡Ande usted a defender a la patria! ¡Que la defienda el nuncio!"

   ....................................................................................................................................................

   ....................................................................................................................................................

### Y tú, ¿qué opinas?

**G.** Comenta estas cuestiones acerca del tratamiento de la guerra en la cultura actual.

1. ¿Cuál crees que es la opinión de Baroja acerca de la guerra de Cuba?, ¿y de la guerra en general? ¿Qué crees que quiere criticar en este pasaje?

2. ¿De qué otras maneras se retrata la guerra hoy en día en el cine o en los medios de comunicación? ¿Qué ideologías o intereses hay detrás?

3. ¿Se ha convertido la guerra o la violencia en un espectáculo? Da ejemplos.

# Lectura **4**: *UN EJEMPLO DE CRUELDAD*

*La sala del hospital en la visita del médico,*
por Luis Jiménez de Aranda

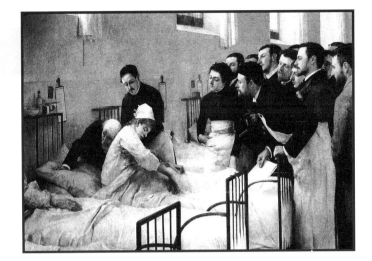

Andrés Hurtado es un estudiante de Medicina que hace sus **prácticas en un hospital de beneficencia** (el Hospital de San Juan de Dios) dedicado al cuidado de enfermedades venéreas, padecidas generalmente por antiguas prostitutas.

## *Antes de leer*

**A.** Completa **las oraciones con las palabras del recuadro.**

inquieta • persecución • desdichada • podredumbre • deprimente
corva • angustiada • disimuladamente • maloliente • recluida

1. Una persona nerviosa y sin paz interior es una persona ............................................
2. Un lugar muy triste es un lugar ............................................
3. Una mujer ............................................ es una mujer infeliz.
4. Si es ............................................, entonces es que huele mal.
5. Haces algo ............................................ cuando quieres que nadie se dé cuenta.
6. Una nariz que no es recta es una nariz ............................................
7. Una mujer está ............................................ cuando está encerrada y no puede salir de un sitio.
8. La prostitución y las enfermedades venéreas son aspectos de la ............................................ que envenena la vida sexual.
9. Una mujer mira ............................................ cuando mira con miedo y ansiedad.
10. En una ............................................, alguien quiere alcanzar a otro que escapa.

Para un hombre excitado e *inquieto* como Andrés, el espectáculo tenía que ser *deprimente*. Las enfermas eran de lo más caído y miserable. Ver tanta *desdichada* sin hogar, abandonada, en una sala negra, en un **estercolero**[1] humano; comprobar y evidenciar la *podredumbre* que envenena la vida sexual, le hizo a Andrés una angustiosa impresión.

5  El hospital aquel, ya derruido por fortuna, era un edificio **inmundo**[2], sucio, *maloliente*; las ventanas de las salas daban a la calle de Atocha, y tenían, además de las rejas, unas **alambreras**[3], para que las mujeres *recluidas* no se asomaran y escandalizaran. De este modo no entraba allí ni el sol ni el aire.

[...]

Había una mujer que guardaba constantemente en el **regazo**[4] un gato blanco. Era una mu-
10  jer que debía haber sido muy bella, con los ojos negros, grandes, sombreados, la nariz algo *corva* y el tipo egipcio. El gato era, sin duda, lo único que le quedaba de su pasado mejor. Al entrar el médico, la enferma solía bajar *disimuladamente* al gato de la cama y dejarlo en el suelo; el animal se quedaba escondido, asustado, al ver entrar al médico con sus alumnos; pero uno de los días el médico lo vio, y comenzó a darle patadas.

15  —Coged a ese gato y matadlo —dijo el idiota de las patillas blancas al **practicante**[5].

El practicante y una enfermera comenzaron a perseguir al animal por toda la sala; la enferma miraba *angustiada* esta *persecución*.

—Y a esta tía llevadla a la **buhardilla**[6] —añadió el médico.

La enferma seguía la caza con la mirada, y, cuando vio que cogían a su gato, dos lágrimas
20  gruesas corrían por sus mejillas pálidas.

—¡Canalla! ¡Idiota! —exclamó Hurtado, acercándose al médico con el puño levantado.

—No seas estúpido —dijo Aracil—. Si no quieres venir aquí, márchate.

—Sí, me voy, no tengas cuidado, por no patearle las tripas a ese idiota miserable.

Desde aquel día ya no quiso volver más a San Juan de Dios.

*El árbol de la ciencia* (1912)

---

[1] **estercolero:** lugar donde se guarda el estiércol o excremento animal.

[2] **inmundo/a:** sucio y asqueroso.

[3] **alambrera:** red de alambre que se coloca en una ventana.

[4] **regazo:** parte del cuerpo entre la cintura y las rodillas.

[5] **practicante:** antiguo asistente sanitario del médico.

[6] **buhardilla:** desván, parte más alta de un edificio situada bajo el tejado y destinada a guardar objetos que ya no se usan.

## Después de leer

**B.** ¿Qué comenta el narrador de las enfermas del hospital?, ¿y del edificio?

**C.** ¿Por qué se habían colocado alambreras en las ventanas?

**D.** Subraya expresiones de la lectura que nos muestren los sentimientos de la enferma.

**E.** ¿Qué opinas de la reacción de Andrés Hurtado? ¿Estás de acuerdo con él?

**F.** Baroja no hace una narración objetiva y distante. Prefiere implicarse en lo que cuenta. **Busca ejemplos de juicios de valor y de expresiones subjetivas** en las descripciones del hospital y de la enferma, y en la narración del comportamiento del médico.

## Y tú, ¿qué opinas?

**G.** ¿Qué critica Baroja en este episodio?

**H.** A pesar de ser tan diferentes, es posible encontrar puntos en común entre las dos lecturas de Baroja.

1. Búscalos y coméntalos con tus compañeros de clase.

2. ¿En qué medida se pueden considerar ambos textos como ejemplos de la literatura de la Generación del 98?

## Ahora te toca a ti

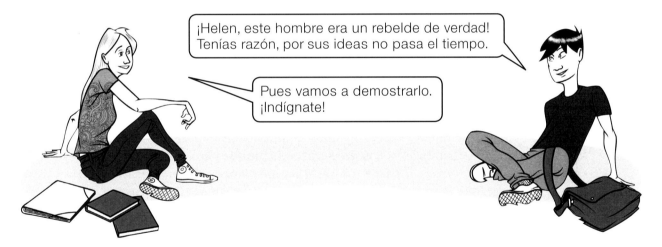

**I.** **¡Indígnate!** El mundo no está bien hecho. Seguro que hay cosas en la vida que no te gustan. En tu cuaderno, escribe un manifiesto y muéstranos tu indignación. Busca argumentos, ejemplos, datos, pero lo más importante: escribe con pasión.

• Trata de apelar a las emociones de tus lectores. Puedes incluir grandes palabras sobre ideales: *justicia, libertad, amor, igualdad, humanidad, compasión, futuro, progreso, felicidad…*

• Deberás incluir juicios de valor con expresiones subjetivas como: *atrocidad, crimen, vergüenza, terrible, horror, indignante…*

• Pueden serte útiles estas expresiones:

*Me indigna que… • No hay derecho a que… • Resulta inadmisible que…*
*Es intolerable… • Hay que acabar ya con…*
*¿Hasta cuándo vamos a soportar…? • ¡Basta ya de palabras! Es el momento de actuar.*

# 3 RECURSOS LITERARIOS: LA SINESTESIA

La sinestesia es una figura retórica que tiene que ver con la **mezcla de impresiones** entre los **cinco sentidos:** vista, oído, tacto, olfato y gusto. La pusieron de moda en el siglo XIX los simbolistas franceses, y se convirtió en un rasgo de estilo de poetas modernistas como **Rubén Darío** o **Juan Ramón Jiménez**.

Básicamente, consiste en relacionar una **sensación** con algo que, en principio, no la provoca. Se pueden distinguir varios tipos:

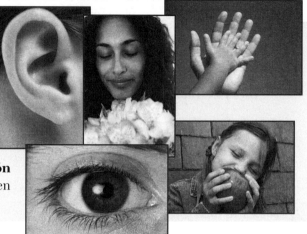

**a.** En su sentido más estricto, la sinestesia **asocia impresiones de un sentido a elementos propios de otro sentido**. Por ejemplo, en la expresión *azul sonoro*, se mezclan los sentidos de la vista y el tacto. Otros ejemplos:

*Luz dulce* • *Color frío* • *Sonoro marfil* • *El sabroso olor de las flores*
*Una caricia rosa* • *Es de oro el silencio* • *Una canción con perfume de otoño* • *Dulces azules*
*Me dirigió una mirada sonora y agria* • *El amarillo olor del cloroformo*

**b.** En un sentido más general, una sinestesia puede ser también la asociación de una **impresión sensorial** con algo que no puede ser percibido por los sentidos, como una **idea** o un **sentimiento**. Por ejemplo, en la expresión *agria melancolía*, se asocia un sabor a un sentimiento:

*¡Qué tristeza con olor de jazmín!* • *¡Qué tranquilidad violeta!*
*Una idea oscura y áspera* • *Un gesto con el perfume del misterio*

**c.** Por último, también se puede considerar sinestesia cuando se asocian estos **sentimientos e ideas abstractas** con **materiales**. Por ejemplo, cuando se dice que *una mirada es de acero* o se habla de *tardes de cristal*.

No hay que olvidar que la sinestesia es un recurso que ha pasado al habla coloquial en expresiones como *una respuesta fría*, *un negro presentimiento*, *un olor amargo*, *un aroma dulce*, *un color chillón* o *un sonido cálido*.

**Ahora te toca a ti**

**1.** **Vamos a escribir sinestesias utilizando las expresiones de los dos recuadros.**

**a.** Primero, completa el primer recuadro con cinco sustantivos más que sean objetos o ideas abstractas y el segundo recuadro con expresiones sensoriales.

| | | | | | |
|---|---|---|---|---|---|
| *lágrima* | *violencia* | *barco* | *gesto* | *tarde* | *noche* |
| *sangre* | *amante* | *pájaro* | *sonrisa* | *lluvia* | *nube* |
| *silencio* | *fracaso* | *muerte* | *amor* | *envidia* | *orgullo* |
| *árbol* | *playa* | *locura* | *mar* | *muro* | *ruido* |
| *calma* | *melodía* | *ritmo* | *caricia* | *beso* | *abrazo* |
| *idea* | *temor* | *ilusión* | *ola* | *futuro* | *pasado* |
| *vida* | ................. | ................. | ................. | ................. | ................. |

| | | | | |
|---|---|---|---|---|
| *de madera* | *de hierro* | *de cristal* | *de mantequilla* | *de diamante* |
| *luminoso/a* | *oscuro/a* | *verde* | *gris* | *húmedo/a* |
| *liso/a* | *áspero/a* | *suave* | *amargo/a* | *dulce* |
| *brillante* | *opaco/a* | *sonoro/a* | *sucio/a* | *limpio/a* |
| *resbaladizo/a* | *rugoso/a* | *agrio/a* | *ácido/a* | *de agujas* |
| *fangoso/a* | *arenoso/a* | *blanco/a* | *negro/a* | *de algodón* |
| *transparente* | ................. | ................. | ................. | ................. |

**b.** Ahora, para escribir sinestesias solo tienes que unir un sustantivo del primer recuadro con alguna expresión del segundo recuadro.

**2.** **Elegid entre todos los compañeros las sinestesias que os parezcan más sugerentes y originales.**

**3.** **Escribe un texto coherente en el que hagas uso de cuatro o cinco de las sinestesias que habéis elegido. Intenta que sea sobre una situación cotidiana. Por ejemplo, podría ser alguna de las siguientes:**

- Sinestesias ante una cita de amor.
- Sinestesias durante un viaje.
- Sinestesias ante un examen importante.
- Lo que sentí contemplando un crimen.
- Cuando miro en silencio el mar o una puesta de sol.
- Cuando miro en silencio a mi gato o a alguien querido.
- Los olores de mi casa.
- Un paseo por las calles de mi ciudad.

Recuerda: se trata de ser original y sorprender. No tengas miedo a jugar con las palabras.

**4.** **Responde a estas cuestiones mediante una enumeración de sinestesias.**

**a.** ¿A qué huele el amor?
**b.** ¿A qué sabe el odio?
**c.** ¿A qué suena el pasado?
**d.** ¿De qué color son los recuerdos?
**e.** ¿De qué están hechas las miradas, las sonrisas, la voz, el odio?

# $\mathscr{P}$OESÍA Y VANGUARDIA: LA GENERACIÓN DEL 27

La Generación del 27 en el Ateneo de Sevilla

Helen, ¿te acuerdas de que en la unidad anterior hablábamos de que cuando cambiamos de siglo cambia todo?

Bueno, Akira, no seas exagerado, es verdad que cambian muchas cosas pero, al fin y al cabo, se trata de pasar de un año a otro...

¡Nada de exagerado! Yo estoy convencido de que entrar en un nuevo siglo implica un cambio de ciclo y de que es una ocasión perfecta de renovación profunda. Y eso pasó con los inicios del siglo XX, ya verás...

## CLAVES DE UNA ÉPOCA

### UN MUNDO EN TRANSFORMACIÓN: ESPAÑA Y EUROPA ENTRE 1900-1930

☐ El contexto social, político y artístico del primer tercio del siglo XX en Europa se caracteriza por la **inestabilidad**, la **crisis** generalizada y la sensación de que la cultura y las formas heredadas en occidente están **agotadas**.

☐ Varios acontecimientos marcarán la vida de Europa en estos años: la **Primera Guerra Mundial** (1914-1918); la **Revolución Bolchevique** (1917); el nacimiento y ascenso del **fascismo** en Italia –Mussolini llega al poder en 1922–, del **nazismo** en Alemania –Hitler ganó las elecciones en 1933–; y la **gran depresión** de 1929.

- La Primera Guerra Mundial supuso una enorme convulsión y puso de manifiesto que **la vieja Europa**, aristocrática y tradicional, había caducado y era necesario **un nuevo orden político** y **social**. España no participó en la Primera Guerra Mundial, pero los intelectuales compartieron idéntica conciencia de **renovación**.

- El triunfo del comunismo en Rusia y el nacimiento de la Unión Soviética (1922) impulsó los **movimientos obreros** y el **sindicalismo** en toda Europa. En todos los países, incluida España, se crearon **partidos comunistas**, **anarquistas** y **socialistas** que aglutinaban las reivindicaciones de la clase trabajadora.

- En el arte y la literatura, todas estas transformaciones tuvieron su reflejo en los **primeros movimientos de vanguardia**, cuyo objetivo fue **romper** los vínculos con el pasado, tanto expresiva como temáticamente e iniciar un **arte nuevo**, alejado de las convenciones del público burgués.

- A partir de 1929, la gran depresión y el ascenso del fascismo fueron transformando el clima optimista de los primeros años, dando lugar a **un arte de vanguardia** cada vez más **comprometido** con la realidad de su tiempo.

- En **España**, esto supuso una profunda transformación de la vida política, pues los partidos tradicionales –conservadores, liberales, monárquicos– tuvieron que competir con los **nuevos partidos de izquierda**: republicanos, socialistas, catalanistas, comunistas, que contaban con la simpatía tanto de los obreros como de los intelectuales y artistas.

- La política y la sociedad española vivieron también una etapa de **agitación** en la que a las huelgas, las luchas obreras y los **cambios de régimen** –Monarquía, Dictadura de Primo de Rivera (1923-1931), II República (1931-1936)– se unieron los conflictos exteriores con Marruecos (1921).

Detención de Gavrilo Princip, autor del asesinato del archiduque del Imperio austrohúngaro

Discurso de Lenin (1917)

Movimiento obrero en España

**1.** ¿Sabes realmente lo que significan estos conceptos? Asócialos con las definiciones correspondientes:

| | |
|---|---|
| **1.** Gran depresión | **a.** Con este nombre se denomina al Nacional Socialismo, ideología cuyo líder fue Adolf Hitler, que gobernó como dictador en Alemania entre 1933 y 1945. Los nazis eran antisemitas, anticomunistas, racistas y se consideraban miembros de una raza superior. |
| **2.** Comunismo | **b.** Se llama también *Revolución de Octubre* y supuso el derrocamiento del Régimen Imperial ruso y el inicio de su sustitución por un estado socialista. El líder fue Vladimir Lenin y el momento culminante, la toma del Palacio de Invierno, en San Petersburgo, residencia de los Zares. |
| **3.** Revolución rusa | **c.** Crisis económica que empezó en Estados Unidos en 1929, con la caída de la bolsa en el conocido como *martes negro*, que afectó inmediatamente al mundo entero. |
| **4.** Nazismo | **d.** Se denomina así a una asociación de trabajadores que tiene como objetivo defender sus intereses comunes. |
| **5.** Fascismo | **e.** Movimiento totalitario político y social que surgió en Italia de la mano de Benito Mussolini. Este gobernó desde 1922 hasta 1939 y aplicó su doctrina violenta y militarista. |
| **6.** Sindicato | **f.** Doctrina creada por Marx y Engels que propone la desaparición de la propiedad privada y el reparto equitativo de la riqueza. Se le denomina también marxismo o socialismo y fue la ideología propia de la Unión Soviética y de la totalidad de los Partidos Comunistas que se fundaron por toda Europa en el siglo XX. |

**2.** ¿Cuáles de estos conceptos siguen vigentes hoy en día? ¿Crees que ha cambiado su significado?

**3.** Ordena los siguientes acontecimientos de la vida española de principios de siglo relacionándolos con su fecha correspondiente. Te ayudará repasar las claves de la unidad 4.

| Fecha | Acontecimiento histórico |
|---|---|
| 1909 | **a.** Proclamación de la II República española. |
| 1917 | **b.** Golpe de Estado y Dictadura de Primo de Rivera. |
| 1921 | **c.** Guerra de Marruecos. |
| 1923 | **d.** Crisis y huelgas. Los partidos de izquierdas se alían frente a los conservadores. |
| 1931 | **e.** Semana Trágica de Barcelona. |

# 1 | LAS VANGUARDIAS LITERARIAS: ULTRAÍSMO, CREACIONISMO Y SURREALISMO

2. Picasso, *Les mademoiseles d´Avignon* (Cubismo)

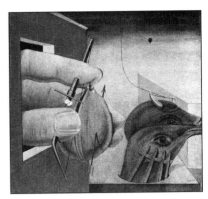

3. Max Ernst, *Oedipus* (Surrealismo)

1. George Grosz, *Autómatas republicanos* (Dadaísmo)

¿No te dan ganas a veces de romper con todo, Akira, de cambiar el mundo y empezar a pensar y a verlo todo con otros ojos?

Cuando dices esas cosas me das miedo, Helen, de verdad…

Pues no te asustes, porque eso es lo que significó el vanguardismo: la gran revolución que cambió para siempre la historia del arte y de la literatura. Y eso lo hicieron los jóvenes, como nosotros, así que ¡anímate que llega la vanguardia!

## 1.1. LOS MOVIMIENTOS DE VANGUARDIA EN EUROPA: FUTURISMO, DADAÍSMO, SURREALISMO

1. **En el siguiente cuadro hay distintos usos de la palabra vanguardia o vanguardista. Lee las frases de la izquierda y relaciónalas con su uso correspondiente de la derecha.**

1. Le encanta el arte muy vanguardista............ •

2. Jaime está siempre a la vanguardia de todo................................................... •

3. ¿Sabías que Trini había estado en la guerra? Según nos contó su puesto estaba en la vanguardia. ............................... •

4. Este hospital está a la vanguardia en la investigación contra el cáncer. ................. •

• a. Pertenecía a los grupos que iban **delante**, los primeros en entrar en batalla.

• b. En su casa, los cuadros, la decoración, todo en general es **muy moderno**.

• c. Lo que hace es una actividad **innovadora**, **novedosa**.

• d. Sus tratamientos son **un avance** para la medicina.

**2.** Intenta ahora completar este texto sobre qué son las vanguardias artísticas utilizando las palabras resaltadas de la actividad anterior junto con estas otras.

*movimientos • ruptura • "ismos" • jóvenes • manifiestos • radical • artes*

Las vanguardias o (**1**) ........................... son un conjunto de (**2**) ........................... artísticos que se suceden desde los primeros años del siglo XX. Aunque con propuestas distintas, coinciden en apostar por una transformación (**3**) ........................... de los temas y la forma de expresión artística tradicional. Las vanguardias se refieren tanto a las ideas como a las (**4**) ........................... –pintura, escultura, diseño, literatura–, pero lo que tiene en común el vanguardismo es que su mirada es (**5**) ..........................., (**6**) ........................... y supone siempre (**7**) ........................... o (**8**) ........................... respecto a las convenciones artísticas y sociales. Los grupos vanguardistas están formados por (**9**) ........................... que dan a conocer sus ideas a través de publicaciones o (**10**) ........................... Como van siempre por (**11**) ........................... del resto de la sociedad, no siempre fueron bien comprendidos y aceptados. Hoy en día ser vanguardista significa, en cualquier aspecto de la vida, ser (**12**) ...........................

**3.** Vamos a identificar los tres principales movimientos de vanguardia europeos. Aquí tienes unos nombres, unas fechas y algunos datos desordenados. Junto con tu compañero, siguiendo las pistas que te vamos a proporcionar en 1 y 2 y contestando a las preguntas que figuran en 3 y 4, completa el cuadro final.

**1.**

| Cronológicamente el primero mira al *futuro*. | El segundo quiso romper con todo. |

| El tercero se esforzó por buscar una nueva realidad. |

| surrealismo | dadaísmo | futurismo |

| 1909 | 1924 | 1916 |

**2.**

| La nueva realidad nace en Francia, de la mano de un joven poeta. |

| Un escritor italiano vinculado al incipiente fascismo será el que apueste por el futuro. |

| Artistas de diversas nacionalidades se refugiaron en Zurich durante la 1.ª Guerra Mundial. |

| Tristan Tzara | André Breton | Filippo Tommaso Marinetti |

**3.** ¿A qué manifiesto crees que pertenece cada fragmento?

**a.** *Fundación y manifiesto del futurismo*, 1909 – Fragmento.
**b.** *Manifiesto* DADA, 1918 – Fragmento "Asco Dadaísta".
**c.** *Primer manifiesto del surrealismo*, 1924 – Fragmento.

**1.** *Todo producto del asco susceptible de convertirse en una negación de la familia, es Dadá; […] DADA; la abolición de la memoria: DADA; abolición de la arqueología: DADA; abolición de los profetas: DADA; abolición del futuro: DADA; […] Libertad: DADA DADA DADA.*

**Manifiesto:** ...........................

**2. I.** Queremos cantar el amor al peligro, a la fuerza y a la temeridad.

**II.** Los elementos capitales de nuestra poesía serán el coraje, la audacia y la rebelión.

**IV.** Declaramos que el esplendor del mundo se ha enriquecido de una belleza nueva: la belleza de la velocidad. Un automóvil de carrera con su vientre ornado de gruesas tuberías, parecidas a serpientes de aliento explosivo y furioso... un automóvil que parece correr sobre metralla, es más hermoso que la *Victoria de Samotracia*.

**Manifiesto:** .......................................................

**3.** Surrealismo: sustantivo, masculino. Automatismo psíquico puro por cuyo medio se intenta expresar verbalmente, por escrito o de cualquier otro modo, el funcionamiento real del pensamiento. Es un dictado del pensamiento, sin la intervención reguladora de la razón, ajeno a toda preocupación estética o moral.

**Manifiesto:** .......................................................

**4.** **Leyendo de nuevo los fragmentos, ¿podrías adjudicar a cada movimiento sus características expresivas y temáticas?**

**Temas:**                                                                                              S   D   F
**a.** No a lo convencional, no a la utilidad, NO. .........................................  ◯...◯...◯
**b.** La electricidad, la velocidad, el ruido, los motores, el mundo moderno en general. ......  ◯...◯...◯
**c.** Libertad de la conciencia y reacción frente a la moral y la estética burguesa. ...........  ◯...◯...◯

**Expresión:**                                                                                          S   D   F
**1.** Libertad en la imagen poética, escritura automática, metáfora. ...........................  ◯...◯...◯
**2.** Absurdidad, sin sentido, negación. ...................................................  ◯...◯...◯
**3.** Rapidez en la expresión, verbos en infinitivo, ruptura con la sintaxis. ..................  ◯...◯...◯

| MOVIMIENTO | FECHA | LÍDER | MANIFIESTO | TEMAS | EXPRESIÓN |
|---|---|---|---|---|---|
|  | 1910 |  | Fundación y manifiesto del futurismo |  |  |
| Dadaísmo |  |  |  |  | Absurdidad, sin sentido, negación |
|  |  | André Breton |  | Libertad de conciencia y reacción frente a la moral burguesa |  |

**4.** Finalmente, aquí tienes un fragmento de un poema de cada movimiento. ¿Podrías identificarlos? Señala las características que cumplen en cada caso, (ten en cuenta que no siempre se cumplen todas).

---

**a. Movimiento:** ......................................

   **Características:** ......................................

   ...........................................................

   ...........................................................

Louis ARAGON, *Cannibale*, n.º 2 (mayo de 1920)

> SUICIDIO
>
> A b c d e f
> g h i j k l
> m n o p q r
> s t u v w
> x y z

---

**b. Movimiento:** ......................................

   **Características:** ......................................

   ...........................................................

   ...........................................................

Pedro GARFIAS, *Grecia* (1919)

> Un aeroplano monstruoso bufa sobre la noche
> Y el viento me golpea con sus puños.
> Las almas de los muertos olvidados
> Danzan sobre hilos telegráficos

---

**c. Movimiento:** ......................................

   **Características:** ......................................

   ...........................................................

   ...........................................................

Vicente Aleixandre, "El vals",
*Espadas como labios* (1930-1931)

> Pero el vals ha llegado
> Es una playa sin ondas,
> Es un entrechocar de conchas, de tacones,
>       de espumas o de dentaduras postizas
> Es todo lo revuelto que arriba

---

 **Ahora te toca a ti**

**5.** En grupos de tres, buscad en Internet las instrucciones "para hacer un poema dadaísta". Después, siguiéndolas, escribid vuestro propio poema. Si podéis, haced un mural con el poema y recitadlo en clase. Los dadaístas eran muy extravagantes, así que ¡sed originales!

**6.** Y si queréis ser auténticos surrealistas tenéis que practicar su juego favorito: el *cadáver exquisito*. Aquí tenéis las instrucciones:

> "Los participantes se sientan alrededor de una mesa (seis o siete). El primero toma un papel y escribe una frase, luego lo pliega, dejando ver la última palabra. El segundo participante escribe otra frase a partir de la palabra que el jugador anterior había dejado descubierta, y así sucesivamente hasta terminar la ronda. Si se desea se puede repetir la operación cuantas veces se quiera. Terminadas las vueltas, se desdobla el papel y se lee lo escrito. La primera vez que los surrealistas jugaron a este juego obtuvieron la siguiente frase: 'El cadáver – exquisito – beberá – el vino nuevo'. De ahí el origen del nombre del juego. (Yakki Setton, *La revuelta surrealista*, pág. 49)

**7.** Para completar la visión de las vanguardias, buscad en la red obras de arte propias de cada movimiento y pegadlas al lado de vuestros poemas dadaístas. ¿Son una buena ilustración?

# 1.2. LAS VANGUARDIAS EN ESPAÑA

Los españoles querían también ser modernos y no perdieron la ocasión esta vez. Pablo Picasso, Salvador Dalí o Luis Buñuel son vanguardistas españoles universales. ¿Has estado en el Museo Dalí, en Cadaqués? Es precioso.

Pues no Helen, pero en mi Universidad pasaron un ciclo de cine de Buñuel y fue todo un éxito. De Picasso qué vamos a decir... El genio de la pintura del siglo XX.

Pues vamos a conocer a los poetas, que ahora mismo no me suena ninguno...

## *"LAS PALABRAS NO DICEN NADA, PERO LO CANTAN TODO"*
### (G. Diego, *Imagen múltiple*, 1919-1922)

- Las vanguardias llegaron a España de la mano de una personalidad muy poco convencional, el escritor **Ramón Gómez de la Serna**, *Ramón*. Fue en su revista *Prometeo* donde Marinetti publicó en 1910 la "Proclama futurista a los españoles"; pero él mismo, en 1909, ya había escrito un libro titulado *El concepto de la nueva literatura* en el que apostaba por la renovación de la literatura. Su principal aportación fueron las **greguerías**, que responden a la fórmula: humorismo + metáfora = greguería. Son pensamientos breves y sorprendentes que dan lugar a asociaciones inverosímiles, poéticas, irónicas, filosóficas o del género que decida el autor.

Ramón Gómez de la Serna

- En 1918 llega a España, procedente de París, el poeta chileno **Vicente Huidobro**, que se presenta como el fundador del creacionismo, movimiento poético vanguardista cuya principal aportación fue el concepto de *autonomía poética*. Esto significaba que el poeta es el creador de una nueva naturaleza que nada tiene que ver con la realidad, por lo que los poemas son mundos independientes y autónomos que pueden ser pensados y escritos con total libertad, incluso creando palabras nuevas.

- Un año después, en 1919, nace el primer movimiento vanguardista español, el ultraísmo, cuyo primer manifiesto aparece en la revista *Cervantes* firmado por Guillermo de Torre. En el **ultraísmo** encontramos futurismo, dadaísmo, cubismo y creacionismo. Los poetas ultraístas quieren **romper con el lenguaje poético** convencional y lo hacen a través de la inclusión en el poema de imágenes atrevidas e inverosímiles, de objetos mecánicos, de la dislocación sintáctica o del uso pictórico de la tipografía, los llamados *caligramas* o poemas visuales. Gerardo Diego, Pedro Salinas y Juan Larrea fueron algunos de sus principales seguidores.

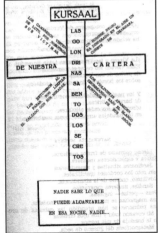

Poema ultraísta

- Hay que decir, sin embargo, que el valor de estas **primeras vanguardias** no es tanto su producción –que no fue ni mucha ni muy buena– como el hecho de poner a los poetas españoles en **sintonía con Europa**.

Pero, sobre todo, los movimientos de vanguardia fueron el vehículo y el caldo de cultivo que preparó el camino para la auténtica renovación de la poesía en español que llevarían a cabo muy poco después los poetas de la **Generación del 27**.

- Mención aparte merece el **surrealismo** y su repercusión en España. Entre los años 25 y 29, el ideal poético que imperaba en el país era el de la poesía pura que los poetas de la Generación del 27 llevaban a la práctica. Pero, a partir de los años 30, nuevas circunstancias políticas, sociales y personales harán acercarse a estos mismos poetas al ideario surrealista. En España nunca practicaron la **escritura automática**, pero la crisis de la idea de pureza y la **vuelta de lo humano** a la poesía coincidirán con el compromiso social y político que los poetas surrealistas asumían como parte de su filosofía vital.

- El crítico Leo Geist resume las principales aportaciones del creacionismo y el ultraísmo, algunas de las cuales, como veremos, harán suyas los poeta de la Generación del 27:

1. Hostilidad a la tradición.
2. Búsqueda de nuevos medios expresivos.
3. Concepto lúdico del arte.
4. La metáfora como clave del lenguaje poético.
5. Renovación temática con elementos del mundo moderno.
6. Orientación hacia el objeto como reacción al *yo romántico*.
7. El poema como obra de arte y como objeto artístico.
8. Pureza, abstracción: autonomía del poema.
9. Distanciamiento del público.

**1.** **¿Cuáles de las siguientes afirmaciones serían propias de un poeta vanguardista y cuáles de un poeta tradicional? Clasifícalas y, después, escribe a la derecha de las frases a cuál de las características vistas anteriormente corresponden.**

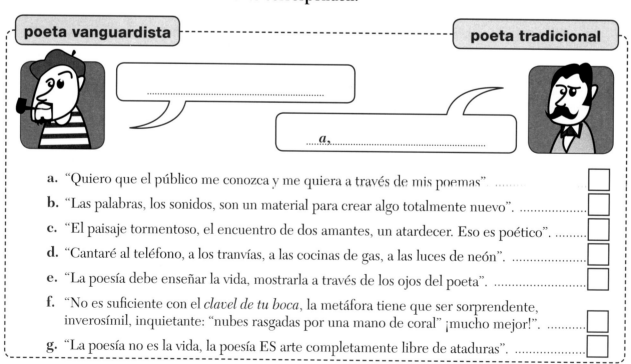

**poeta vanguardista** **poeta tradicional**

*a,* ...............................................

a. "Quiero que el público me conozca y me quiera a través de mis poemas". ...........
b. "Las palabras, los sonidos, son un material para crear algo totalmente nuevo". ..................
c. "El paisaje tormentoso, el encuentro de dos amantes, un atardecer. Eso es poético". ..........
d. "Cantaré al teléfono, a los tranvías, a las cocinas de gas, a las luces de neón". ..................
e. "La poesía debe enseñar la vida, mostrarla a través de los ojos del poeta". ...............
f. "No es suficiente con el *clavel de tu boca*, la metáfora tiene que ser sorprendente, inverosímil, inquietante: "nubes rasgadas por una mano de coral" ¡mucho mejor!". ...........
g. "La poesía no es la vida, la poesía ES arte completamente libre de ataduras". ..................

**2.** De todos los movimientos de vanguardia que hemos nombrado hasta ahora, hay uno que aún no te hemos presentado y que también influyó en el vanguardismo español, es el cubismo. Se trata de una vanguardia pictórica, pero que ha resultado fundamental para todo el mundo del arte. Junto con dos compañeros busca en Internet:

  **a.** Tres características de la pintura cubista.

  **b.** Dos pintores cubistas.

  **c.** Un cuadro que te parezca representativo del cubismo.

  **Luego tendréis que compartir vuestra información con el resto de la clase.**

**3.** Los poemas cubistas por excelencia se llaman caligramas. Infórmate: ¿qué son?, ¿quién los inventó? Seleccionad alguno que os llame la atención e incluidlo en vuestro trabajo.

**4.** ¿Seríais capaces de escribir un caligrama? ¡Seguro que sí! Escribid uno cada grupo, ponedlo en común y elegid el mejor. Entre todos conseguiréis elaborar una verdadera antología del cubismo.

 **Ahora te toca a ti**

**5.** ¡Tengo una greguería para ti! Aquí tienes algunas greguerías de Ramón Gómez de la Serna. Léelas atentamente y contesta: ¿tienen sentido del humor?, ¿cuáles te parecen más graciosas?, ¿y más poéticas? Elige tres de ellas e intenta explicarlas con tus propias palabras.

> • "Como daban besos lentos, duraban más sus amores".
>
> • "El mar solo ve viajar, él no ha viajado nunca".
>
> • "Aquel tipo tenía un tic pero le faltaba un tac. Por eso no era un reloj".
>
> • "Chopo: el árbol de las mariposas verdes".
>
> • "Trueno: caída de un baúl por las escaleras del cielo".
>
> • "La B es el ama de cría del alfabeto".
>
> • "Amor es despertar a una mujer y que no se indigne".
>
> • "El Coliseo en ruinas es como una taza rota del desayuno de los siglos".
>
> • "El bebé se saluda a sí mismo dando la mano a su pie".
>
> • "El agua se suelta el pelo en las cascadas".
>
> • "Soda: agua con hipo".

**6.** Ahora es cuando realmente te toca a ti. Escribe un par de greguerías y dáselas a tu profesor. Cada compañero hará lo mismo, después las leeréis y elegiréis las mejores. ¡Empezáis a ser unos auténticos vanguardistas españoles! Os sugerimos algunos temas: el amor, los amigos, España, la lluvia, las lágrimas…

**7.** Para los poetas vanguardistas, todos los temas podían formar parte del poema. Aquí tenéis un poema ultraísta de Pedro Salinas. Leedlo atentamente, preguntad a vuestro profesor el vocabulario que no entendáis y luego seguid la pequeña guía que os hemos preparado para desentrañarlo.

> Sí. Cuando quiera yo
> la soltaré. Está presa,
> aquí arriba, invisible.
> Yo la veo en su claro
> 5   castillo de cristal, y la vigilan
> —cien mil lanzas— los rayos
> —cien mil rayos— del sol. Pero de noche,
> cerradas las ventanas
> para que no la vean
> 10   —guiñadoras espías— las estrellas,
> la soltaré. (Apretar un botón.)
> Caerá toda de arriba
> a besarme, a envolverme
> de bendición, de claro, de amor, pura.
> 15   En el cuarto ella y yo no más, amantes
> eternos, ella mi iluminadora
> musa dócil en contra
> de secretos en masa de la noche
> —afuera—
> 20   descifraremos formas leves, signos,
> perseguidos en mares de blancura
> por mí, por ella, artificial princesa,
> amada eléctrica.
>
> *Seguro Azar* (1928)

**a.** ¿Quién crees que es esa amada a la que se refiere el poeta? Justifica tu respuesta con versos del poema.
   **1.** ○ Una joven aristocrática.
   **2.** ○ Una mujer secuestrada.
   **3.** ○ Una bombilla eléctrica.

**b.** ¿De qué protege el poeta a su amada?
   **1.** ○ De otros hombres.
   **2.** ○ De las estrellas.
   **3.** ○ Del sol.

**c.** ¿De qué protege la amada al poeta?
   **1.** ○ De todo lo que está fuera.
   **2.** ○ De otras mujeres.
   **3.** ○ De la luz del sol.

**d.** ¿Por qué dice el poeta que ella es su musa?
   **1.** ○ Porque gracias a ella se inspira.
   **2.** ○ Porque puede pensar en otras amantes.

**e.** ¿A qué crees que se refiere el poeta cuando habla de "signos perseguidos en mares de blancura"?
   **1.** ○ A la espuma de las olas.
   **2.** ○ A la escritura en una hoja en blanco.
   **3.** ○ A la mañana.

**f.** ¿Qué clase de poema dirías que es? Hay más de una respuesta posible. Señala en el poema las palabras que lo justifican.
   **1.** ○ Filosófico.
   **2.** ○ Amoroso.
   **3.** ○ Humorístico.
   **4.** ○ Ultraísta.

**g.** Finalmente, ponle un título de tu invención. Te sugerimos tres, uno es el verdadero.
   **1.** ○ 35 bujías.
   **2.** ○ Amor eléctrico.
   **3.** ○ Desde tu cristal.

**Y tú, ¿qué opinas?**

**8.** ¿Crees que en la actualidad hay algo parecido a las vanguardias? ¿Quiénes son ahora las artes y los artistas más modernos e innovadores? ¿Podrías decir alguno? ¿Qué diferencia fundamental hay entre la forma en que se difundían antes las vanguardias y lo que ocurre en la actualidad? Habla con tus compañeros.

# 2 | TRADICIÓN Y RENOVACIÓN: LA GENERACIÓN DEL 27

## LA GENERACIÓN DEL 27

### 1. Un grupo, una generación

Es difícil determinar cuándo escritores nacidos en fechas semejantes forman un grupo o generación literaria. Podría considerarse así a un "conjunto de escritores **coetáneos** –de nacimiento y aparición pública– que viven unas **experiencias semejantes**, tienen unas **lecturas parecidas** –están inmersos en el mismo momento cultural– y empiezan a escribir en unos mismos años, atentos unos a otros, presionados por las mismas modas" (Rozas/Torres Nebrera, *El grupo poético del 27*, pág. 8).

Como vamos a ver, estos requisitos encajan perfectamente con el grupo de poetas que conforma la **Generación del 27**: durante los años 20 todos ellos convivieron, fueron amigos, coincidieron en temas, estilos y preferencias expresivas, publicaron en las mismas revistas, participaron en actividades comunes y compartieron gustos y fobias.

Los poetas que conforman el núcleo de la generación son: Pedro Salinas, Dámaso Alonso, Jorge Guillén, Gerardo Diego, Luis Cernuda, Vicente Aleixandre, Rafael Alberti, Federico García Lorca, Emilio Prados y Manuel Altolaguirre. Aunque la mayoría no eran madrileños, Madrid fue sin duda el lugar de convergencia y, en concreto, la **Residencia de Estudiantes**, centro cultural en el que vivieron y al que acudían todos los poetas de la generación.

### 2. Un momento clave: el Centenario de Góngora

En el año 1927 se celebró el tercer centenario de la muerte de Góngora (1561-1627), un poeta del Barroco español olvidado que en este momento se redescubre y recupera. En los actos participaron muchos de los miembros de la generación que encontraron en la poesía barroca española un nuevo referente que encajaba perfectamente con sus preferencias: **poesía muy elaborada** y de **difícil lectura**, **esteticismo** y predominio de la **metáfora**. El hecho de que este acto tuviera lugar en el año 1927 es una de las razones para darle nombre al grupo, pero también es cierto que, en esa fecha, todos habían publicado ya algún libro de importancia, y que, entre 1925 y 1929, están en pleno desarrollo las numerosas revistas en las que publicaron sus obras: *España, Revista de Occidente, Verso y prosa, Litoral, Carmen, La Gaceta Literaria…* El año 27 representa, pues, un momento central en la vida de la generación.

## 3. Una época que compartir

Como señalan Rozas y Torres Negredo, la Generación del 27 puede definirse como **liberal**, **progresista** y **universitaria**. Sus componentes procedían mayoritariamente de familias acomodadas, por lo que tenían medios para cubrir sus necesidades literarias a la hora de publicar y viajar. Eran modernos –habían asumido y eran aficionados a los **avances tecnológicos de la época**, entre ellos, **el cine**–; liberales –también en el sentido sexual, pues Cernuda y Lorca eran homosexuales–; interesados por la cultura –entre sus amistades se encontraban Salvador Dalí, pintor; Luis Buñuel, cineasta; Ortega y Gasset, filósofo–; **polifacéticos** ellos mismos –Rafael Alberti pintaba, Lorca componía música y canciones–; **comprometidos** –Alberti y Prados fueron militantes comunistas y todos sin excepción estuvieron del lado de la República–; **feministas** –las compañeras de muchos de ellos, también escritoras, lo fueron y ellos escribieron a favor–. Pero fueron, sobre todo, amigos cuyas vidas se vieron truncadas y separadas para siempre por la Guerra Civil.

## 4. Varias etapas en su evolución

Podemos distinguir tres grandes etapas en la vida de la generación:

**1.ª etapa: de 1918 a 1928.** Esta etapa empieza en los orígenes de su actividad poética, en los que algunos poetas, como Gerardo Diego o Pedro Salinas, escribieron sus primeros versos vinculados al ultraísmo. Es en esta década en la que se conforma la generación, marcada por la **recepción** y **asimilación de muchas propuestas vanguardistas**, por la predilección por la poesía pura –poesía centrada en la perfección formal y alejada de la realidad al buscar en las palabras y en el ritmo la esencia de la expresión poética–, por el sentido lúdico, el redescubrimiento de la tradición –en particular, de Góngora– y el gusto por la metáfora. En estos años tiene lugar la publicación de algunas obras fundamentales: en 1927, *El alba del alhelí*, de Alberti; *Canciones*, de Lorca o *Perfil del aire*, de Cernuda; en 1928, *Cántico*, de Jorge Guillén o el *Romancero gitano*, de Lorca, entre otros.

**2.ª etapa: desde 1929 hasta la Guerra Civil (1936-1939).** A partir de 1929 se produce una progresiva politización de la vida y de la poesía. La **asimilación del surrealismo** lleva hacia una rehumanización de la poesía y a que de nuevo entre en ella lo humano y lo social. El giro surrealista se manifiesta en sus nuevas colecciones como *La destrucción o el amor*, de Aleixandre (1932-1933), a lo que se une también el compromiso político y social, como ocurre en *Poeta en Nueva York* (1929-1930), de Lorca. Con el estallido de la Guerra Civil entramos de lleno en la poesía de guerra, de combate, neorromántica, animada por el poeta chileno Pablo Neruda y que conduce directamente hacia una *Poesía sin pureza* (ver tema 6) dirigida directamente al corazón del pueblo combatiente.

**3.ª etapa: el exilio, desde 1939 hasta la muerte de sus integrantes.** En 1936 había muerto asesinado Lorca. Aleixandre, Diego y Dámaso Alonso se quedaron en España en lo que denominaron un "exilio interior". Fruto de esta actitud fue el libro *Hijos de la ira*, de Dámaso Alonso, de 1944. El resto de poetas marchó hacia el exilio en México, EE. UU. o Argentina. Desarraigados y separados de su tierra, sus ideales y sus amigos, cada uno evolucionó de forma diferente, pero sus poemas van del compromiso a la nostalgia, como ocurre con *Entre el clavel y la espada*, de Alberti, de 1941 o *Historia del corazón*, de Aleixandre, de 1954. Este último poeta recibió el Premio Nobel de Literatura en 1977, lo que se consideró una forma de reconocimiento a toda la generación. Algunos aún tuvieron tiempo de regresar a España, como Alberti o Guillén, pero la mayoría murió muy lejos del mundo que dio sentido a su juventud y a su literatura.

## 5. Unos referentes comunes

En esa época compartieron igualmente los referentes que marcarán su identidad como poetas. **Ramón Gómez de la Serna** y la Vanguardia puede considerarse su primer referente. Ramón, sus tertulias y sus revistas les pusieron en contacto con las novedades estéticas europeas y con el nuevo concepto de poesía, tan alejado del de la Generación del 98 y el Modernismo que les precedió. Futurismo, cubismo o creacionismo no fueron imitados por los jóvenes del 27, pero gracias a ellos encontraron trazado el camino hacia la **renovación de la expresión poética**.

La teoría sobre el arte nuevo tuvo su sostén filosófico en *La deshumanización del arte*, del filósofo José Ortega y Gasset. En él se propone un arte para minorías, antirromántico y despreocupado de todo compromiso. Un **arte hermético**, centrado en la metáfora, **intelectual** y despojado de sentimentalismo. Un arte que no busca imitar la realidad, sino crearla en el poema. No es un arte pensado para *entender*, sino para gozar del *arte por el arte*. Estos principios calaron hondamente en los jóvenes poetas del 27 pero, como veremos, fueron capaces de hacerlos compatibles con la tradición poética popular española.

El poeta que representó el ideal de poesía pura, de la búsqueda de la belleza a través de la poesía fue **Juan Ramón Jiménez**. Con él convivieron en la Residencia de Estudiantes y fue considerado un maestro hasta que el surrealismo y el giro hacia la poesía comprometida de los miembros del 27 les distanciaron y enemistaron.

## 6. Unos temas comunes

Los poetas del 27 trataron en su poesía los **temas trascendentales** del ser humano, –el destino, la muerte o el amor–. En su búsqueda de un nuevo lenguaje poético, experimentaron con la **dimensión simbólica** de muchos de estos temas, como hizo Lorca tanto en su poesía como en su teatro. La lucha interior que provocaba en Cernuda su homosexualidad dio a su poesía amorosa una trascendencia universal, mientras que Alexandre, Guillén o Salinas escribieron por su parte **poesía amorosa desnuda** y **directa**. Junto a estos temas, la poesía del 27 está llena de asuntos más arraigados en su época, como la **vida urbana** o el compromiso. Ya hemos dicho que la influencia de las vanguardias incluyó en la poesía asuntos insólitos como las máquinas de escribir, los anuncios luminosos, el cine, los rascacielos, las calles, los jardines, etc. Posteriormente, el **compromiso social** ampliará la temática hacia motivos relacionados con la guerra o la justicia social.

## 7. Una poética común: vanguardismo y tradición

Si hubiera que buscar una característica definitoria de la estética del 27, esta sería la **combinación insólita** entre las **novedades de la vanguardia** y la recuperación de las formas expresivas de la **tradición española**. Para explicar este hecho conviene recordar que una gran parte de los miembros de la generación eran filólogos, por lo que tenían un conocimiento profundo de la tradición poética.

Al descubrimiento de Góngora, del que ya hemos hablado, se une la **revalorización de la poesía medieval** y, en general, de la poesía popular de los **Siglos de Oro**. Así, se sienten atraídos por las **formas métricas tradicionales**, como el romance o la canción, a través de las cuales se transmiten contenidos condensados y sencillos pero cargados de emoción. **Tradición** y **modernidad**, pues, son dos claves más para entender la poética del 27. La **depuración intelectual** a través de la búsqueda de imágines atrevidas se une a la necesidad de transmitir pasiones. Esto dio lugar a que el alejamiento del público que la vanguardia y el arte deshumanizado proponían no fuera en realidad tal, pues el pueblo respondió con aclamación a la publicación de sus obras (es el caso del *Romancero gitano* de Lorca, cuyo éxito popular le desbordó).

Portada de la revista *Litoral* ilustrada por Juan Gris en el número dedicado a Góngora

**1.** ¿Cuáles de estas afirmaciones sobre la Generación del 27 son verdaderas y cuáles falsas? Corrige las falsas.

| | V | F |
|---|---|---|
| **a.** Aunque tenían edades parecidas, apenas se conocieron ni se trataron. | O | O |
| **b.** El nombre de "Generación del 27" está relacionado con la celebración del centenario de la muerte de un poeta español. | O | O |
| **c.** Los jóvenes poetas del 27 fueron a la universidad, viajaron y estuvieron en contacto con el arte. | O | O |
| **d.** Les gustaba la Generación del 98 y el Modernismo, a los que consideraban sus maestros. | O | O |
| **e.** Juan Ramón Jiménez y la búsqueda de la poesía pura llenaron toda una etapa de su actividad creativa. | O | O |
| **f.** Fueron radicalmente vanguardistas y rompieron con toda la tradición anterior. | O | O |
| **g.** Les gustaban los temas contemporáneos, pero también hablaron del amor de forma desinhibida en sus poemas. | O | O |
| **h.** La mayoría de ellos murió en el exilio, única salida que les quedó tras la Guerra Civil. | O | O |

**2.** **Elije** del texto anterior las seis ideas que creas que definen mejor la generación del 27 y completa este mural.

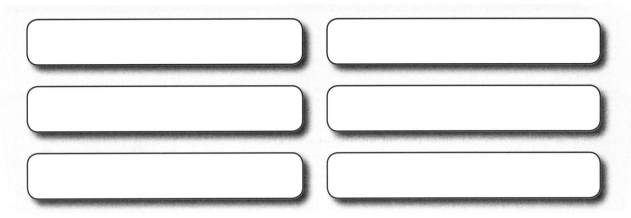

**3.** **Los poetas de la Generación del 27 procedían de distintos puntos de España.**

   **a.** Sitúalos en este mapa. ¿De dónde eran la mayoría de ellos?

   **b.** En grupos de tres, repartíos ahora a los poetas y trabajad sobre el que os haya tocado. Elaborad otro mural que contenga una imagen, algún dato de su vida y obra y un poema o fragmento.

   **c.** ¿Os atrevéis a hacerles un blog? A ellos les gustaba la tecnología, ¡seguro que estarían encantados!

**4.** **La Residencia de Estudiantes** fue un lugar privilegiado en el que se desarrolló una intensísima actividad cultural. Hoy todavía existe el edificio. Busca la página web de la Residencia, conoce cómo era y comprueba qué es hoy en día.

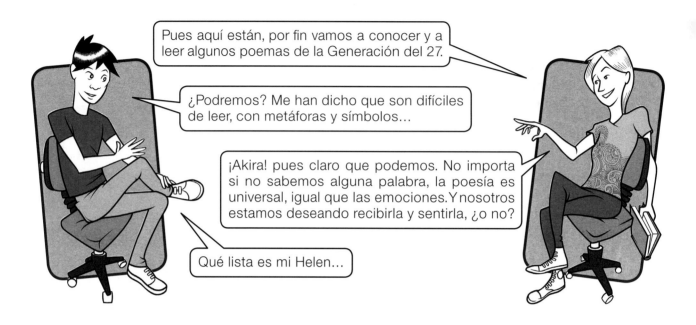

# 3 TRES POETAS DE LA GENERACIÓN DEL 27: RAFAL ALBERTI, LUIS CERNUDA Y FEDERICO GARCÍA LORCA

Pues aquí están, por fin vamos a conocer y a leer algunos poemas de la Generación del 27.

¿Podremos? Me han dicho que son difíciles de leer, con metáforas y símbolos…

¡Akira! pues claro que podemos. No importa si no sabemos alguna palabra, la poesía es universal, igual que las emociones. Y nosotros estamos deseando recibirla y sentirla, ¿o no?

Qué lista es mi Helen…

## 3.1. RAFAEL ALBERTI (1902-1999)

### "LA LIBERTAD NO LA TIENEN LOS QUE NO TIENEN SU SED"

Nació en el Puerto de Santamaría (Cádiz), donde inició sus estudios y desde donde se trasladó a Madrid en 1917. Poeta y pintor, trabó amistad con Lorca, Dalí, Buñuel y los poetas de su generación. Muy pronto, en **1925**, recibió el **Premio Nacional de Poesía** por *Marinero en tierra*. Tras una enfermedad y una crisis personal, se abrió una nueva etapa en su vida cuando conoció a su compañera M.ª Teresa León y se afilió al **Partido Comunista**. Desde entonces el compromiso político no le abandonaría ni en la vida ni en la poesía. Debido a su militancia, después de la Guerra Civil salió hacia el **exilio** y se estableció en Buenos Aires. Regresó a España en 1977 donde llegó a ser diputado.

Su poesía recorre desde el **neotradicionalismo** de *Marinero en tierra* o *El alba del alhelí* (1927) a la mucho **más profunda** y **compleja** *Sobre los ángeles* (1929) y, ya en el exilio, *A la pintura* (1948) o *Retorno de lo Vivo Lejano* (1952). Fue también autor de teatro y entre sus obras destacan *El Adefesio* (1944) o *Noche de guerra en el Museo del Prado* (1956).

## *Antes de leer*

**A.** El poema que vas a leer procede de su libro de poemas *Marinero en tierra*. Reflexiona: ¿es la tierra el lugar más adecuado para un marinero?, ¿cómo crees que se puede sentir un marinero que no puede navegar?

**B.** Lee de nuevo la biografía de Rafael Alberti. ¿En qué momento pudo él mismo sentirse así, fuera de lugar? ¿Crees que eso pudo ocurrir en más de una ocasión en su vida? ¿Y en la tuya? ¿Nos pasa eso con frecuencia?

**C.** Asocia los siguientes conceptos con las imágenes correspondientes.

*condecorar* • *insignia* • *bajel*

1. ........................................  2. ........................................  3. ........................................

**17**

### "SI MI VOZ MURIERA EN TIERRA"

    Si mi voz muriera en tierra
llevadla al nivel del mar
y dejadla en la **ribera**[1].

    Llevadla al nivel del mar
5  y nombradla capitana
de un blanco *bajel de* guerra.

    ¡Oh mi voz *condecorada*
con la *insignia* marinera:
sobre el corazón un ancla
10  y sobre el ancla una estrella
y sobre la estrella el viento
y sobre el viento la vela!

*Marinero en tierra* (1925)

[1] **ribera:** costa, orilla.

## Después de leer

**D.** El poema empieza con una estrofa popular típicamente andaluza, la soleá. Con la ayuda de tu profesor, mide los versos, encuentra la rima y completa:

- La soleá es una estrofa formada por ........................... versos de ........................... sílabas en el que riman en ........................... los versos ........................... y queda libre el ...........................

**E.** En las dos primeras estrofas el poeta se plantea la hipótesis de su propia muerte. ¿Qué parte de él mismo lo representa?, ¿por qué crees la elige?, ¿recuerdas cómo se llama ese recurso literario? Te ayudará mirar la unidad 9.

**F.** En estos primeros versos ya aparece uno de los temas del poema: la oposición entre ........................... y ...........................: ¿qué significados tiene el mar?, ¿a qué palabras lo asociarías?

**G.** Más tarde el poeta se dirige a quien lo quiera escuchar y le da varias órdenes, ¿qué tiempo verbal utiliza?, ¿qué pretende con ello? Señala los casos en los que aparece en el texto.

**H.** Pero aquí surge una contradicción: si la voz ha muerto, ¿cómo va a ser capitana?, ¿qué nos está diciendo realmente el poeta?

**I.** La estrofa final es un canto a la alegría de sentirse marinero. Alberti utiliza aquí un recurso propio de las canciones infantiles: la concatenación, que consiste en encadenar o unir el final de una frase con el principio de la siguiente repitiendo alguna palabra.

- **a.** Lee de nuevo la estrofa. ¿La has encontrado? Señálala.
- **b.** ¿Qué efecto crees que quiere conseguir el poeta usando este recurso?

**J.** ¿Cuáles crees que son los temas de esta poesía? Elige más de uno si lo consideras oportuno y justifica tu decisión.

**los sueños, la infancia, la libertad, la nostalgia, el mar, las canciones**

---

### Navega e investiga

**K.** Escucha al poeta. Busca en *YouTube* al poeta recitando sus propios versos. No leas el poema, solo intenta entenderlo. Escúchalo alguna vez más y recítalo al mismo tiempo que el poeta; léelo ahora si crees que lo necesitas.

**L.** Alberti tiene otros poemas breves muy hermosos: *El mar, la mar, Si Garcilaso volviera, Se equivocó la paloma*, etc. Encuéntralos en Internet porque algunos están convertidos en canciones o en presentaciones. En grupos de tres, escoged uno, buscad imágenes para ilustrarlo y preparad una presentación en *Power Point*.

**M.** Recuerda.

1. ¿Qué otra poesía has leído en este curso en la que un marinero cantaba a la libertad? El tema 1 te refrescará la memoria.

2. ¿Qué tienen en común los dos poemas?, ¿qué crees que los diferencia? Discútelo con tus compañeros.

# 3.2. LUIS CERNUDA (1902-1963)

### "NO ES EL AMOR QUIEN MUERE, SOMOS NOSOTROS MISMOS"

Sevillano de nacimiento, fue el más introvertido y atormentado de los poetas de la generación. Hijo de un militar, se crió en un entorno conservador y disciplinado. Fue a la universidad a estudiar Derecho donde fue alumno de Pedro Salinas. En 1926 quedó huérfano de padre y madre y se trasladó a Madrid. Por entonces ya se había decidido por la poesía y publicaba sus primeros poemas en las revistas de la época. Su poesía se vio influida por el **surrealismo**, pero **sin radicalidad**. Participó activamente en la defensa de la República, lo que le costó el exilio en Inglaterra, México y Estados Unidos. Tras *Donde habite el olvido* (1934), el conjunto de su primera producción se reunió bajo el volumen *La realidad y el deseo* (1936) que incluye *Los placeres prohibidos*, de 1931, en el que expresa abiertamente su **homosexualidad** y su **vivencia dolorosa del amor y del deseo**. A lo largo del tiempo prácticamente toda su obra se ha ido integrando en sucesivas ediciones de *La realidad y el deseo*. Además destaca *Desolación de la Quimera* (1962) y *Ocnos* (1942-1963), su obra en prosa.

# Lectura 2: *LA REALIDAD Y EL DESEO*

## Antes de leer

**A.** En la vida de Cernuda hay algo que quizá pueda explicar el título de su principal colección de poemas, *La realidad y el deseo*: ¿cuál crees que era su realidad y cuáles sus deseos? ¿Debió de ser fácil o difícil para él? Fíjate en su familia y en su educación.

**B.** El libro al que pertenece este poema se llama *Los placeres prohibidos*: ¿quién crees que puede prohibir o permitir algo en una sociedad?, ¿es siempre justo?, ¿lo prohibido y lo permitido cambian a lo largo del tiempo? Piensa en algún ejemplo y coméntalo con tu compañero.

**C.** **Activa tu vocabulario. ¿Qué acción representan estos verbos? Une con flechas.**

1. Derrumbarse. ............ •        • .......... **a.** Inundar, ahogar.
2. Estar preso. .............. •        • .......... **b.** Ser desdichado, pobre.
3. Anegar. ..................... •        • .......... **c.** Estar en la cárcel.
4. Tener escalofríos. ...... •        • .......... **d.** Temblar de frío o de emoción.
5. Ser mezquino. ........... •        • .......... **e.** Caerse, desmoronarse.

## "SI EL HOMBRE PUDIERA DECIR"

    Si el hombre pudiera decir lo que ama,
si el hombre pudiera levantar su amor por el cielo
como una nube en la luz;
si como muros que *se derrumban*,
5    para saludar la verdad erguida en medio,
pudiera derrumbar su cuerpo,
dejando solo la verdad de su amor,
la verdad de sí mismo,
que no se llama gloria, fortuna o ambición,
10   sino amor o deseo,
yo sería aquel que imaginaba;
aquel que con su lengua, sus ojos y sus manos
proclama ante los hombres la verdad ignorada,
la verdad de su amor verdadero.

15    Libertad no conozco sino la libertad de *estar preso* en alguien
cuyo nombre no puedo oír sin *escalofrío*;
alguien por quien me olvido de esta existencia *mezquina*
por quien el día y la noche son para mí lo que quiera,
y mi cuerpo y espíritu flotan en su cuerpo y espíritu
20   como leños perdidos que el mar *anega* o levanta
libremente, con la libertad del amor,
la única libertad que me exalta,
la única libertad por que muero.

    Tú justificas mi existencia:
25   si no te conozco, no he vivido;
si muero sin conocerte, no muero, porque no he vivido.

*Los placeres prohibidos* (1931)

## Después de leer

**D.** **El poeta parte de una hipótesis inicial, complétala. "Si el hombre** ...................................... **".**
**A partir de ahí, en esta estrofa Cernuda intenta revelar qué pasaría si eso ocurriera.**

**E.** Lee atentamente hasta el verso 11.

    **1.** ¿Cuál crees que es la frase principal de la que dependen todas las oraciones condicionales? Escríbela ...........................................................................................................................

    **2.** Continúa leyendo el poema a partir de esa frase, ¿qué tiene que pasar para que eso ocurra? Elige una o varias de estas respuestas y ejemplifícalas citando versos del poema.

- Que la sociedad sea más tolerante.
- Que el cuerpo propio no sea un impedimento para amar a otro cuerpo, sea este igual o diferente.
- Que sea posible decir la verdad.
- Que se reconozca que lo único auténtico que hay en la vida es el amor y el deseo.

**F.** En los versos 12, 13 y 14 el poeta se define a través de partes de su cuerpo, ¿a qué se refiere con cada una de ellas?, ¿qué puede hacer?

**G.** ¿Quién es, pues, el protagonista del poema?, ¿de quién está hablando en realidad todo el tiempo?, ¿cuál es la palabra clave de este final de estrofa?

**H.** La segunda estrofa es un canto a la libertad de amar que el poeta tanto desea. Lee el primer verso, uno de los más repetidos de la poesía amorosa española, y explica: ¿cómo se puede estar libre y encarcelado a la vez? Piénsalo bien si has estado o estás enamorado.

**I.** Sigue leyendo. ¿Cómo es el amor para Cernuda? Asócialo con alguna de las siguientes palabras y justifica tu elección.

.......................................................................................................................................................
*libertad • planes • pasión • tranquilad • destino • razón • vulgaridad • singularidad • emoción*
.......................................................................................................................................................

**J.** Esta segunda estrofa contiene una hermosa comparación. Búscala y escríbela, ¿la entiendes? Coméntalo con tus compañeros. ...........................................

**K.** La última estrofa es una declaración: Lo que da sentido a la vida es ...........................................
¿Estás de acuerdo?

---

**Navega e investiga**

**L.** Incluso hoy en día, declarar la homosexualidad no es fácil para muchas personas.

    **a.** Infórmate a través de medios en español de algunos datos, como desde cuándo la ONU dejó de considerar la homosexualidad un trastorno mental, en qué países se considera un delito, en cuáles están reconocidas las uniones entre personas del mismo sexo…

    **b.** Junto con tus compañeros, elabora un cuestionario sobre el tema y, si es posible, salid fuera del aula para que os lo contesten.

    **c.** Finalmente, poned en común las respuestas y sacad vuestras propias conclusiones.

**M.** Infórmate sobre cómo son en la actualidad las leyes en España en relación a la unión entre personas del mismo sexo. ¿Ocurre lo mismo en tu país?. ¿Crees que la sociedad ha avanzado en este aspecto?

**N.** Finalmente, ¿crees que hoy en día tener relaciones con alguien del mismo sexo es todavía un "placer prohibido", como dice Cernuda?

# 3.3. FEDERICO GARCÍA LORCA (1898-1936)

### *"LA POESÍA ES ALGO QUE ANDA POR LAS CALLES"*

Nació en Fuente Vaqueros, Granada, en 1898 y fue **fusilado** en algún punto cerca de su pueblo en los inicios de la **Guerra Civil**. Perteneciente a una familia de agricultores ricos y educados, esto le permitió dedicar buena parte de su vida al estudio y a la poesía. Empezó las carreras de Filosofía y Letras y Derecho y terminó esta última. Desde 1918 vivía buena parte del año en la **Residencia de Estudiantes**, donde se hizo amigo de Buñuel, Dalí, Alexandre y los demás poetas del 27. Sus primeros libros de poemas, *Canciones* (1927) y *Romancero gitano* (1928), fueron éxitos inmediatos. Abrumado por la popularidad y atravesando una crisis personal –tal vez debida a su **homosexualidad**–, residió un año en Nueva York donde descubrió el nuevo mundo en toda su grandeza y miseria. De esa experiencia y de su contacto con el surrealismo nacería *Poeta en Nueva York* (1929-1930), colección compleja con la que rompe deliberadamente con el tono lírico popular de su poesía anterior iniciándose en otro más profundo, comprometido y oscuro. A partir de los años 30 se dedicará, sobre todo, al **teatro**. En 1932 funda el grupo universitario "La Barraca" en el que representará, por España e Hispanoamérica, obras clásicas y su propia producción, entre las que destacan *Bodas de Sangre* (1933), *Doña Rosita la Soltera* (1935) o *La casa de Bernarda Alba* (1936). En 1935 dedicó un libro de poemas a un amigo torero fallecido, *Llanto por Ignacio Sánchez Mejías*. De carácter alegre, polifacético y de **personalidad arrolladora**, su muerte injustificada fue un golpe durísimo para sus compañeros, que lo recordarán siempre a través de numerosos poemas y testimonios.

## Lectura 3: *ROMANCE DE LA LUNA, LUNA*

### *Antes de leer*

**A.** En el *Romancero gitano*, el libro de poemas más popular de Lorca, los gitanos son los protagonistas absolutos. ¿Qué sabes acerca de ellos?, ¿de qué temas crees que puede tratar un libro de poemas sobre ellos?, ¿conoces alguna de sus costumbres?, ¿viven gitanos en tu país?, ¿hay alguna profesión a la que se dediquen principalmente? Coméntalo con el resto de la clase.

**B.** Las siguientes palabras aparecen en cursiva en el poema y hacen referencia a la actividad principal de los gitanos andaluces a principios del siglo XX. **Escribe** cada una al lado de su significado.

*fragua • estaño • collar • anillo • yunque • bronce*

1. .........................: bloque de hierro sobre el que se trabajan los metales.
2. .........................: lugar donde se calientan y trabajan los metales.
3. .........................: adorno que rodea el cuello.
4. .........................: metal plateado, brillante y duro que se utiliza para mezclar con otros metales.
5. .........................: aleación de cobre y estaño de color rojizo.
6. .........................: adorno que se coloca en el dedo.

**¿Podrías decir ahora cuál es esa actividad?** ........................................................

19

### "ROMANCE DE LA LUNA, LUNA"

La luna vino a la *fragua*
con su **polisón**[1] de **nardos**[2].
El niño la mira, mira.
El niño la está mirando.

5    En el aire conmovido
mueve la luna sus brazos
y enseña, **lúbrica**[3] y pura,
sus senos de duro *estaño*.

Huye luna, luna, luna.
10  Si vinieran los gitanos,
harían con tu corazón
*collares* y *anillos* blancos.

Niño, déjame que baile.
Cuando vengan los gitanos,
15  te encontrarán sobre el *yunque*
con los ojillos cerrados.

Huye luna, luna, luna,
que ya siento sus caballos.
Niño, déjame, no pises
20  mi blancor **almidonado**[4].

El jinete se acercaba
tocando el tambor del llano.
Dentro de la fragua el niño,
tiene los ojos cerrados.

25  Por el olivar venían,
*bronce* y sueño, los gitanos.
Las cabezas levantadas
y los ojos entornados.

Cómo canta la **zumaya**[5],
30  ¡ay, cómo canta en el árbol!
Por el cielo va la luna
con un niño de la mano.

Dentro de la fragua lloran,
dando gritos, los gitanos.
35  El aire la vela, vela.
El aire la está velando.

*Romancero gitano* (1924-1927)

[1] **polisón:** armazón que se añadía a los vestidos femeninos para que hicieran más bulto.

[2] **nardo:** planta de flores blancas y olorosas especialmente por la noche.

[3] **lúbrico/a:** se refiere a los movimientos sensuales y seductores.

[4] **almidonado/a:** mojado en almidón, componente vegetal de gran poder blanqueador.

[5] **zumaya:** ave parecida a la lechuza llamada también autillo.

## Después de leer

**C.** Aunque el poema está dividido en tres partes, ocurre todo en el mismo lugar, con los mismos personajes y en muy poco tiempo. La primera parte (versos 1-8) nos da casi toda la información que necesitamos:

    **1.** Parte del día: ..................................................................................................................

    **2.** Lugar: ...................................... , ¿quién suele trabajar ahí?.........................................

    **3.** Protagonista 1: ...................................... , ¿qué hace? .................................................

    **4.** Protagonista 2: ...................................... , ¿qué hace? .................................................

    **5.** En estos versos Lorca incluye a otro *personaje* que nos anticipa que algo va a pasar, ¿sabrías señalarlo? .....................................................

**D.** La segunda parte (versos 9-20) es un diálogo entre el niño y la luna en el que se anticipa lo que va a pasar y se nombra al tercer protagonista del poema, los gitanos.

    **1.** ¿De qué le advierte el niño a la luna?

    **2.** ¿Por qué crees que los gitanos pueden hacer collares con la luna? Lee de nuevo la primera parte, señala de qué material está hecha la luna y contesta.

    **3.** ¿Qué actitud tiene la luna, preocupada o despreocupada? Justifica tu respuesta con algunas palabras del poema.

    **4.** ¿Sabe la luna lo que le va a pasar al niño? Señala el verso en el que lo dice.

**E.** La tercera parte (versos 21-36) se corresponde con el desenlace y en ella aparecen ya en escena los gitanos.

    **1.** ¿Qué le ha pasado al niño?

    **2.** ¿En qué versos se confirma la tragedia?

    **3.** ¿Podrías resumir qué hacen los gitanos en esta parte del poema?

    **4.** ¿Qué palabras relacionadas con los gitanos nos sirven para confirmar cuándo transcurre la acción?

### Ahora te toca a ti

**F.** Ahora que has leído el poema completo intenta reconstruir cuál es la historia *real* que cuenta Lorca en el romance como si fuera una noticia. Ayúdate intentando responder a las preguntas: ¿qué?, ¿quién?, ¿cómo?, ¿dónde?, ¿cuándo?, ¿por qué? No olvides escribir un titular.

**G.** El poema sigue el esquema métrico del *romance*, género tradicional castellano formado por versos octosílabos asonantes –se repiten las vocales a partir del último acento pero no las consonantes– en el que riman los versos pares y quedan libres los impares, ¿podrías comprobarlo? Copia aquí los ocho primeros versos, cuenta las sílabas y señala las rimas:

- ................................................
- ................................................
- ................................................
- ................................................

- ................................................
- ................................................
- ................................................
- ................................................

**H.** El romance es una estrofa popular y Lorca hace uso de elementos propios de estas estrofas, como la repetición. Señala las que aparezcan en el poema y cópialas, ¿qué lugar ocupan dentro de este?

........................................................................................................

........................................................................................................

**I.** El poema, gracias al uso que hace Lorca del lenguaje, convierte una historia *corriente* en todo un universo simbólico y misterioso. Para ello utiliza varios recursos. El primero es la personificación –atribuir cualidades humanas a las cosas o a otros seres vivos–.

  **1.** Lee atentamente el poema de nuevo fijándote en la luna y escribe los ejemplos de personificación de esta, ¿en qué la ha convertido Lorca?

  ........................................................................................................

  ........................................................................................................

  **2.** Además de la luna, hay otro elemento natural personificado. Señálalo también.

  ........................................................................................................

**J.** En este poema, como en todo el Romancero, Lorca utiliza con maestría la metáfora (ver recursos en este mismo tema).

  **1.** Aquí tienes las referidas a la luna y a los gitanos. Escribe qué quieren decir. Para intentar comprenderlas, piensa en el significado de las palabras, las asociaciones que buscó el poeta y la impresión sensorial que intentó transmitir –colores, sonidos, tacto…–.

| La luna: | Los gitanos: |
| --- | --- |
| polisón de nardos | tocando el tambor del llano |
| ................................................ | ................................................ |
| senos de duro estaño | bronce y sueño, los gitanos |
| ................................................ | ................................................ |
| mi blancor almidonado | |
| ................................................ | |

  **2.** ¿Qué imagen transmite Lorca de los gitanos?, ¿cuál es su espacio?, ¿qué simboliza el hecho de ir a caballo?

  ........................................................................................................

# 4 RECURSOS LITERARIOS: LA METÁFORA

**U**na **metáfora** consiste en sustituir una palabra por otra cuyo significado se parece al de la primera. Por ejemplo, cuando leemos que determinadas ideas constituyen "uno de los pilares del pensamiento occidental" hemos utilizado una palabra, *pilares*, para expresar que esas ideas son uno de los elementos fundamentales sobre los que se **sostiene** el pensamiento occidental.

Pilares del pensamiento

**1.** En la vida cotidiana son muy frecuentes las metáforas de este tipo. Asocia las siguientes metáforas con sus significados y con el concepto general al que se refieren.

| Metáfora | Siginficado | Concepto |
|---|---|---|
| Es uno de los **pilares** del pensamiento occidental. | Consiguió que le correspondiera. | El amor es una guerra. |
| Está en la **cima** del éxito. / Ha **caído** en desgracia. | Ha triunfado. / Ha fracasado. | Las ideas son edificios. |
| Le falta un **tornillo**. | Da ideas malas y superficiales / buenas y profundas. | Lo bueno siempre está arriba y lo malo abajo. |
| Finalmente lo **conquistó**. | Sobre esas ideas se sostiene el pensamiento. | La mente es una máquina. |
| Sus propuestas están **vacías**. Es un libro **lleno** de contenido. | Actúa de manera poco previsible o ilógica. | Una discusión es un recipiente. |

Para representar la metáfora se considera un **plano real (A)** y un **plano imaginario (B)**.

**2.** En nuestro ejemplo solo aparece el plano imaginario de manera que tenemos que suponer cuál es el referente real que ha motivado la metáfora.

**Ejemplo:** (A) sostener = pilar (B)

Completa los planos imaginarios y los reales del resto de los ejemplos.

(A) ............................... = ............................... (B)    (A) ............................... = ............................... (B)

(A) ............................... = ............................... (B)    (A) ............................... = ............................... (B)

Este tipo de metáfora en la que solo aparece el plano imaginario (**B**) se denomina **metáfora pura**.

**3.** El siguiente verso de Lorca es un claro ejemplo, intenta completar el plano real.

> *Por el olivar venían,*
> **bronce y sueño**, *los gitanos.*     (**A**) ..................................... = bronce y sueño (**B**)

A partir de este mecanismo básico de nuestro pensamiento –asociar dos conceptos porque se parecen–, el lenguaje literario ha convertido la metáfora en una herramienta imprescindible de la expresión poética. Además de las metáforas puras están las **metáforas impuras**, en las que se encuentran en el texto los dos términos asociados. Hay distintas posibilidades:

- **a.** A es B: *una navaja pueda acabar con* **un hombre**, *que* **es un toro**.
- **b.** A de B: *polisón de nardos.*
- **c.** B de A: *el tambor del llano.*
- **d.** A, B: *Soda: agua con hipo.*

**4.** ¿Podrías *traducir* estas metáforas? Para ello piensa en qué se basa la semejanza entre los planos real e imaginario.

Un caso especial lo constituye **la metáfora o imagen visionaria**. Ocurre cuando la relación entre el plano real (**A**) y el plano imaginario (**B**) no se basa en una relación de semejanza objetiva sino **subjetiva**. Empezó a utilizarse a partir de las vanguardias como prueba de que el poeta puede crear cualquier tipo de realidad.

**5.** Observa las siguientes metáforas. ¿Qué relación crees que imaginó el poeta? Trabaja con tu compañero y propón ideas.

> *"El* **río** *es una* **niña** *y el* **pájaro** *una* **llave**".     ..................................................

> *"Solo los chopos más verdes*
> *huelen a* **verdes de luna**".     ..................................................

> *"Crecí como una alta llama*
> **de tela blanca y cabellos**".     ..................................................

**6.** La mayoría de las greguerías de Ramón Gómez de la Serna son ejemplos de metáforas visionarias teñidas de humor. Léelas de nuevo y *clasifícalas* según el tipo de metáfora a la que pertenezca.

# LA RENOVACIÓN DEL TEATRO EN ESPAÑA: VALLE-INCLÁN Y GARCÍA LORCA

¿Te gusta ir al teatro, Helen? A mí me encanta ver a los actores ahí, delante de ti, sin trucos ni efectos especiales.

Eso es lo que tiene el teatro: autenticidad. Te emocionas, ríes, lloras, sientes que participas, que eres parte del espectáculo, ¿no te pasa?

Pues claro, pero para eso hacen falta buenos actores y, sobre todo, buenas obras. Vas a ver, Helen, que una vez más, el siglo XX empezó en España con otra revolución, la teatral. ¡Aunque costó lo suyo!

## CLAVES DE UNA ÉPOCA

### MUJERES ESPAÑOLAS DEL SIGLO XX

La Historia no solo la escriben los hombres. En estas primeras décadas del siglo XX, algunas mujeres decidieron salir de la oscuridad de sus hogares y convertirse ellas mismas en protagonistas de la vida pública española. Lucharon contracorriente para hacerse oír y vivir sus propias vidas. Ahora puedes saber un poco más de ellas.

## Navega e investiga

**1.** **Lamentablemente, hemos perdido los** nombres de las mujeres **que se describen en estas breves semblanzas. Seguro que tú puedes encontrarlos navegando por la red:**

    **a. Actriz** española que funda su propia compañía teatral junto con su marido, un aristócrata arruinado. Hizo numerosas giras por Europa y América, especialmente en Argentina, donde inauguró el *Teatro Avenida*. Estrenó obras teatrales de Galdós, Valle-Inclán y Benavente. Actualmente uno de los principales teatros de Madrid lleva su nombre.

......................................................................................................................... .

**b.** **Actriz** española que formó en 1910 su propia compañía teatral. Estrenó obras de Valle-Inclán, Benavente y Alejandro Casona, pero es especialmente conocida por su colaboración con **Federico García Lorca**, de quien estrenó prácticamente todas sus obras importantes, como *Yerma* y *Bodas de Sangre*. Tras la Guerra Civil, se exilió a Sudamérica, donde estrenó el último drama de Lorca: *La casa de Bernarda Alba*.

..................................................................................................................................... .

**c.** Principal defensora del **voto femenino** en la II República. Fundó la *Unión Republicana Feminista* en 1931. Formó parte de la comisión de 21 diputados encargada de redactar la Constitución republicana. Allí consiguió establecer la no discriminación de género, el divorcio y el sufragio universal.

..................................................................................................................................... .

**d.** Primera **abogada** en la Historia de España, y también la primera mujer en el mundo en intervenir en un consejo de guerra, concretamente para defender a uno de los conspiradores de la rebelión republicana de Jaca de 1930. Durante la República fue **diputada** y **Directora General de Prisiones**. Desde este cargo realizó una importante reforma penitenciaria. A pesar de que llevaba toda su vida reclamando el **sufragio femenino**, en el Parlamento se hizo famosa por su discurso en contra del voto femenino, por miedo a que las mujeres votaran masivamente a los partidos de derecha.

..................................................................................................................................... .

**e.** Política y sindicalista anarquista que, durante la Guerra Civil, alcanzó el cargo de **Ministra de Sanidad y Asistencia Social en el gobierno** de Largo Caballero. Fue la primera mujer ministra tanto en España como en Europa occidental.

..................................................................................................................................... .

**f.** Histórica dirigente del **Partido Comunista de España**, del que llegó a ser secretaria general y presidenta. En las elecciones de 1936 fue elegida diputada por Asturias. Mujer de gran carisma público, trató de personificar la imagen de las madres de la clase obrera combatiente durante el asedio a Madrid. Ha sido una de las mujeres políticas más célebres en España. Aún se recuerda el apodo con que se la conocía.

..................................................................................................................................... .

**g.** Hermana del histórico dirigente del movimiento fascista *Falange Española*, dirigió la **Sección Femenina**, que durante la guerra se dedicó a apoyar al bando franquista en tareas de enfermería, lavandería y atención a huérfanos. Defendió el papel tradicional de la mujer como portadora de valores morales y domésticos.

..................................................................................................................................... .

**h.** **Escritora** feminista y socialista que publicó sus **obras de teatro** con el nombre de su marido, Gregorio Martínez Sierra, que se llevó durante décadas el mérito y la fama que le correspondía a ella. En 1933 fue elegida **diputada** al Congreso de la República. Murió en el exilio un año antes del fin de la dictadura de Franco.

..................................................................................................................................... .

## EL TEATRO COMERCIAL

- El **teatro** es el género literario que encuentra más **dificultades** para una renovación total. A diferencia de la poesía o de la novela, se trata de un **espectáculo comercial** que requiere una fuerte inversión de dinero y que depende de los gustos del público para sobrevivir.

- En las primeras décadas del siglo XX las limitaciones del teatro eran claras: en lo **ideológico**, no iba más allá de los límites que le permitía su público, burgués y conservador; en lo **formal**, la experimentación vanguardista acabó siempre en fracaso, de modo que los empresarios preferían las fórmulas convencionales. Se pueden distinguir **tres tendencias** dentro de este **teatro comercial de éxito**:

### 1. La comedia burguesa

Es un teatro de evasión de minucioso realismo en la puesta en escena que tuvo gran éxito entre su público, la alta burguesía. Su autor más importante fue **Jacinto Benavente** (1866-1954), autor de obras de tono amable y suave ironía que destacan por el diálogo natural y fluido. Por respeto al **decoro** burgués, Benavente sustituye la acción por la narración o el diálogo y sitúa el **clímax** de sus dramas fuera de escena o entre un acto y otro.

Jacinto Benavente

Dentro de su extensa producción dramática, destacan dos tipos de obras:

**a. Comedias** y **dramas de salón**, protagonizados por personajes de las clases altas, en los que retrata y critica sus convenciones y prejuicios, aunque siempre dentro de los límites del buen gusto y la complicidad con su público burgués: *El nido ajeno* (1894), *Rosas de otoño* (1905).

**b. Dramas rurales** ambientados en el interior de una casa de campo. Sus personajes campesinos encarnan pasiones humanas primarias, la ironía desaparece y el lenguaje se hace más directo: *La malquerida* (1913).

Benavente recibió todos los honores dentro y fuera de España. En 1922 le fue concedido el **Premio Nobel** pese a las de críticos liberales que consideraban su teatro ñoño y conservador. Hoy en día su teatro apenas se representa, y poco pervive de un autor que lo fue todo en el teatro español.

### 2. Teatro cómico

Este teatro costumbrista y de humor que incluía música, canto y baile solo buscaba el entretenimiento y fue uno de los favoritos entre el público. Destacan autores como **Carlos Arniches** (1866-1943), que intentó mezclar lo cómico con lo trágico en obras como *La señorita de Trevélez* (1916), o los **hermanos Álvarez Quintero**, que fijaron el tipo cómico andaluz con más de doscientas obras que reflejan una Andalucía tópica y simpática mediante diálogos ligeros, divertidos e intrascendentes.

Carlos Arniches

Hermanos
Álvarez Quintero

### 3. Teatro en verso

Es un **teatro tradicionalista** y **nacionalista** que reivindica los ideales de la antigua nobleza y recuerda con nostalgia las épocas heroicas de la Edad Media y el imperio español. De gran éxito en su tiempo, hoy algunas de las obras de **Francisco Villaespesa** o **Eduardo Marquina** nos parecen ridículas.

## LA RENOVACIÓN TEATRAL

- En esos mismos años, otros autores y otros públicos buscaban una oportunidad para representar un teatro nuevo. **Los escritores del 98** y de las vanguardias, como **Miguel de Unamuno**, **Azorín** o **Ramón Gómez de la Serna**, renovaron los temas, la escenografía y el lenguaje del teatro. Pero su teatro no buscó atraer al público, y su intento resultó un **fracaso**. Un caso aparte, como veremos, es el de **Valle-Inclán** y su estética del **esperpento**.

- Los autores de la **Generación del 27** continuaron esta intención de renovación en un triple intento de incorporar formas de **vanguardia**, transformar el teatro poético y acercar el teatro de calidad al pueblo. Durante la **II República** compañías de teatro como *La Barraca* de García Lorca o el *Teatro del pueblo*, de Alejandro Casona, difundieron por España obras de teatro clásico español y vanguardista.

Compañía La Barraca

---

**1.** Explica **por qué fue más difícil** innovar **la estética y la ideología en el teatro que en otros géneros literarios.**

**2.** Señala **cuáles de estas afirmaciones son verdaderas (V) y corrige las que sean falsas o contengan algún error (F).**

|  | V | F |
|---|---|---|
| **a.** Los empresarios teatrales no se atrevían a arriesgar su dinero en producciones teatrales vanguardistas y experimentales. | ○ | ○ |
| **b.** El teatro de Benavente impactaba al público por el crudo realismo de lo que se mostraba en el escenario. | ○ | ○ |
| **c.** Benavente hace una crítica suave de comportamientos y actitudes de la sociedad burguesa pero dentro de los límites que le permite este público. | ○ | ○ |
| **d.** Los hermanos Álvarez Quintero emplearon el humor para hacer un análisis crítico de la sociedad de su tiempo. | ○ | ○ |
| **e.** El teatro de los autores de la Generación del 98 fracasó comercialmente a pesar de sus intentos de ganarse el favor del público. | ○ | ○ |
| **f.** Los poetas de la Generación del 27 introdujeron innovaciones vanguardistas en su proyecto de hacer un nuevo teatro poético. | ○ | ○ |

**3.** Relaciona los géneros teatrales de esta época con la definición que le corresponda.

### GÉNERO TEATRAL

**a.** Comedia de salón
**b.** Drama rural
**c.** Farsa
**d.** Revista
**e.** Teatro desnudo
**f.** Vodevil
**g.** Zarzuela

### DEFINICIÓN

**1.** Comedia frívola, ligera y picante, de intriga muy complicada y equívocos entre personajes.

**2.** Espectáculo de música, canto y baile, de poco argumento, ambientes cosmopolitas y elementos eróticos.

**3.** Género musical español similar a la opereta, generalmente costumbrista y sentimental.

**4.** Obra amable ambientada en los entornos lujosos de la burguesía y la aristocracia y regida por las normas sociales del decoro.

**5.** Obra ambientada en el campo y con personajes del pueblo que encarnan pasiones primarias y violentas.

**6.** Obra teatral breve y cómica en la que se deforman los personajes y las situaciones sociales para burlarse de ellos.

**7.** Teatro de Unamuno sin apenas acción que reduce la escenografía a un mínimo y explora mediante la palabra la interioridad humana.

**4.** Busca en Internet un ejemplo de cada género teatral y escribe en la tabla el nombre de la obra y el de su autor.

| Género teatral | Título de la obra | Autor |
|---|---|---|
| Comedia de salón | | |
| Drama rural | | |
| Teatro desnudo | | |
| Farsa | | |
| Revista | | |
| Vodevil | | |
| Zarzuela | | |

**5.** Busca en *YouTube* ejemplos de los tres últimos géneros teatrales, ¿son como te los imaginabas? Coméntalo con tus compañeros.

**6.** El teatro se diferencia de los otros géneros en que no está realmente *vivo* hasta que no se representa. ¿Sabes los elementos que forman parte de un teatro y de la representación? Aquí tienes algunos. Señálalos en el teatro que hemos dibujado.

escenario • butacas • telón(x2) • bambalinas • boca del escenario • orquesta • decorados
actores • director • parrilla para la iluminación • proscenio • palco • gallinero

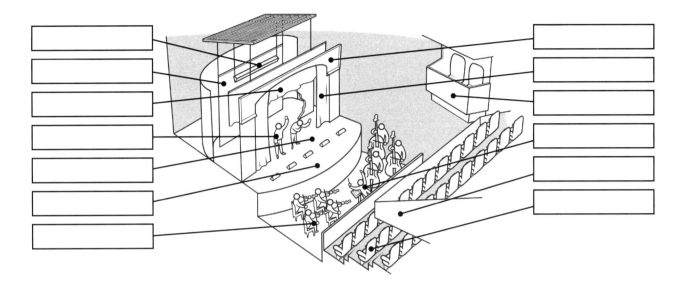

 **Y tú, ¿qué opinas?**

**7.** De Jacinto Benavente se destaca su atención al *decoro* y al *buen gusto*. Explica estos dos conceptos y aporta ejemplos de *buen gusto* y de *mal gusto* tanto en la vida social como en el cine o en la televisión.

    **a.** ¿Crees que el decoro y el buen gusto son importantes o debería respetarse la libertad de expresión del artista?

    **b.** A Benavente se le criticaba de *ñoño*. ¿Cuándo el buen gusto acaba siendo ñoño? Da ejemplos.

    **c.** Haced una puesta en común entre toda la clase sobre estas cuestiones. ¿Estáis todos de acuerdo? Defiende tus ideas con argumentos y ejemplos.

**8.** Durante todo el siglo XX se ha hablado a menudo de la crisis del teatro causada por la competencia del cine y la televisión. Comentad entre todos las siguientes cuestiones.

    **a.** Di si te gusta el teatro y explica por qué.

    **b.** ¿Qué puede aportar el teatro a una sociedad que ya se entretiene con el cine y la televisión?, ¿cuál es su función social?

    **c.** ¿Por qué se dice que el teatro es cultura y el cine, entretenimiento?, ¿estás de acuerdo? Justifica tu respuesta.

    **d.** Comenta con tus compañeros las formas teatrales de tu país.

# 2 EL ESPERPENTO DE VALLE-INCLÁN

Una amiga mía española me dijo una vez que su madre le había dicho: "¡Vas hecha un esperpento!" Yo no lo entendí pero, según ella, es porque lleva siempre una ropa muy original que su madre considera horrible. ¿Tú habías oído esa palabra?

No sé, me suena que está relacionada con el teatro... ¡Sí, ya está! Son unas obras que se llaman *esperpentos* de un tal autor que vamos a estudiar ahora, Valle-Inclán.

Vaya, pues ahora tengo curiosidad por saber cómo serán... Seguro que muy originales, ¡como mi amiga!

## *"SOY CESANTE DE HOMBRE LIBRE Y PÁJARO CANTOR"*

### UNA VIDA A CONTRACORRIENTE

**R**amón del Valle-Inclán (1866-1936) fue un autor original que escribió siempre a contracorriente. Abandonó sus estudios de Derecho para viajar a México y luego irse a Madrid, donde llevó una **vida bohemia** y **desordenada** que le llevó a perder un brazo en una pelea. Se casó con una actriz en 1907 de la que se separaría en 1933. Obtuvo una cátedra en la Escuela de Bellas Artes en 1916, que dejó por aburrimiento. Dedicado a la literatura volvió a viajar a México. Su **ideología poco convencional** y **revolucionaria** le llevó a ser encarcelado durante la Dictadura de Primo de Rivera. Luego se marchó a Roma para dirigir la Academia Española de Bellas Artes. En 1936 regresó ya enfermo y murió ese mismo año en su Galicia natal.

### UN TEATRO EN LIBERTAD

Su teatro sigue una constante de **renovación formal** y **temática** para romper con el teatro convencional de su época. Se puede hacer la siguiente clasificación:

• **Dramas decadentistas** de una primera época sobre el tema del adulterio femenino carentes de la lección moral característica de la comedia burguesa.

- **Las comedias bárbaras** revolucionaron por primera vez el teatro español por su lenguaje directo y su ambientación en una Galicia mítica, arcaica e intemporal. Los conflictos humanos se centran en **impulsos elementales** como la crueldad, la lujuria, el despotismo, el sacrilegio, la superstición o la magia. Un ejemplo de ello es *Divinas palabras* (1920).

- **Las farsas** en las que introduce personajes del teatro, el uso de disfraces y el **teatro dentro del teatro** para romper con el efecto de realidad. Son obras de crítica y burla en las que se combina lo sentimental y lo grotesco como *La marquesa Rosalinda* (1912) o *Farsa y licencia de la Reina castiza* (1926).

- **El esperpento** es su creación más original, su aportación teatral a la interpretación de la sociedad española. Propone una nueva estética a partir de una visión crítica de la vida que **destruya la imagen de la realidad** para quitar las máscaras que esconden su **verdad más absurda**. El esperpento **deforma personajes** y **situaciones** para producir una **caricatura cómica** y **cruel** de la degradación contemporánea. Valle-Inclán empleó el esperpento para representar la realidad de su tiempo, hacia la que manifestó un profundo desprecio en obras como *Luces de Bohemia* (1920) y la trilogía *Martes de carnaval* (1921-27).

**1.** Completa la siguiente definición de esperpento con estas palabras:

caricatura • deforma • farsa • grotescos • teatro • despiadada

Un esperpento es una obra de ........................... en la que el autor ........................... la realidad con el fin de poner en evidencia sus aspectos más ........................... Con el esperpento Valle-Inclán quería conseguir una ........................... especialmente ........................... de la gran ........................... en la que la sociedad española se había convertido debido a la inestabilidad política, la corrupción y la falta de valores.

# Lectura 1 : *LA TRAGEDIA ESPAÑOLA ES UN ESPERPENTO*

*Luces de Bohemia* cuenta las últimas horas en la vida de **Max Estrella**, un poeta ciego y bohemio que, acompañado por **Don Latino de Hispalis**, su guía, recorre distintos lugares de Madrid y se va encontrando con distintos personajes: poetas modernistas, obreros, policías, prostitutas, representantes del poder, etc. Este recorrido urbano muestra la **imposibilidad de la grandeza** y **la dignidad** –que representa Max Estrella, el último héroe trágico– en un mundo dominado por la estupidez, la arbitrariedad, la violencia y la traición. El fragmento que vas a leer pertenece a los momentos previos a la muerte de Max, justo cuando presenta su idea del **esperpento**.

## *Antes de leer*

**A.** ¿Te has mirado alguna vez en espejos cóncavos y convexos? Mira lo que ocurre cuando te pones delante:

- ¿Reflejan la realidad como un espejo normal?, ¿qué dirías que ocurre?¿ Qué relación encuentras con la explicación que has leído sobre el esperpento de Valle-Inclán?

### ESCENA XII

*Rinconada en costanilla*[1] *y una iglesia barroca por fondo. Sobre las campanas negras, la luna clara.* DON LATINO *y* MAX ESTRELLA *filosofan sentados en el quicio de una puerta. A lo largo de su coloquio, se* **torna**[2] *lívido el cielo. En el alero de la iglesia pían algunos pájaros.* **Remotos albores de amanecida**[3]. *Ya se han ido los serenos,*
5 *pero aún están las puertas cerradas. Despiertan las Porteras.*

[...]

MAX: ¡Don Latino de Hispalis, grotesco personaje, te inmortalizaré en una novela!
DON LATINO: Una tragedia, Max.
MAX: La tragedia nuestra no es tragedia.
DON LATINO: ¡Pues algo será!
10 MAX: El Esperpento.
DON LATINO: No tuerzas la boca, Max.
MAX: ¡Me estoy helando!
DON LATINO: Levántate. Vamos a caminar.
MAX: No puedo.
15 DON LATINO: Deja esa farsa. Vamos a caminar.
MAX: Échame el aliento. ¿Adónde te has ido, Latino?
DON LATINO: Estoy a tu lado.
[...]
MAX: Los ultraístas son unos farsantes. El esperpentismo lo ha inventado Goya. Los héroes clásicos han ido a pasearse en el **callejón del Gato**[4].
20 DON LATINO: ¡Estás completamente **curda**[5]!
MAX: Los héroes clásicos reflejados en los espejos cóncavos dan el Esperpento. El sentido

trágico de la vida española solo puede darse con una estética sistemáticamente deformada.

DON LATINO: ¡Miau! ¡Te estás contagiando!

25 MAX: España es una deformación grotesca de la civilización europea.

DON LATINO: ¡Pudiera! Yo me inhibo.

MAX: Las imágenes más bellas en un espejo cóncavo son absurdas.

DON LATINO: Conforme. Pero a mí me divierte mirarme en los espejos de la calle del Gato.

30 MAX: Y a mí. La deformación deja de serlo cuando está sujeta a una matemática perfecta. Mi estética actual es transformar con matemática de espejo cóncavo las normas clásicas.

DON LATINO: ¿Y dónde está el espejo?

MAX: En el fondo del vaso.

35 DON LATINO: ¡Eres genial! ¡Me quito el cráneo!

*Luces de Bohemia* (1920)

---

[1] **Rinconada en costanilla:** calle corta y más inclinada que las cercanas.

[2] **tornarse:** volverse, convertirse.

[3] **remotos albores de amanecida:** luz del alba, luz del amanecer que se ve desde lejos.

[4] **callejón del Gato:** callejón de Madrid dedicado a Álvarez Gato donde todavía hoy hay unos espejos cóncavos y convexos en los que poder mirarse.

[5] **curda:** borracho.

## Después de leer

**B.** Una acotación es una nota que se inserta en una obra teatral advirtiendo y explicando todo lo relativo a la acción o movimiento de los personajes que aparecen en escena. Vuelve a leer atentamente la acotación que introduce la escena, ¿qué elementos escenográficos hacen falta para representarlo?

• Describe cómo pondrías sobre el escenario la idea final: "Ya se han ido los serenos, pero aún están las puertas cerradas. Despiertan las Porteras".

**C.** Mira los siguientes grabados de Goya sobre *Los desastres de la guerra*. ¿Por qué crees que Valle-Inclán lo considera el iniciador del esperpento?, ¿es realista?, ¿cómo aparecen los personajes y las escenas?

**D.** Ahora que ya sabes lo que pasa con los espejos cóncavos y convexos te habrá sido más sencillo entender qué buscaba Valle-Inclán con la técnica del esperpento. Lee la siguiente frase que dice Max Estrella: "España es una deformación grotesca de la civilización europea" y une los conceptos del siguiente cuadro con las expresiones sacadas de *Luces de Bohemia*:

| | |
|---|---|
| **Una librería** • | • "Detrás despeinada, en chancletas, la falda pingona [colgando], aparece una mozuela". |
| **Cárcel de la policía** • | • "La cueva de Zaratustra. Rimeros [montones] de libros hacen escombro [deshecho, ruinas] y cubren paredes". |
| **La Redacción de un periódico** • | • "Sale de la tiniebla el bulto del hombre morador [que está en] del calabozo. Bajo la luz se le ve esposado, con la cara llena de sangre". |
| **La juventud** • | • "Sala baja con piso de baldosas: en el centro, una mesa larga y negra rodeada de sillas vacías, que marcan los puestos [...]. Al extremo, fuma y escribe un hombre calvo, el eterno redactor del perfil triste...". |

**E.** En la siguiente intervención, Valle-Inclán pone en boca de Max Estrella lo que podemos considerar sus propias ideas estéticas:

> *"La deformación deja de serlo cuando está sujeta a una matemática perfecta. Mi estética actual es transformar con matemática de espejo cóncavo las normas clásicas".*

- ¿Encuentras alguna relación con la estética de las vanguardias? ¿Tenían ellos también una intención de denunciar o deformar, por ejemplo, el lenguaje? Repasa sus principales ideas, que has visto en la unidad anterior.

## Navega e investiga

**F.** Aunque ya no se escriben esperpentos, hay una técnica de deformar la realidad muy popular: la caricatura. Busca en la red dos caricaturas de personajes famosos y enséñaselas a tus compañeros: ¿los han reconocido?, ¿utilizan todas la misma técnica? Analizad entre todos las coincidencias. Por cierto, ¿sabes quién es el señor de la imagen?, ¿por qué lo han dibujado así?

**G.** El esperpento se basa en unas técnicas muy precisas para deformar la realidad. Vamos a practicarlas con imaginación. En el siguiente cuadro tienes un ejemplo de cada una de estas técnicas procedentes de *Luces de Bohemia*. Imítalas pensando en personajes y situaciones de la vida real o del espectáculo y los medios de comunicación.

## Cosificación

**Ejemplos de Valle:**
"Entra el cotarro [grupo] modernista: greñas, *pipas, gabanes repelados* [viejos] *y alguna capa*".
"Entran en la taberna obreros golfantes –*blusa, bufanda y alpargata*".

**Ahora tú:**
..........................................................................................................................................
..........................................................................................................................................

## Ridiculización física y moral

**Ejemplos de Valle:**
"Su Excelencia *tripudo, repintado, mantecoso* [gordo y grasiento] responde *con un arranque de cómico viejo*".

**Ahora tú:**
..........................................................................................................................................
..........................................................................................................................................

## Animalización

**Ejemplos de Valle:**
"Ante el mostrador, los tres visitantes reunidos como *tres pájaros en una rama*".
"Allá está, *como un cerdo triste*".

**Ahora tú:**
..........................................................................................................................................
..........................................................................................................................................

## Motes y apodos

**Ejemplos de Valle:**
"El capitán *Pitito*"
"Serafín El Bonito"

**Ahora tú:**
..........................................................................................................................................
..........................................................................................................................................

## Ironía

**Ejemplos de Valle:**
"Señor Inspector, ¡tenga usted alguna consideración! ¡Se trata de una gloria nacional! ¡El Víctor Hugo de España!" (Cuando realmente no lo es).

**Ahora tú:**
..........................................................................................................................................
..........................................................................................................................................

# 3 EL TEATRO DE FEDERICO GARCÍA LORCA

Cuando pienso cuánto ha cambiado la vida de las mujeres en solo un siglo me parece increíble, Akira. ¡Y me considero muy afortunada!

Pues fíjate, aquí estás estudiando otro idioma, en otro país, conociendo gente nueva, viajando, estudiando. En la España rural de primeros de siglo eso era imposible. Lorca lo sabía y pone los pelos de punta leer sus tragedias.

Y que lo digas. Cuando las lees o las ves en el teatro ya no se te olvidan nunca.

**F**ederico García Lorca creó el auténtico **teatro poético** español. Fue un apasionado de este género literario, al que le gustaba no solo ver, sino teorizar, dirigir y escribir sus propias obras. Empezó escribiendo dramas en la línea del teatro modernista en verso, como *Mariana Pineda* (1925), obra que trata sobre una heroína española ejecutada por el rey Fernando VII por defender la libertad.

En su lucha contra el teatro comercial encontró una alternativa en las formas populares del teatro de títeres. Escribió dos **farsas para guiñol** y dos **farsas para actores**, como *La zapatera prodigiosa* (1926), de tema popular pero con un tratamiento profundo sobre el amor. Como el resto de obras de estos primeros años, todavía es deudora del **modernismo** y el **simbolismo** teatral.

La **segunda etapa** coincide con su contacto con el **surrealismo** en lo que se conoce como su *teatro imposible*: tres comedias vanguardistas en las que rompe con todas las convenciones sobre el teatro, la identidad personal, la vida y la lógica. Se trata de obras como *El público* (1930) y *Así que pasen cinco años* (1931), prácticamente **irrepresentables**, pero de temas muy personales: la búsqueda de la verdad y la represión social del **deseo homosexual**.

Sus obras de **madurez** las escribe durante **el período de La Barraca** (1933-1936) durante la **II República**. Se trata de cuatro obras perfectamente representables, escritas con precisión técnica y con extremado rigor estético. Lorca se ha dado cuenta de que la **experimentación** por sí sola no vale de nada y la une ahora, como hizo en su poesía, con la **tradición popular andaluza** y con la tradición clásica de la **tragedia griega**. Las mujeres son las protagonistas de todas estas obras, pero cada una de ellas tiene independencia absoluta. *Bodas de sangre* (1933) y *Yerma* (1934) son dos **tragedias** de ambiente rural de breve argumento donde las fuerzas de la naturaleza imponen su destino a los protagonistas. *Doña Rosita la soltera* (1935) es un **drama de costumbres** de ambiente burgués e intención crítica; finalmente, *La casa de Bernarda Alba* (1934) es otro **drama rural** y, posiblemente, su obra maestra.

*La casa de Bernarda Alba* es ante todo una **reflexión sobre el poder** y cómo se interiorizan los mecanismos de poder en la vida privada. Es precisamente una mujer quien de modo tiránico impone a sus hijas el código represivo de conducta que han heredado y que todas ellas, salvo la más joven, están dispuestas a defender. Son personajes trágicos, víctimas de una rígida **sociedad patriarcal** que ellas mismas contribuyen a sostener.

Todo el teatro de Lorca gira en torno a una misma idea: el enfrentamiento entre el **principio de autoridad**, que representa el orden, la tradición, la realidad y la sociedad, y el **principio de libertad**, representado por el deseo, el instinto y la imaginación, y encarnado sobre todo por mujeres con individualidad y deseos propios. Este conflicto da lugar a situaciones dramáticas en las que los **personajes** no tienen salida y están **abocados a la frustración** o **a la muerte**.

**1.** ¿A qué obra crees que corresponden los siguientes temas? Fíjate en los títulos.

*Bodas de sangre* • *Yerma* • *Doña Rosita la soltera* • *La casa de Bernarda Alba*

| Título | Tema |
|---|---|
| | Una mujer burguesa ve pasar su vida esperando el amor. Su dolor proviene tanto del engaño del novio que se fue como de quedar marcada como *solterona*. |
| | Una mujer viuda domina a sus hijas y gobierna su casa con autoridad absoluta para guardar la honra y el prestigio de su familia. Una de las hijas se rebela y mantiene relaciones con el prometido de la hermana mayor. |
| | Una mujer se fuga con otro hombre la noche de su boda. Las figuras alegóricas de la Luna y la Muerte llevan al novio abandonado a un enfrentamiento trágico con su rival. |
| | Una mujer atormentada por no poder tener hijos acaba matando a su marido al descubrir que él no quiere tenerlos. |

**2.** ¿Dónde está en cada una de estas obras el conflicto entre autoridad y libertad? Intenta deducirlo a partir de los temas que abordan. ¿Qué papel le toca a la mujer?

**3.** Explica de qué modo y en qué etapas de la producción teatral de Lorca influyeron:

    **a.** El teatro modernista en verso.

    **b.** El teatro popular.

    **c.** El surrealismo.

**4.** ¿Qué hay de paradójico en la sociedad patriarcal que critica Lorca en *La casa de Bernarda Alba*?

**5.** Llama la atención el hecho de que, en prácticamente todas sus obras teatrales, los protagonistas son mujeres.

    **a.** ¿Crees que tiene que ver con su homosexualidad?, ¿qué puede estar expresando a través de sus personajes femeninos?

    **b.** Su obsesión con la represión del deseo erótico femenino, ¿puede estar relacionada con su orientación sexual? Justifica tu respuesta con argumentos.

**6.** Lee este fragmento de *El público*:

> **DIRECTOR:** "Y demostrar que si Romeo y Julieta agonizan y mueren para despertar sonriendo cuando cae el telón, mis personajes, en cambio, queman la cortina y mueren de verdad en presencia de los espectadores. Los caballos, el mar, el ejército de las hierbas lo han impedido. Pero algún día, cuando se quemen todos los teatros, se encontrarán en los sofás, detrás de los espejos y dentro de las copas de cartón dorado, la reunión de nuestros muertos encerrados allí por el público. ¡Hay que destruir el teatro o vivir en el teatro!".

    **a.** Explica las palabras de este personaje y relaciónalas con las ideas de Lorca sobre el teatro.

    **b.** Argumenta con ejemplos del fragmento su influencia surrealista.

**7.** Lee este fragmento de *Bodas de sangre* y contesta: ¿es poético el teatro de Lorca? Justifica tu respuesta con ejemplos del texto.

> **MADRE:** "Cien años que yo viviera no hablaría de otra cosa. Primero, tu padre, que me olía a clavel y lo disfruté tres años escasos. Luego, tu hermano. ¿Y es justo y puede ser que una cosa pequeña como una pistola o una navaja pueda acabar con un hombre, que es un toro? No callaría nunca. Pasan los meses y la desesperación me pica en los ojos y hasta en las puntas del pelo".

## Lectura 2: *LA CASA DE BERNARDA ALBA*

En este último drama, Lorca, de sobrio realismo, pone en escena su universo temático: la libertad contra la autoridad, el deseo erótico y los instintos naturales enfrentados a las normas sociales y morales, la frustración vital, la falta de libertad de las mujeres y los abusos de poder. Toda la acción se desarrolla en el interior de la casa de un pueblo andaluz.

## Antes de leer

**A.** Lee el argumento antes de empezar la lectura.

- **Acto I.** Una mañana, tras el funeral por la muerte de su segundo marido, **Bernarda** regresa a casa con sus cinco hijas: **Angustias**, la mayor, hija del primer matrimonio y la única que tiene dinero; **Magdalena**, **Amelia**, **Martirio**, la menos agraciada físicamente, y **Adela**, la más joven y rebelde. Les acompaña **La Poncia**, criada que lleva treinta años trabajando en la casa. Bernarda ordena un luto riguroso que incluye no salir de casa, vestir de negro y no hablar con hombres. Sin embargo, un hombre, **Pepe el Romano**, ronda la casa interesado por casarse con Angustias. Por las conversaciones que se desarrollan, nos enteramos de que Adela está enamorada de él y que toda la familia piensa que Pepe busca a Angustias únicamente por su dinero.

- **Acto II.** Al mediodía, mientras bordan las sábanas para la boda de Angustias, las hermanas y la criada comentan que oyeron irse a Pepe a las cuatro de la mañana, cuando a la una y media ya se había despedido de Angustias. La Poncia, en una conversación aparte, le dice a Adela que se aleje del novio de su hermana, pero Adela está decidida a seguir viendo a Pepe a escondidas. Angustias sale de su habitación denunciando que ha desaparecido el retrato que ella tenía de Pepe debajo de la almohada. Bernarda aparece ante el escándalo. Finalmente, se descubre que lo tenía Martirio. Ella dice que fue una broma, pero ahora se sabe que hay otra hermana interesada en Pepe.

- **Acto III.** Es de noche. Todas las mujeres van a acostarse, incluida Angustias porque Pepe el Romano le ha dicho que no iría a verla. Sin embargo, los perros ladran advirtiendo la presencia de alguien. En la oscuridad de la noche, Adela consigue escapar sin ser vista en dirección al corral, donde la espera Pepe. Martirio, que no se fía de su hermana, la llama. Adela llega con el pelo revuelto, y ambas mantienen la discusión que vas a leer a continuación:

21

## ACTO III

MARTIRIO: (*En voz baja.*) Adela. (*Pausa. Avanza hacia la misma puerta. En voz alta.*) ¡Adela! (*Aparece Adela, un poco despeinada.*)

ADELA: ¿Por qué me buscas?

MARTIRIO: ¡Deja a ese hombre!

5    ADELA: ¿Quién eres tú para decírmelo?

MARTIRIO: No es ese el sitio de una mujer honrada.

ADELA: ¡Con qué ganas te has quedado de ocuparlo!

MARTIRIO: (*En voz alta*) Ha llegado el momento de que yo hable. Esto no puede seguir así.

ADELA: Esto no es más que el comienzo. He tenido fuerza para adelantarme. El **brío**[1] y

10    el mérito que tú no tienes. He visto la muerte debajo de estos techos y he salido a buscar lo que era mío, lo que me pertenecía.

MARTIRIO: Ese hombre sin alma vino por otra. Tú **te has atravesado**[2].

ADELA: Vino por el dinero, pero sus ojos los puso siempre en mí.

MARTIRIO: Yo no permitiré que lo arrebates. Él se casará con Angustias.

15    ADELA: Sabes mejor que yo que no la quiere.

MARTIRIO: Lo sé.

ADELA: Sabes, porque lo has visto, que me quiere a mí.

MARTIRIO: (**Despechada**[3].) Sí.

ADELA: (*Acercándose.*) Me quiere a mí. Me quiere a mí.

20 MARTIRIO: Clávame un cuchillo si es tu gusto, pero no me lo digas más.

ADELA: Por eso procuras que no vaya con él. No te importa que abrace a la que no quiere; a mí, tampoco. Ya puede estar cien años con Angustias, pero que me abrace a mí se te hace terrible, porque tú lo quieres también, lo quieres.

MARTIRIO: (*Dramática.*) ¡Sí, déjame decirlo con la cabeza fuera de los **embozos**⁴! ¡Sí!

25 Déjame que el pecho se me rompa como una granada de amargura. ¡Lo quiero!

ADELA: (*En un arranque y abrazándola*) Martirio, Martirio, yo no tengo la culpa.

MARTIRIO: ¡No me abraces! No quieras ablandar mis ojos. Mi sangre ya no es la tuya. Aunque quisiera verte como hermana, no te miro ya más que como mujer. (*La rechaza.*)

30 ADELA: Aquí no hay ningún remedio. La que tenga que ahogarse que se ahogue. Pepe el Romano es mío. Él me lleva a los juncos de la orilla.

MARTIRIO: ¡No será!

ADELA: Ya no aguanto el horror de estos techos después de haber probado el sabor de su boca. Seré lo que él quiera que sea. Todo el pueblo contra mí, quemándome con

35 sus dedos de **lumbre**⁵, perseguida por los que dicen que son decentes, y me pondré la corona de espinas que tienen las que son queridas de un hombre casado.

MARTIRIO: ¡Calla!

ADELA: Sí. Sí. (*En voz baja.*) Vamos a dormir, vamos a dejar que se case con Angustias, ya no me importa, pero yo me iré a una casita sola donde él me verá cuando quie-

40 ra, cuando le venga en gana.

MARTIRIO: Eso no pasará mientras yo tenga una gota de sangre en el cuerpo.

ADELA: No a ti, que eres débil; a un caballo **encabritado**⁶ soy capaz de poner de rodillas con la fuerza de mi dedo meñique.

MARTIRIO: No levantes esa voz que me irrita. Tengo el corazón lleno de una fuerza tan

45 mala que, sin quererlo yo, a mí misma me ahoga.

ADELA: Nos enseñan a querer a las hermanas. Dios me ha debido dejar sola en medio de la oscuridad, porque te veo como si no te hubiera visto nunca.

*La Casa de Bernarda Alba* (1934)

---

¹ **brío:** fuerza y valor.

² **atravesarse:** ponerse en medio para obstaculizar o impedir algo.

³ **despechado/a:** enfadado y dolorido por algún desprecio o por la frustración de un deseo, generalmente, amoroso. Aquí, Martirio se siente despechada por no ser correspondida por Pepe.

⁴ **embozos:** prenda de vestir o parte de una capa con la que se cubre la cara.

⁵ **lumbre:** fuego de leña o carbón encendido para cocinar o dar calor y luz.

⁶ **encabritado:** caballo que se ha levantado sobre sus patas traseras por temor o rebeldía.

## Después de leer

**B.** Responde a las siguientes preguntas sobre el contenido de la lectura.

1. ¿Por qué habla Martirio en voz baja?

2. ¿Cómo aparece Adela?, ¿qué crees que había estado haciendo?

3. ¿Por qué busca Martirio a su hermana?

**4.** ¿Qué le recrimina entonces Adela?

**5.** ¿Cuáles son los planes de futuro de Adela?

**6.** ¿Por qué es tan importante para Martirio frustrar los planes de Adela y, sin embargo, no le importa que Pepe se case con Angustias?

**7.** Señala en qué momento libera Martirio la expresión de sus deseos sexuales reprimidos.

**8.** Explica qué mueve a Adela a abrazar a su hermana y por qué Martirio rechaza su abrazo. ¿Qué dos sentimientos se enfrentan en este momento?, ¿cuál vence?

**C.** ¿Cuál de estos adjetivos define los sentimientos y el estado de ánimo de Martirio? Elige por lo menos dos y busca en el texto alguna frase que lo justifique.

> *paciente* • *envidiosa* • *enamorada* • *celosa* • *mentirosa* • *traidora*
> *cómplice* • *desesperada* • *rencorosa* • *asustada*

**D.** La estética realista del drama es evidente pero no faltan momentos de lirismo y expresiones de belleza poética. Explica el significado de las siguientes imágenes y expresiones dentro de su contexto. En muchos casos su sentido no es literal.

- "Déjame que el pecho se me rompa como una granada de amargura".
- "Mi sangre ya no es la tuya".
- "Aquí no hay ningún remedio. La que tenga que ahogarse que se ahogue".
- "Todo el pueblo contra mí, quemándome con sus dedos de lumbre".
- "Me pondré la corona de espinas que tienen las que son queridas de un hombre casado".
- "A un caballo encabritado soy capaz de poner de rodillas con la fuerza de mi dedo meñique".
- "Dios me ha debido dejar sola en medio de la oscuridad, porque te veo como si no te hubiera visto nunca".

**E.** Lee las siguientes intervenciones y señala a qué personaje corresponden. Justifica tu elección con argumentos.

---

**Personajes principales:**

- **Bernarda Alba.** La madre tirana, hipócrita y déspota.
- **La Poncia.** Criada de la casa.
- **María Josefa.** Madre de Bernarda; anciana en apariencia loca que vive en un mundo de inocencia infantil y representa el deseo de libertad.
- **Angustias.** La hija mayor, heredera y prometida de Pepe. Es egoísta y ya no le quedan pasiones ni alegrías pero sabe que Pepe se casará con ella, aunque sea solo por el dinero.
- **Magdalena.** Es sumisa, enamoradiza, comprensiva y buena. Muestra buena intención con sus hermanas.
- **Amelia.** Acepta resignada la autoridad de su madre pero se queja de la falta de libertad de las mujeres.

---

- **Martirio.** Resentida, fea y frustrada en un matrimonio que su madre impidió. Teme a los hombres y también la autoridad de su madre, y sufre por ello.
- **Adela.** La hija menor, rebelde y dispuesta a enfrentarse a su madre y a las normas sociales. Encarna el deseo, el instinto y la libertad.

| | Personaje: | Intervención: |
|---|---|---|
| 1. | | "¡Silencio!". |
| 2. | | "Nacer mujer es el mayor castigo". |
| 3. | | "Treinta años lavando sus sábanas; treinta años comiendo sus sobras; noches en vela cuando tose; días enteros mirando por la rendija para espiar a los vecinos y llevarle el cuento... Mis hijos trabajan en sus tierras y ya están los dos casados, pero un día me hartaré... Ese día me encerraré con ella en un cuarto y le estaré escupiendo un año entero". |
| 4. | | "¡Yo hago con mi cuerpo lo que me parece!". |
| 5. | | "Es preferible no ver a un hombre nunca. Desde niña les tuve miedo. Los veía en el corral uncir los bueyes y levantar los costales de trigo entre voces y zapatazos, y siempre tuve miedo de crecer por temor de encontrarme de pronto abrazada por ellos. Dios me ha hecho débil y fea y los ha apartado definitivamente de mí". |
| 6. | | "Yo me encuentro bien, y al que le duela, que reviente". |
| 7. | | "¡No, no me acostumbraré! Yo no quiero estar encerrada. No quiero que se me pongan las carnes como a vosotras. ¡No quiero perder mi blancura en estas habitaciones! ¡Mañana me pondré mi vestido verde y me echaré a pasear por la calle! ¡Yo quiero salir!". |
| 8. | | "No quiero ver a estas mujeres solteras, rabiando por la boda, haciéndose polvo el corazón, y yo me quiero ir a mi pueblo... ¡Quiero irme de aquí! ¡Bernarda! ¡A casarme a la orilla del mar, a la orilla del mar!". |
| 9. | | Refiriéndose a Adela: "¡Pobrecilla! Es la más joven de nosotras y tiene ilusión. Daría algo por verla feliz". |
| 10. | | "Afortunadamente pronto voy a salir de este infierno". |
| 11. | | "En ocho años que dure el luto no ha de entrar en esta casa el viento de la calle. Haceros cuenta que hemos tapiado con ladrillos puertas y ventanas". |

**F.** Toda la acción de este drama transcurre en el interior de la casa. ¿Qué crees que quería simbolizar Lorca construyendo ese espacio?, ¿qué crees que simboliza entonces el exterior?

**G.** Después de la escena de esta lectura viene el final de la obra. "Se oye un silbido y Adela corre a la puerta, pero Martirio se le pone delante".

  **1.** ¿Qué ocurrirá después? ¿Cómo acabará este drama?

  **2.** Entre toda la clase, tratad de averiguarlo haciendo preguntas a vuestro profesor. Solo hay una condición: él únicamente puede responder *sí* o *no* a vuestras preguntas.

**H.** Cuando hayáis averiguado el final con vuestras preguntas, haced un resumen. Después, leed algunos de ellos en clase.

  **1.** Comentad el desenlace y explicad por qué para algunos críticos se trata de una tragedia.

  **2.** Cuando descubre lo que le ha ocurrido a Adela, ¿qué es lo que verdaderamente le preocupa a Bernarda? Escribe frases del texto que justifiquen tu respuesta.

  **3.** Comenta el valor simbólico de las palabras finales de Bernarda: "¡Silencio, silencio he dicho! ¡Silencio!".

 **Ahora te toca a ti**

**I.** ¿Te atreves a imaginar un final diferente? Vamos a intentarlo. Podéis reuniros en grupos de tres o cuatro.

  **1.** Primero, decidid si el final es feliz o trágico. Intentad que transmita un sentido moral o una lección para algún personaje o para los espectadores.

  **2.** Luego, escribid un breve resumen narrativo de este nuevo final.

  **3.** A continuación, escribid el diálogo de los personajes y las acotaciones.

  **4.** ¿Qué título le pondríais ahora a la obra?

  **5.** Finalmente, podéis leerlo y representarlo ante vuestros compañeros. ¡O grabar un vídeo! No os pongáis límites.

**Navega e investiga**

**J.** *La casa de Bernarda Alba* se ha convertido en un clásico del teatro español que se sigue representando y se ha llevado incluso al cine.

  **1.** Busca por Internet algún fragmento de la película o de algún montaje teatral y describe el decorado, el vestuario, la música y la actuación de las actrices.

  **2.** Compartid y comparad en clase vuestras descripciones. ¿Imaginabais así a Bernarda y a sus hijas?, ¿qué os ha sorprendido?, ¿qué versión os ha gustado más?

# 4 RECURSOS LITERARIOS: EL DIÁLOGO

**Helen:** Akira, tú y yo no paramos de hablar, ¿verdad? Pues por eso precisamente nos conocemos tan bien, porque nos comunicamos.

**Akira:** Tienes toda la razón. Fíjate, además hay un refrán en español que dice "hablando se entiende la gente".

**Helen:** Eso es, y en las obras literarias pasa lo mismo. Los personajes dialogan y gracias a eso sabemos qué les ocurre. Hacer un buen diálogo es un verdadero reto para un escritor.

**Akira:** Pues que nos copien a nosotros, je, je, je.

**1.** **El diálogo es la forma básica de la comunicación. Es la manera como los seres humanos establecen relaciones y se intercambian ideas e información. Como has visto, los diálogos son esenciales en muchos textos narrativos, pues gracias a ellos los personajes cobran vida.**

   **a.** Busca en este mismo libro obras narrativas en las que aparezcan diálogos.

   **b.** ¿Cuántos personajes participan?

   **c.** ¿Qué función crees que realizan con respecto a la narración?

   **d.** ¿Se parecen a los diálogos de verdad?

**2.** **Pero el teatro es verdaderamente el género literario que usa el diálogo como forma de expresión esencial. Los diálogos permiten *dramatizar*, es decir, convertir en representación un determinado acontecimiento. Para ello se necesitan, al menos, los siguientes elementos: ESPACIO • TIEMPO • CONFLICTO • PERSONAJES • ASUNTO. Lee el siguiente fragmento de la obra de Federico García Lorca, *Doña Rosita la Soltera*, y señala cada uno de esos elementos.**

---

## ACTO TERCERO

*Sala baja de ventanas con persianas verdes que dan al jardín del Carmen. Hay un silencio en la escena. Un reloj da las seis de la tarde. Cruza la escena el Ama con un cajón y una maleta. Han pasado diez años. Aparece la Tía y se sienta en una silla baja, en el centro de la escena. Silencio. El reloj vuelve a dar las seis. Pausa.*

AMA: (*Entrando.*) La repetición de las seis.
TÍA: ¿Y la niña?
AMA: Arriba, en la torre. Y usted, ¿dónde estaba?
TÍA: Quitando las últimas macetas del invernadero.
AMA: No la he visto en toda la mañana.
TÍA: Desde que murió mi marido está la casa tan vacía que parece el doble de grande, y hasta tenemos que buscarnos. Algunas noches, cuando toso en mi cuarto, oigo un eco como si estuviera en una iglesia.
AMA: Es verdad que la casa resulta demasiado grande.
TÍA: Y luego... si él viviera, con aquella claridad que tenía, con aquel talento... (*Casi llorando.*)

*Doña Rosita la Soltera* (1935)

---

**3.** Para crear un buen diálogo es esencial la caracterización de los personajes pues eso es lo que nos permite poner en su boca las palabras adecuadas.

Aquí tienes otro fragmento de *Doña Rosita la Soltera*. En él aparecen dos personajes: El señor X y el Tío. Leedlo atentamente y, por parejas, intentad imaginar cómo serán.

- Aquí tenéis algunos datos que os servirán: NOMBRE, EDAD, VESTUARIO, RASGOS FÍSICOS, PROFESIÓN, NIVEL CULTURAL, FORMA DE HABLAR –rápida, reposada, natural, rebuscada, grosera, cursi, culta, popular, vulgar, etc.– GESTOS.

---

## ACTO SEGUNDO

*Salón de la casa de doña Rosita. Al fondo el jardín.*

EL SEÑOR X: Pues yo siempre seré de este siglo*.

TÍO: El siglo que acabamos de empezar será un siglo materialista.

EL SEÑOR X: Pero de mucho más adelanto que el que se fue. Mi amigo, el señor Longoria, de Madrid, acaba de comprar un automóvil con el que se lanza a la fantástica velocidad de treinta kilómetros por hora; y el Sha de Persia, que por cierto es un hombre muy agradable, ha comprado también un Panhard Levasson de veinticuatro caballos.

TÍO: Y digo yo: ¿adónde van con tanta prisa? Ya ve usted lo que ha pasado en la carrera París-Madrid, que ha habido que suspenderla, porque antes de llegar a Burdeos se mataron todos los corredores.

EL SEÑOR X: El conde Zboronsky, muerto en el accidente, y Marcel Renault, o Renol, que de ambas maneras suele y puede decirse, muerto también en el accidente, son mártires de la ciencia que serán puestos en los altares el día en que venga la religión de lo positivo. A Renol lo conocí bastante. ¡Pobre Marcelo!

TÍO: No me convencerá usted. (*Se sienta.*)

EL SEÑOR X: (*Con el pie puesto en la silla y jugando con el bastón.*) Superlativamente; aunque un catedrático de Economía Política no puede discutir con un cultivador de rosas.

*Se refiere al siglo XIX

*Doña Rosita la soltera* (1935)

---

 **Ahora te toca a ti**

**4.** Ya has visto cómo lo hacen Lorca y Valle-Inclán, ¿te atreves a intentarlo?

- CONFLICTO ...........................................................
- ESPACIO .................................................................
- TIEMPO ...................................................................
- PERSONAJES ...........................................................
- ASUNTO ..................................................................

Para ello juntaros en pequeños grupos. Completad primero los datos esenciales: pensad un conflicto; cread un escenario –espacio y tiempo– y un asunto que tratar; seleccionad bien a los personajes y caracterizadlos con los rasgos que hemos señalado en el ejercicio anterior. Finalmente, escribid un pequeño diálogo. Representadlo o leedlo ante vuestros compañeros, ¿son capaces de identificar el conflicto?, ¿y de definir a los personajes? Si es así, ¡enhorabuena! Tenéis futuro como autores dramáticos.

# LAS DOS ESPAÑAS: POESÍA SOCIAL

> Pocas veces un país ha vivido en tan poco tiempo una etapa más intensa y más trágica, Akira. Me refiero a los años que van de la II República a la Guerra Civil en España.

> Pues que yo sepa, durante la II República se consiguieron libertades y derechos como nunca antes había ocurrido: el voto para la mujer, el derecho a una educación igualitaria, la separación de la Iglesia y el Estado…

> Claro que hubo muchísimos progresos, pero el país estaba muy dividido y muy revuelto. De manera que una parte del Ejército y de la Iglesia se unió con las fuerzas conservadoras para acabar con la República mediante un golpe de Estado. Así empezó la Guerra Civil. Lo dicho, trágico.

## CLAVES DE UNA ÉPOCA

### LA II REPÚBLICA Y LA GUERRA CIVIL (1931-1939)

❑ La **II República** fue el primer intento de **democracia real** en España, pero fracasó y acabó en tragedia.

❑ Por primera vez se estableció el **sufragio universal** para hombres y mujeres en 1933. Se quiso crear una España plural que incluyera a los partidos nacionalistas, aprobando **estatutos de autonomía** para Cataluña (1932), el País Vasco (1936) y Galicia (1938).

❑ Los gobiernos republicanos practicaron una política de **reformas laborales** para proteger a **trabajadores** y **jornaleros**, y dar poder a los sindicatos frente a los empresarios y los terratenientes.

- Se construyeron miles de bibliotecas y escuelas públicas en todo el país. Pero este **sistema educativo** –público, laico y mixto–, la política religiosa de **separación** entre **Iglesia** y **Estado** y la aprobación del **divorcio** (1932) se ganaron la oposición de la **Iglesia** y de toda la **derecha católica**.

- El **movimiento obrero** se radicalizó. En 1934 estalló una **revolución** en Asturias, donde los mineros se adueñaron de la región durante dos semanas hasta que fueron derrotados y duramente castigados por el ejército.

- En 1936, los partidos republicanos, socialistas, anarquistas y comunistas formaron una alianza electoral, el **Frente Popular**, que ganó las elecciones. Aumentó la tensión política y la **violencia**: huelgas en Madrid y en el campo, ocupación de tierras por jornaleros, asesinatos terroristas por parte de pistoleros fascistas, etc. Para la derecha, la única solución pasaba por la intervención del ejército.

- El 18 de julio de 1936 parte del ejército dio un golpe de Estado, que solo logró triunfar en algunas zonas del país. La **derecha** se unió a la sublevación y la **izquierda** se mantuvo leal a la República. España quedó dividida en dos mitades enfrentadas en una **guerra civil de tres años** (1936-1939). Olvidada por las democracias, la República recurrió a **Stalin**, mientras **Hitler** y **Mussolini** ayudaban con soldados y armamento al bando sublevado, encabezado por el general Franco.

- La causa republicana atrajo a muchos voluntarios extranjeros que vinieron a combatir y a escritores como **André Malraux**, **George Orwell** o **Ernest Hemingway**. Pero fue una guerra cruel de **medio millón de muertos**, muchos de ellos asesinados y ejecutados, y otro medio millón de españoles acabó en el **exilio**. Numerosos escritores, científicos, artistas y profesionales tuvieron que huir del país para salvar sus vidas. El recuerdo de esta guerra condicionó todo el siglo XX y aún permanece viva entre los españoles como una tragedia que no debe repetirse nunca más.

Bandera de España durante la II República

Bandera del régimen franquista

**1.** ¿Qué ideas políticas enfrentaron a la derecha y a la izquierda durante la II República?

**2.** ¿Cuál te parece que fue la razón del fracaso de la II República?

**3.** Pablo Picasso pintó un cuadro sobre la Guerra Civil que se encuentra en el Museo del Prado. Su título es *Guernica*.

   **a.** Averigua qué ocurrió en Guernica que movió a Picasso a pintar el cuadro.

   **b.** Describe qué se ve en el cuadro y cuál es su significado. Explica por qué es un ejemplo de arte vanguardista y de arte comprometido con la realidad.

**4.** Muerte y exilio. La Guerra Civil partió en dos la vida de una generación de españoles.

   **a.** Averigua el destino de los siguientes artistas e intelectuales españoles. Señala en qué actividad destacó cada uno de ellos y cómo les afectó la Guerra Civil.

*poeta • pintor • filósofo • novelista • científico • director de cine
murió asesinado • murió en la cárcel • fue al exilio*

| Nombre | Actividad | Cómo le afectó la Guerra Civil |
|---|---|---|
| **Pablo Picasso** (1881-1973) | | |
| **Federico García Lorca** (1898-1936) | | |
| **Antonio Machado** (1875-1939) | | |
| **Luis Cernuda** (1902-1963) | | |
| **Miguel Hernández** (1910-1942) | | |
| **Luis Buñuel** (1900-1983) | | |
| **Juan Ramón Jiménez** (1881-1958) | | |
| **Severo Ochoa** (1905-1993) | | |
| **Rafael Alberti** (1902-1999) | | |

   **b.** Dos de ellos recibieron el Premio Nobel. ¿Quiénes son?

# 1 HACIA UNA POESÍA SIN PUREZA

Esta claro que, ante tanto cambio en la sociedad, la literatura también tuvo que cambiar, ¿no Helen?

Desde luego que sí. Al poeta ya no le valía con encerrarse en su mundo, ahora tocaba comprometerse con él. Y así lo hicieron muchos. ¿Qué te parece?

**L**os movimientos sociales que tuvieron lugar en los años 30 hicieron que muchos poetas de la Generación del 27 se **comprometieran políticamente**, militando en partidos de izquierdas, como fue el caso de Alberti, Cernuda y Prados, o, simplemente, **apoyando a la República** con sus actividades, como hicieron Dámaso Alonso, Aleixandre o Lorca.

Otros poetas, como Pablo Neruda o Miguel Hernández, fueron igualmente importantes impulsores de esta renovación que, como se señala en el ensayo de José Díaz Fernández, *El nuevo Romanticismo* (1930), buscaba *un arte para la vida*.

En efecto, tras los años de vanguardia y pureza, muchos poetas sintieron la necesidad de utilizar la poesía para comunicar y expresarse, para hablar de ellos mismos y de los otros. A esto es a lo que se llamó *rehumanizar* la literatura. La rehumanización de la poesía afectó tanto a la expresión como al contenido:

- **Expresivamente**, aunque no se renunció al uso de la metáfora ni a los recursos poéticos, se buscó una **mayor claridad** a través del uso de un lenguaje con referentes en el mundo de la naturaleza y los sentimientos humanos.

- En cuanto al **contenido**, el amor, los **problemas existenciales** –como la muerte, el sentido de la vida, la soledad– o las **inquietudes sociales** y **políticas** llenaron con nuevos temas las colecciones poéticas.

Resultó fundamental en este proceso la aparición de **nuevas revistas poéticas** como *Cruz y Raya*, dirigida por José Bergamín; *Octubre*, que llevaron Rafael Alberti y Teresa León; o *Caballo Verde para la poesía*, fundada por Pablo Neruda, en las que se manifestaban los **principios de esta nueva poética**.

**1.** **¿Por qué crees que los poetas de la República decidieron cambiar su forma de expresarse poéticamente?**

**2.** **¿Qué dirías que es *un arte para la vida*? Consulta la unidad 5 y** señala las diferencias **entre la poesía pura y la poesía rehumanizada.**

## Navega e investiga

**3.** **La revista *Caballo verde para la poesía* comienza con un texto del propio Pablo Neruda llamado "Una poesía sin pureza", que puede considerarse un verdadero manifiesto. Búscala en la red y contesta:**

    **a.** ¿Cómo define la poesía impura?
    **b.** ¿Con qué la compara Neruda?

CABALLO
VERDE
PARA LA
POESIA

DIRECTOR: PABLO NERUDA
IMPRESORES: CONCHA MENDEZ Y
MANUEL ALTOLAGUIRRE. MADRID
NUM. I - OCT. 1935

© Biblioteca Nacional de España

CRUZ Y RAYA
REVISTA DE AFIRMACIÓN Y NEGACIÓN

+     −

1933

## Y tú, ¿qué opinas?

**4.** **Si tuvieras que escribir una poesía *impura*, ¿qué temas de hoy debería tratar? Coméntalo con tus compañeros.**

Me ha dejado impresionado lo que acabamos de saber de la guerra civil española, de verdad, Helen. El país debió de tardar mucho en recuperarse.

Mucho, Akira, tienes toda la razón; pero lo más increíble es que, en medio de todo ese drama, hubo jóvenes que no dejaron de cantar a la libertad y a la justicia. El que mejor encarna en su vida y en su obra esta etapa es Miguel Hernández. Te va a emocionar.

## *"ALTO SOY DE MIRAR LAS PALMERAS"*

**M**iguel Hernández nació en Orihuela (Alicante), el 30 de octubre de 1910, en una familia vinculada al campo y a la ganadería. Su infancia trascurrió entre la escuela para **niños pobres** y el rebaño de cabras que cuidaba. En el año 1925 deja la escuela, pero ahora es ya capaz de leer y asimilar a los clásicos a los que devora en plena naturaleza, ejerciendo su **oficio de pastor**. Su interés por la literatura le lleva a contactar con los círculos literarios de Orihuela y es ahí donde conoce a **Ramón Sijé**, que será su amigo y guía en estos primeros años. A partir de 1930 empieza a **publicar poemas** en periódicos locales y, a finales de 1931, decide ir a Madrid a probar fortuna con la poesía. El viaje, sin embargo, supondrá una gran desilusión pues apenas conoce a nadie y, cuando se le acaba el dinero, regresa a Orihuela. De nuevo en casa publica en 1933 su primera colección de poemas, *Perito en lunas*, llena ya de la imaginación y del amor a la naturaleza que serán una constante en su obra.

**En 1934** viaja de nuevo a **Madrid**. En esta ocasión sí conocerá a muchos miembros de la Generación del 27, como Rafael Alberti, Luis Cernuda, Vicente Aleixandre, entre otros, y también al poeta chileno Pablo Neruda, que le brindará su amistad y le apoyará en los momentos más complicados de su vida. En 1936 ve la luz *El rayo que no cesa*, una colección madura de poemas amorosos resultado de colecciones anteriores: *Imagen de tu huella* y *El silbo vulnerado*. En 1935, Miguel Hernández se había hecho novio de una muchacha de su pueblo, **Josefina Manresa**, por lo que una parte de esos poemas está inspirada en su propio descubrimiento del amor. En 1936 estalla la **guerra civil española** y eso supone un cambio radical en su vida y su poesía. Sin dudarlo, se alista en el ejército **republicano** para defender la libertad y la legalidad. El **entusiasmo** y **la fe en sus ideales** se reflejan en *Vientos del pueblo*, de 1937. Ese año retoma las relaciones con Josefina y se casan. Ella pronto queda embarazada de **un hijo que morirá** al poco de nacer. La actividad de Miguel en el frente es imparable: viajes, recitales, batallas… La guerra avanza y la sensación de fracaso empieza a apoderarse del bando republicano. En *El hombre* *acecha*, escrito entre 1937 y 1938, el optimismo da paso a la constatación de la realidad terrible de la guerra –"por los campos luchados se extienden los heridos" –: muerte, desolación, agonía son constantes en todos los poemas de la colección.

En 1939 decide salir de España, como habían hecho todos los intelectuales republicanos, pero no consigue escapar y comienza un itinerario **de cárcel en cárcel**. Ha empezado un nuevo libro de poemas, *Cancionero y romancero de ausencias*, en el que da testimonio de todo lo perdido para siempre: "Ausencia en todo siento. Ausencia. Ausencia. Ausencia".

La salud del poeta hace tiempo que no es buena y, ahora, las malas condiciones de las cárceles le agudizan una tuberculosis, pero a pesar de su debilidad él sigue aferrado a la poesía que continúa escribiendo con un tono cada vez más fúnebre: "Soy una cárcel con una ventana / ante una gran soledad de rugidos".

Vencido por el abandono y la desatención, la enfermedad acaba agravándose y **en marzo de 1942 fallece** en la cárcel de Alicante, donde había sido trasladado sin ninguna esperanza.

**1.** **¿Cuáles son las obras más importantes de Miguel Hernández? ¿Y en qué temas están inspiradas? Une la información de estos tres cuadros y todo te quedará más claro.**

| | | |
|---|---|---|
| *Perito en lunas* | **1937-1938** | Desolación y pesimismo. |
| *Vientos del pueblo* | **1939** | Amor. |
| *El hombre acecha* | **1937** | Abandono y desaparición. |
| *Cancionero y Romancero de ausencias* | **1933** | Lucha por la libertad y entusiasmo. |

**Navega e investiga**

¿Sabes qué? En el año 2010 se celebró el centenario del nacimiento del poeta y eso ha hecho que ahora podamos saber más cosas que nunca de la vida y la obra de Miguel Hernández.

Genial, dime dónde tengo que buscar, porque me he quedado con ganas de saber más.

No querrás que te lo diga todo, bucea en la red y a ver si averiguas esto: ¿quién era Maruja Mallo?, ¿y por qué Miguel dice en uno de sus poemas que se llama *barro*, aunque se llame Miguel? Verás cuántas páginas y blogs, ¡hay de todo!

**2.** Consulta **Internet** y contesta a las preguntas que plantea Helen.

> No hay un solo verso de Miguel que no lleve la huella de su propia biografía. A veces es así, Akira, la poesía brota a golpe de experiencias, de acontecimientos vividos. Y ya ves todo lo que le tocó vivir a este poeta...

> Debió de ser así, porque a pesar de morir joven –murió a los treinta y un años– nos ha dejado numerosos poemas. Me apetece mucho leer a Miguel Hernández, Helen.

> Pues ahí va una pequeña antología.

## Antes de leer

**A. Estas expresiones aparecen en los poemas que vas a leer. Únelas con su significado.**

1. *Alto soy de mirar las palmeras.* ..... •
2. *Alma de encina.* ............................. •
3. *Espinos a manojos.* ........................ •
4. *Imagen de tu huella.* ...................... •
5. *Carne de yugo.* .............................. •
6. *Vivir ceniciento.* ............................ •

- • **a.** El recuerdo, lo que me queda de ti.
- • **b.** Vida gris y triste.
- • **c.** Estar destinado a la obediencia absoluta, como los bueyes.
- • **d.** Las palmeras me hacen sentir mejor, me contagio de su elegancia natural.
- • **e.** Puñados de ramas de una planta con pinchos.
- • **f.** Espíritu, ánimo fuerte, duro.

22

### "EL SILBO DE AFIRMACIÓN EN LA ALDEA"

*Alto soy de mirar a las palmeras,*
rudo de convivir con las montañas...
Yo me vi bajo y blando en las aceras
de una ciudad espléndida de arañas.
5   Difíciles barrancos de escaleras,
calladas cataratas de ascensores,
¡qué impresión de vacío!,
ocupaban el puesto de mis flores,
los aires de mis aires y mi río.
[...]

10 Y miro, y solo veo
   velocidad de vicio y de locura.
   Todo eléctrico: todo de momento.
   Nada serenidad, paz recogida.
   Eléctrica la luz, la voz, el viento,
15 y eléctrica la vida.
   Todo electricidad: todo **presteza**[1]
   eléctrica: la flor y la sonrisa,
   el orden, la belleza,
   la canción y la prisa.
20 Nada es por voluntad de ser, por gana,
   por vocación de ser. ¿Qué hacéis las cosas
   de Dios aquí: la nube, la manzana,
   el borrico, las piedras y las rosas?

   [...]

   Haciendo el hortelano,
25 hoy en este **solaz de regadío**[2]
   de mi huerto me quedo.
   No quiero más ciudad, que me reduce
   su visión, y su mundo me da miedo.

   [...]

*El silbo vulnerado* (1934)

## "MIS OJOS SIN TUS OJOS"

Mis ojos, sin tus ojos, no son ojos,
que son dos hormigueros solitarios,
y son mis manos sin las tuyas varios
intratables *espinos a manojos.*

5 No me encuentro los labios sin tus rojos,
que me llenan de dulces campanarios,
sin ti mis pensamientos son **calvarios**[3]
**criando nardos** y **agostando hinojos**[4].

No sé qué es de mi oreja sin tu acento,
10 ni hacia qué polo yerro sin tu estrella,
y mi voz sin tu trato se afemina.

Los olores persigo de tu viento
y la olvidada *imagen de tu huella,*
que en ti principia, amor, y en mí termina.

*Imagen de tu huella* (1934)

## "EL NIÑO YUNTERO"

*Carne de yugo*, ha nacido
más humillado que bello,
con el cuello perseguido
por el yugo para el cuello.

   [...]

5 Empieza a vivir, y empieza
a morir de punta a punta
levantando la corteza
de su madre con la yunta.

Contar sus años no sabe,
10 y ya sabe que el sudor
es una corona grave
de sal para el labrador.

   [...]

Me duele este niño hambriento
como una grandiosa espina,
15 y su *vivir ceniciento*
revuelve mi *alma de encina.*

Lo veo arar los rastrojos,
y devorar un **mendrugo**[5],
y declarar con los ojos
20 que por qué es *carne de yugo.*

   [...]

¿Quién salvará a este chiquillo
menor que un grano de **avena**[6]?
¿De dónde saldrá el martillo
verdugo de esta cadena?

25 Que salga del corazón
de los hombres jornaleros,
que antes de ser hombres son
y han sido niños yunteros.

*Vientos del pueblo* (1937)

**25**

## "CANCIÓN DEL ESPOSO SOLDADO"

He poblado tu vientre de amor y **sementera**[7],
he prolongado el eco de sangre a que respondo
y espero sobre el surco como el arado espera:
he llegado hasta el fondo.

[…]

5    Escríbeme a la lucha, siénteme en la **trinchera**[8]:
aquí con el fusil tu nombre evoco y fijo,
y defiendo tu vientre de pobre que me espera, y defiendo tu hijo.

Nacerá nuestro hijo con el puño cerrado
envuelto en un clamor de victoria y guitarras,
10   y dejaré a tu puerta mi vida de soldado
sin colmillos ni garras.

Es preciso matar para seguir viviendo.
Un día iré a la sombra de tu pelo lejano,
y dormiré en la sábana de **almidón**[9] y de estruendo
15   cosida por tu mano.

[…]

*Vientos del pueblo* (1937)

**26**

## "NANAS DE LA CEBOLLA"

[…]

En la cuna del hambre
mi niño estaba.
Con sangre de cebolla
se **amamantaba**[10].
5   Pero tu sangre,
escarchada de azúcar,
cebolla y hambre.

Una mujer morena
resuelta en luna
10   se derrama hilo a hilo
sobre la cuna.
Ríete niño
que te traigo la luna
cuando es preciso.

[…]

15   Tu risa me hace libre,
me pone alas.
Soledades me quita,
cárcel me arranca.
Boca que vuela,
20   corazón que en tus labios
relampaguea.

[…]

Vuela niño en la doble
luna del pecho:
él, triste de cebolla,
25   tú satisfecho.
No te derrumbes.
No sepas lo que pasa
ni lo que ocurre.

*Cancionero y romancero de ausencias* (1939)

[1] **presteza:** rapidez.

[2] **solaz de regadío:** se refiere al descanso, al placer que encontraba en la huerta fresca y fértil.

[3] **calvario:** sufrimiento, tortura.

[4] **criar nardos** y **agostar hinojos:** los nardos son un tipo de flores y el hinojo una raíz con propiedades curativas. Decimos que algo está agostado cuando ha sido quemado por la fuerza del sol del mes de agosto. Se trata de símbolos vegetales que el poeta utiliza para hablar de la desesperación y la soledad que le produce la ausencia de la amada.

[5] **mendrugo:** trozo de pan duro.

[6] **avena:** cereal parecido al trigo y a la cebada.

[7] **sementera:** simiente, semilla.

[8] **trinchera:** lugar que se excava en la tierra para estar protegido en una guerra.

[9] **almidón:** producto vegetal que se utilizaba para blanquear y dar cuerpo a las telas.

[10] **amamantar:** dar el pecho las mujeres a los bebés, alimentar con leche materna.

## Después de leer

**B. Pasar de su vida libre, en contacto con la naturaleza, a la gran ciudad, Madrid, no fue fácil para Miguel en ningún sentido.**

1. Escribe en cada recuadro cómo le hicieron sentir o las sensaciones que le trasmitieron el campo y la ciudad a Miguel Hernández en "El silbo de afirmación en la aldea".

| Vida en el campo | Vida urbana |
|---|---|
|  |  |

2. ¿Y a ti qué te gusta más? Haz tu propio cuadro.

**C. Miguel no se siente completo sin su amada. En el soneto "Mis ojos sin tus ojos" lo expresa a través de una serie compleja de metáforas, poniendo en práctica todos los recursos poéticos que estaba descubriendo y aprendiendo.**

1. Lee el poema e intenta rellenar los huecos.

   - Si tú no me miras, mis ojos son ......................................
   - Si no me tocas, mis ...................................... son ......................................
   - Si no me ......................................, no encuentro mis ......................................
   - Si no piensas en mí, mis ...................................... son calvarios.
   - Si no me ......................................, no sé para qué sirve mi ......................................
   - Si no eres mi estrella, no sé dónde ......................................
   - Si no hablas conmigo, mi ...................................... se vuelve ......................................
   - Si no tengo tu olor, lo ......................................
   - La imagen de tu recuerdo, empieza en ........................... y ........................... en ...........................

2. ¿Cómo se siente Miguel sin su amada? ¿Crees que es la persona amada la que nos da sentido? Exprésalo con tus propias palabras.

**D.** En "El niño yuntero" Miguel Hernández expresa con toda crudeza la injusticia social. ¿A qué estrofa corresponde cada una de estas ideas?

| | |
|---|---|
| **1.** Los niños se preguntan por qué les ha tocado ese destino, ser yunteros. | **Estrofa:** ............. |
| **2.** El poeta siente en su carne el destino cruel de estos niños. | **Estrofa:** ............. |
| **3.** Antes que cualquier otra cosa, estos chiquillos saben la vida de sufrimiento que les espera. | **Estrofa:** ............. |
| **4.** Alguien debe liberar a estos niños. | **Estrofa:** ............. |
| **5.** Hay unos niños que nacen sin otro destino que trabajar como esclavos. | **Estrofa:** ............. |
| **6.** Los propios jornaleros deberían tomar la iniciativa pues ellos, de pequeños, fueron como esos niños. | **Estrofa:** ............. |
| **7.** Su dura vida es un camino hacia la muerte. | **Estrofa:** ............. |

**E.** En "Canción del esposo soldado" Miguel Hernández representa la fuerza viva de los ideales de libertad y justicia y del amor. Elige una de las posibles respuestas.

    **1.** Miguel se muestra muy feliz al principio del poema porque:
      ○ **a.** ha sembrado la tierra y va a dar buen fruto.
      ○ **b.** su mujer está embarazada.

    **2.** Miguel escribe desde la guerra a la que ha ido convencido:
      ○ **a.** para defenderse de un ataque.
      ○ **b.** porque quiere una vida mejor para su familia.

    **3.** Por eso, a través de los versos nos muestra el futuro:
      ○ **a.** con optimismo, ganará la guerra, volverá a su casa y olvidará su vida de soldado.
      ○ **b.** con pesimismo, no cree que vuelva nunca.

**F.** Estando Miguel en la cárcel, Josefina, su mujer, le escribió para contarle que solo comía pan y cebolla, a lo que él le respondió con el poema "Nanas a la cebolla".

    **1.** ¿Qué crees que significa "la cuna del hambre"?
    **2.** ¿De qué se alimentaba el niño?
    **3.** ¿En qué sentido se "derrama" una mujer sobre la cuna?
    **4.** ¿Qué efecto provoca en Miguel la risa de su hijo?
    **5.** ¿Crees que Miguel quiere proteger a su hijo de todo el horror de la guerra? ¿En qué verso lo dice?

**Y tú, ¿qué opinas?**

**G.** Miguel Hernández trata en su poesía temas que, a pesar de los años, siguen estando de actualidad. ¿Crees que hoy en día hay aún *niños yunteros*? Háblalo con tus compañeros y pensad en ejemplos concretos.

**H.** Desde la convicción de sus ideales y desde el campo de batalla, Miguel dice cosas muy duras como "Es preciso matar para seguir viviendo". ¿Crees que está justificado? ¿Piensas que una guerra puede cambiar nuestros puntos de vista?

## Lectura **2:** *LA MUERTE DEL AMIGO*

Quizá nadie ha sabido reflejar ese dolor como lo hizo Miguel Hernández en su "Elegía a Ramón Sijé", dedicada a su amigo de Orihuela. Lo más triste es que ellos se habían distanciado un poco, ¿sabes? No sé, Miguel se fue a Madrid, conoció nuevos poetas y nueva poesía, otro mundo; mientras, Ramón continuaba en Orihuela...

Sí, lo sabía, pero al final está claro que pudieron más los sentimientos auténticos y Miguel Hernández le dedicó unos versos estremecedores que incluyó en su libro de poemas *El rayo que no cesa*. No es fácil, y por eso te lo he dejado para el final, pero ahora que sabemos cómo sentía Miguel, te aseguro que merece la pena el esfuerzo.

## *Antes de leer*

**A.** Los siguientes verbos, en este mismo orden, expresan acciones esenciales presentes en el poema. Únelos con sus sinónimos y te ayudará a entenderlo.

1. Estercolar............. •
2. Empujar ................ •
3. Derribar ............... •
4. Escarbar .............. •
5. Desamordazar........ •
6. Arrullar................. •
7. Requerir............... •

• **a.** Quitar las ataduras o mordazas, desatar.
• **b.** Remover la tierra buscando algo.
• **c.** Tirar al suelo.
• **d.** Acunar.
• **e.** Pedir, solicitar.
• **f.** Echar abono o estiércol en la tierra.
• **g.** Golpear con brusquedad a alguien hasta moverlo.

**B.** Intenta ahora completar las siguientes expresiones con las palabras del recuadro.

*rastrojos • calavera • desalentado • estridente • hortelano • andamio • desventura*

1. Soy la persona que cultiva un huerto, así que mi trabajo es ser ........................
2. Cuando me rindo ante algo o no tengo fuerzas para seguir siempre digo que estoy ........................
3. Tengo mala suerte, me persigue la ........................
4. Mi huerto está sucio y lleno de ........................
5. No puedo soportar un ruido tan ........................
6. Me impresiona ver una ........................, aunque no sea de verdad.
7. Necesito un ........................ para poder llegar a la parte de arriba.

# "ELEGÍA A RAMÓN SIJÉ"

**(En Orihuela, su pueblo y el mío,
se me ha muerto como del rayo Ramón Sijé,
con quien tanto quería).**

Yo quiero ser llorando el *hortelano*
de la tierra que ocupas y *estercolas*,
compañero del alma, tan temprano.

5 Alimentando lluvias, caracolas
y órganos mi dolor sin instrumento,
a las *desalentadas* amapolas

daré tu corazón por alimento.
Tanto dolor se agrupa en mi costado,
que por doler me duele hasta el aliento.

10 Un manotazo duro, un golpe helado,
un hachazo invisible y homicida,
un *empujón* brutal te ha *derribado*.

No hay extensión más grande que mi
herida,
lloro mi *desventura* y sus conjuntos
15 y siento más tu muerte que mi vida.

Ando sobre *rastrojos* de difuntos,
y sin calor de nadie y sin consuelo
voy de mi corazón a mis asuntos.

Temprano levantó la muerte el vuelo,
20 temprano madrugó la madrugada,
temprano estás rodando por el suelo.

No perdono a la muerte enamorada,
no perdono a la vida *desatenta*,
no perdono a la tierra ni a la nada.

25 En mis manos levanto una tormenta
de piedras, rayos y hachas *estridentes*
sedienta de catástrofe y hambrienta.

Quiero *escarbar* la tierra con los dientes,
quiero apartar la tierra parte a parte
30 a dentelladas secas y calientes.

Quiero **minar**[1] la tierra hasta encontrarte
y besarte la noble *calavera*
y *desamordazarte* y **regresarte**[2].

Volverás a mi huerto y a mi higuera:
35 por los altos *andamios* de mis flores
**pajareará**[3] tu alma colmenera

de angelicales ceras y labores.
Volverás al *arrullo* de las rejas
de los enamorados labradores.

40 Alegrarás la sombra de mis cejas,
y tu sangre se irá a cada lado
disputando tu novia y las abejas.

Tu corazón, ya terciopelo ajado,
llama a un campo de almendras
espumosas
45 mi avariciosa voz de enamorado.

A las aladas almas de las rosas
del almendro de nata te *requiero*
que tenemos que hablar de muchas cosas,
compañero del alma, compañero.

*(10 de enero de 1936)*

*El rayo que no cesa* (1936)

---

[1] **minar:** excavar la tierra hasta abrir una mina.

[2] **regresarte:** hacerte volver.

[3] **pajarear:** vagar, ir por ahí sin rumbo.

## *Después de leer*

**C.** La elegía es un género clásico y Miguel Hernández, en la suya, sigue la estructura tradicional: encuentro con la muerte, rebelión y aceptación. Una vez que has leído el poema, indica qué versos comprenden cada una de las tres partes.

**Encuentro con la muerte**

*De la estrofa* ............................. *a la estrofa* .............................

**Rebelión**

*De la estrofa* ............................. *a la estrofa* .............................

**Aceptación**

*De la estrofa* ............................. *a la estrofa* .............................

**D.** La primera parte está marcada por la desolación y el lamento ante la muerte de su amigo. ¿En qué versos crees que se expresan estos sentimientos? Escríbelos debajo.

"La muerte, imprevisible, te ha llegado demasiado pronto".

............................................................................................................................................

"Mi dolor por tu muerte es enorme, no sé cómo medirlo".

............................................................................................................................................

**E.** En la segunda parte del poema, estos sentimientos se convierten en rabia que se manifiesta, sobre todo, a través de la selección del vocabulario. Señala las palabras o expresiones que muestran dicha rabia y escríbelos aquí.

*estridente*

**F.** Ahora, contesta:

1. ¿De quién está enamorada la muerte? ............................................................

**2.** ¿Qué es lo que Miguel no le perdona a la vida? ...................................................................

...........................................................................................................................................

**3.** ¿Tiene Miguel sentimientos destructivos? Busca ejemplos concretos en el poema.

...........................................................................................................................................

...........................................................................................................................................

**4.** Los verbos se acumulan sobre todo en las estrofas 10 y 11. Escríbelos y reflexiona. ¿Qué crees que quiere hacer realmente Miguel?

---

**Verbos**

*apartar*

---

**G.** **En la** tercera parte **cambia el tono del poema.**

**1.** Lee las estrofas 12 a 14 y elige las afirmaciones que te parezca que se ajustan a lo que expresa el poema.

○ Ramón Sijé va a resucitar.

○ Ramón seguirá viviendo en la naturaleza.

○ Ramón es ahora un insecto.

○ El alma de Ramón no abandonará el campo que amaba.

○ Cada vez que Miguel vaya al huerto se sentirá contento.

○ La novia de Ramón se peleará con las abejas.

○ Ramón podrá seguir participando de la vida rural.

**2.** ¿Qué tiempo verbal predomina en todo este fragmento?

...........................................................................................................................................

**3.** ¿Con qué palabras crees que podemos relacionar este tiempo? Justifica tu respuesta con ejemplos en el poema.

○ Esperanza ................................................................................................................................

○ Venganza ................................................................................................................................

○ Promesa ................................................................................................................................

○ Escarmiento ................................................................................................................................

○ Desilusión ................................................................................................................................

○ Certeza ................................................................................................................................

○ Resignación ................................................................................................................................

**H.** En la estrofa 15, Miguel siente que Ramón lo llama a través de los campos llenos de almendros en flor. En la 16, es el propio Miguel el que reclama la presencia de su amigo a través de una hermosa metáfora "a las aladas almas de las rosas / del almendro de nata te requiero".

**1.** Intenta comprenderla uniendo cada uno de los dos sentidos.

| Sentido figurado | Sentido real |
|---|---|
| Aladas almas. .......................• | • Las flores del almendro se llaman rosas. |
| Rosas del almendro. ............• | • Te convoco a que nos veamos. |
| Almendro de nata. ..............• | • Los pétalos de las flores se desprenden, vuelan, cuando hace aire. |
| Aladas almas de las rosas.....• | • Las almas vuelan libres como si tuvieran alas. |
| Te requiero. .......................• | • La flor del almendro es blanca. |

**2.** ¿Serías capaz de reescribir los versos con tus propias palabras? Aquí tienes un posible inicio:

*Te pido que nos veamos* ................................................................................................

---

### Ahora te toca a ti

**I.** ¿Te has planteado alguna vez escribir una elegía? Piensa en algún amigo o en algún amor perdido, en alguien a quien quisieras mucho y que ya no esté, en algún personaje famoso cuya muerte te haya afectado… y escríbele tu propia elegía.

**J.** Recitar un poema puede ser toda una experiencia. Apréndete de memoria la última estrofa de la "Elegía" y recítala en voz alta, ¡con emoción!

**K.** ¿Sabías que todos los años se hace una ruta a pie por la provincia de Alicante siguiendo las huellas de Miguel Hernández? Se llama "la senda del poeta". Escribe esto en Internet y verás cuánta información. Una de las autoras la ha hecho y quiere compartir contigo su experiencia. Intenta encontrar su sitio porque, además, ha preparado algunas actividades. Si estás cerca de Alicante, ¡anímate!, es una experiencia única.

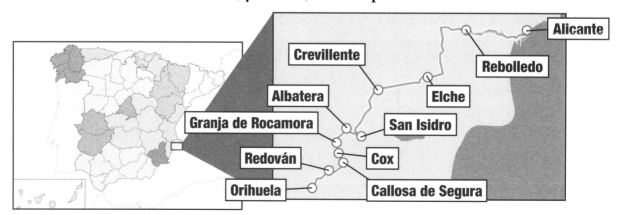

# 3 PABLO NERUDA (1904-1973)

¿Sabes lo que me encanta del español, Akira? Que con una sola lengua puedo leer y entender a escritores de muchísimos países. Leímos a Rubén Darío y ahora vamos a conocer a Pablo Neruda, un grandísimo poeta chileno que compartió unos años de su vida en Madrid con Miguel Hernández y los escritores del 27.

Sí que tenemos suerte, sí. ¡Y a Neruda le dieron el Premio Nobel de Literatura en 1971! Sus poemas de amor y de compromiso con la vida y con el ser humano son una lectura impresionante.

Muy bien Akira, ya veo que lo conoces, pero vamos a saber un poco más de él porque tuvo una larga vida y dejó una obra extensa y muy interesante.

1. **Aquí tienes la** biografía **desordenada de Pablo Neruda. Te damos el comienzo. Lo demás, es cosa tuya.**

| C |  |  |  |  |  |  |  |  |  |

*"ES TAN CORTO EL AMOR, Y ES TAN LARGO EL OLVIDO"*

a. Debido a la **persecución política**, tuvo que salir de Chile en 1947 y vivió en el exilio –Argentina, Italia– hasta 1952, año en el que regresó aclamado a su país.

b. En 1921 ingresa en la Universidad en Santiago de Chile y escribe en 1923 su **primer libro de poemas**, *Crepusculario*.

c. Neftalí Ricardo Reyes Basoalto es el verdadero nombre de Pablo Neruda, seudónimo que empezó a usar en 1920 y que acabaría legalizando en 1947.

d. Esta obra está formada por quince cantos que apelan a la **América indígena** y **precolombina** –"Alturas del Machu-Picchu"–, pero también a los actuales héroes del continente: obreros, agricultores, campesinos, arraigados en su tierra. En la parte final del poema, Neruda se convierte en protagonista para expresar su compromiso político.

e. Pero es **en 1924** cuando aparece lo que será **su primer libro de gran resonancia**: *Veinte poemas de amor y una canción desesperada*, libro juvenil, de tono posromántico en el que el amor –en sus vertientes física y espiritual–, la mujer y los sentimientos asociados (apasionamiento, soledad, tristeza, posesión…) recorren todos los versos.

**f.** Su dedicación a la diplomacia a partir de 1927 supondrá un giro vital y poético. Vivirá en Rangún, la India y Java y, como resultado de esta experiencia, publicará en 1933 el primer volumen de *Residencia en la Tierra*, que se completará con otros dos más.

**g.** Nació el 12 de julio de 1904 en Parral, Chile, pero pasó su infancia en Temuco, un pueblo al sur del país, donde su padre ejercía como conductor de trenes. Vivía **lejos de las tradiciones** y **de la civilización**, rodeado de trabajadores y en contacto constante con la naturaleza; de hecho, ninguno de estos dos elementos dejará de estar presente a lo largo de su trayectoria literaria.

**h.** En efecto, entre 1934 y 1936, en Barcelona primero y, después, como **cónsul en Madrid**, vivirá en primera línea el ambiente político y poético de la época. En 1934 publica la revista *Caballo Verde para la Poesía*, en cuyo manifiesto "**Para una poesía sin pureza**" reclama una poesía viva, cercana al pueblo. Este proceso de humanización termina, políticamente, con su afiliación al Partido Comunista en 1945 y, estéticamente, con la asunción de una nueva voz poética que culminará con la publicación de su monumental obra *Canto General*.

**i.** Durante esos años continúa su compromiso político y recibe toda clase de **reconocimientos académicos**, incluido el Premio Nobel de Literatura en 1971. En septiembre de 1973 muere, justo después del derrocamiento del presidente Allende por los militares.

**j.** A partir de los **años 50**, la poesía de Neruda camina hacia la **sencillez**. Las colecciones de tema amoroso alternan con otras en las que hace protagonista al hombre sencillo. Además de su obra poética, merece la pena nombrar su biografía poética, *Memorial de la isla negra* (1964), y su única obra de teatro, *Fulgor y muerte de Joaquín Murrieta*, de 1967.

---

**Navega e investiga**

**2.** **Busca** en Internet información sobre *El Libro de las preguntas* de Pablo Neruda. ¿Cuándo lo escribió? ¿Y cuándo se publicó? ¿Serías capaz de hacerte algunas preguntas como las del poema?

---

## Lectura **3**: *LOS VERSOS DE AMOR MÁS TRISTES*

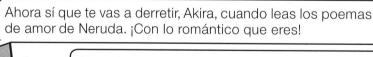

Ahora sí que te vas a derretir, Akira, cuando leas los poemas de amor de Neruda. ¡Con lo romántico que eres!

¡No te burles! ¿Quién no ha estado enamorado? ¿Y quién no ha encontrado en la poesía las palabras que expresan exactamente sus sentimientos?

Discúlpame Akira, no me quería burlar, de verdad. Todo lo contrario, no sabes cómo me han llegado estos versos, tan intensos, tan tristes, tan auténticamente… de amor. Y tienes toda la razón, nadie como los poetas conoce el lenguaje de los sentimientos.

Ahora eres tú la que te estás derritiendo, je, je, je. No nos lo pensemos más y vamos a leer a Neruda.

## Antes de leer

**A.** Piensa y comenta las respuestas a estas preguntas con tus compañeros.

1. ¿Qué es para ti el amor?
2. ¿Es un sentimiento triste o alegre?
3. ¿Cuál es tu canción de amor preferida? Si recuerdas la letra, ¿podrías recitarla en clase?

**B.** El primer verso del poema es "Puedo escribir los versos más tristes esta noche". ¿Por qué crees que se unen el amor y la tristeza en el poema? ¿Qué crees que habrá pasado?

### POEMA "XX"

Puedo escribir los versos más tristes esta noche.
Escribir, por ejemplo: «La noche está estrellada,
y tiritan, azules, los astros, a lo lejos».
El viento de la noche gira en el cielo y canta.
5  Puedo escribir los versos más tristes esta noche.
Yo la quise, y a veces ella también me quiso.
En las noches como esta la tuve entre mis brazos.
La besé tantas veces bajo el cielo infinito.
Ella me quiso, a veces yo también la quería.
10  Cómo no haber amado sus grandes ojos fijos.
Puedo escribir los versos más tristes esta noche.
Pensar que no la tengo. Sentir que la he perdido.
Oír la noche inmensa, más inmensa sin ella.
Y el verso cae al alma como al pasto el rocío.
15  Qué importa que mi amor no pudiera guardarla.
La noche está estrellada y ella no está conmigo.
Eso es todo. A lo lejos alguien canta. A lo lejos.
Mi alma no se contenta con haberla perdido.
Como para acercarla mi mirada la busca.
20  Mi corazón la busca, y ella no está conmigo.
La misma noche que hace blanquear los mismos árboles.
Nosotros, los de entonces, ya no somos los mismos.
Ya no la quiero, es cierto, pero cuánto la quise.
Mi voz buscaba el viento para tocar su oído.
25  De otro. Será de otro. Como antes de mis besos.
Su voz, su cuerpo claro. Sus ojos infinitos.
Ya no la quiero, es cierto, pero tal vez la quiero.
Es tan corto el amor, y es tan largo el olvido.
Porque en noches como esta la tuve entre mis brazos,
30  Mi alma no se contenta con haberla perdido.
Aunque este sea el último dolor que ella me causa,
y estos sean los últimos versos que yo le escribo.

*Veinte poemas de amor y una canción desesperada* (1924)

## Después de leer

**C.** Una vez leído el poema, asegúrate de que entiendes estos versos. Únelos con lo que crees que significan.

1. Y tiritan, azules, los astros, a lo lejos.

2. Y el verso cae al alma como al pasto el rocío.

3. La misma noche que hace blanquear los mismos árboles.

4. Mi voz buscaba el viento para tocar su oído.

• **a.** Me unía con el aire para que mi voz pudiera llegar hasta ella.

• **b.** La luna, con su luz pálida, ilumina las noches.

• **c.** Al lanzar destellos, las estrellas parecen temblar, quizá también, metafóricamente, de frío y de soledad.

• **d.** La poesía alimenta, da vida a nuestro corazón.

**D.** En este poema, Pablo Neruda recuerda distintos aspectos de su relación con un amor ahora perdido. Uno es el aspecto carnal, de contacto físico, y otro, el emocional. Selecciona qué versos se refieren a cada uno.

1. El poeta recuerda el cuerpo de su amada.

• *En las noches como esta la tuve entre mis brazos.*

2. El poeta habla de los sentimientos.

• *Mi corazón la busca, y ella no está conmigo.*

**E.** ¿Cuáles son los sentimientos que predominan? Elige los que creas pero justifícalo con expresiones concretas del poema.

O Enfado.
O Pérdida.
O Nostalgia.
O Dolor.
O Resignación.
O Soledad.

**F.** El poema trata también del paso del tiempo sobre el amor y los amantes.

1. Lee el verso 6 y escribe todas las variaciones de la misma idea que aparecen en el poema.

**V.** _6_ *Yo la quise y, a veces, ella también me quiso.*

**V.** ___

**V.** ___

**V.** ___

2. ¿Qué crees que ha ido cambiando? ¿Está seguro el poeta de su propia historia de amor? Busca en el poema otros versos en los que el poeta se refiera al tiempo.

**G.** ¿Qué momento del día ocupa toda la historia? Señala los recuerdos positivos y los aspectos dañinos que se asocian en el poema a ese momento.

| • Buenos recuerdos | • Sentimientos de dolor y ausencia |
|---|---|
| ............................................... | ............................................... |
| ............................................... | ............................................... |
| ............................................... | ............................................... |

**H.** Busca el significado de la expresión *darle vueltas a las cosas*. ¿A qué ideas crees que Neruda le da vueltas en este poema? Justifica tu respuesta.

**I.** Un recurso que utiliza Neruda para representarse a sí mismo y a su amada es la sinécdoque, es decir, nombrar solo una parte aunque te refieras a todo un objeto, una persona, un lugar, etc. ¿Qué partes sirven para representar a cada uno de los protagonistas?, ¿son las mismas? Comenta con tus compañeros las posibles razones que las justifican.

| Él | Ella |
|---|---|
| | |

**Ahora te toca a ti**

**J.** Tenemos la suerte de poder escuchar la poesía de Pablo Neruda en su propia voz. Busca en *YouTube* el poema XX leído por él mismo y trata de entenderlo sin mirarlo. ¡Casi te lo sabes!

**K.** El poema tiene algunos versos memorables. Elige el tuyo, tu verso preferido y justifícalo. ¿Has coincidido con muchos de tus compañeros? Escríbelo en tu cuaderno ¡y no olvides que es de Neruda!

---

# Lectura 4: *HERMANO AMERICANO*

Pues ahora vas a conocer a otro Neruda muy distinto. Este es el que te va a gustar a ti. Es el poeta unido al pueblo, el que le presta su voz.

Es que es así, Akira. Neruda se reconoció en cada rincón de Hispanoamérica, en cada campesino; sufrió ante la injusticia social y la desigualdad y utilizó la poesía para hacer visible esa realidad. Su *Canto General* es un reconocimiento al pasado de América y una apuesta por el futuro.

Vamos a leer una de las partes más hermosas, dedicadas a un lugar misterioso y emblemático como pocos: el Machu Picchu. Empecemos informándonos un poco, ¿vale?

## *Antes de leer*

**A.** Busca en Internet información del Machu Picchu e intenta completar este texto.

El Machu Picchu es un **(1)** ........................... construido por los **(2)** ........................... en el siglo **(3)** ........................... poco **antes de la llegada de los conquistadores**. Se encuentra en la cordillera de los **(4)** ..........................., en **(5)** ..........................., a más de **(6)** ........................... sobre el nivel del mar. Machu Picchu fue lugar de **residencia de los emperadores** y era, además, un **(7)** ........................... sagrado, próspero y bien comunicado. La principal actividad productiva era la **(8)** ..........................., pero también había actividades relacionadas con la alfarería, la joyería y el pastoreo. Muchos de estos trabajos eran llevados a cabo por **siervos esclavizados**.

El esplendor del lugar duró poco, pues hacia **(9)** ..........................., tras el establecimiento de los españoles en Cuzco y su propia guerra civil, el Machu Picchu empezó a perder importancia hasta ser **abandonado** y **casi olvidado**.

| 1. | cuartel | palacio | fortaleza |
|----|---------|---------|-----------|
| 2. | Aztecas | Mayas | Incas |
| 3. | XV | XVI | X |
| 4. | Andes | Alpes | Chichas |
| 5. | Bolivia | Perú | México |

| 6. | 2400 m | 3000 m | 4000 m |
|----|--------|--------|--------|
| 7. | mercado | santuario | hospital |
| 8. | minería | destilería | agricultura |
| 9. | 1800 | 1550 | 1300 |

**B.** **Mira** ahora imágenes del lugar y busca cinco adjetivos que, en tu opinión, lo definan.

**C.** **Fíjate** en lo que está señalado en negrita en el texto. ¿Qué piensas que representa el Machu Picchu para los suramericanos? ¿Por qué crees que Neruda le dedicó un poema?

29

### "ALTURAS DEL MACHU PICCHU"

**XII**

Sube a nacer conmigo, hermano.

Dame la mano desde la profunda
zona de tu dolor **diseminado**[1].
No volverás del fondo de las rocas.
5    No volverás del tiempo subterráneo.
No volverá tu voz endurecida.
No volverán tus ojos **taladrados**[2].
Mírame desde el fondo de la tierra,
labrador, tejedor, pastor callado:
[…]

10   traed a la copa de esta nueva vida
vuestros viejos dolores enterrados.
Mostradme vuestra sangre y vuestro surco,
decidme: aquí fui castigado,
porque la joya no brilló o la tierra
15   no entregó a tiempo la piedra o el grano:
[…]
Yo vengo a hablar por vuestra boca muerta.

A través de la tierra juntad todos
los silenciosos labios **derramados**[3]
y desde el fondo habladme toda esta
    larga noche
20 como si yo estuviera con vosotros anclado,
contadme todo, cadena a cadena,
eslabón a eslabón, y paso a paso,
[...]

Dadme el silencio, el agua, la esperanza.

Dadme la lucha, el hierro, los volcanes.

25 Apegadme los cuerpos como **imanes**[4].

Acudid a mis venas y a mi boca.

Hablad por mis palabras y mi sangre.

*Canto general* (1950)

[1] **diseminado/a:** esparcido, extendido por muchos lugares.

[2] **taladrado/a:** agujereado.

[3] **derramado/a:** vaciado, vertido.

[4] **imán:** piedra magnética.

## *Después de leer*

**D. Lee muy atentamente el primer verso, "Sube a nacer conmigo, hermano", porque si lo entiendes, entenderás una buena parte del poema. Vamos palabra por palabra:**

1. Cuando decimos que *subimos* es porque estamos en un algún lugar más abajo. En los primeros versos hay exactamente tres palabras relacionadas con esta idea. Escríbelas.

   ..................................................     ..................................................     ..................................................

   ¿De dónde piensas que tienen que subir? ¿Es un lugar real o imaginario?

2. Aquí tienes varios significados del verbo *nacer*. ¿Cuál crees que es el más apropiado para este poema? Justifica tu elección con algunos versos del poema.

   ○ **a.** Salir del vientre de la madre.

   ○ **b.** Dejarse ver, dejar que te vean.

   ○ **c.** Empezar algo.

3. A partir del verso 8 Neruda se dirige a alguien a quien ya en el verso 1 llama *hermano*, ¿a quién crees que se refiere? ¿Qué les pide? ¿Crees que son personas del presente o del pasado?

   ....................................................................................................................................................

   ....................................................................................................................................................

**E. Resume en un breve texto el contenido de esta parte del poema (versos 1-15).**

**F.** Aquí tenemos el otro verso fundamental con el que se inicia la segunda parte: "Yo vengo a hablar por vuestra boca muerta". ¿Qué quiere decir? Justifica tu elección con algunos versos.

    ○ **1.** La tierra os escucha.

    ○ **2.** Yo estoy con vosotros, pero guardad silencio.

    ○ **3.** Yo, el poeta, quiero convertirme en vuestra voz.

**G.** En los versos finales, el poeta pide al pueblo olvidado fuerza para la lucha, pero también les pide que se fundan con él. ¿En qué versos expresa esta última idea?

.................................................................................................................................................

**H.** Del verso 4 al 7 el poeta utiliza un tiempo verbal, ¿cuál es? ..................................
¿Qué crees que quiere transmitirles ahora el poeta?

    ○ **1.** Un compromiso.

    ○ **2.** Una adivinación del futuro.

    ○ **3.** Una advertencia.

**I.** Pero en realidad, ¿qué tiempo verbal es el que predomina en el poema? ..................................

¿Qué piensas que quiere transmitir con él el poeta?

    ○ **1.** Les da una orden.

    ○ **2.** Les da un consejo.

    ○ **3.** Se ofrece a ellos.

**J.** Una figura que es muy del gusto de Neruda es la sinécdoque, lo hemos visto en el poema anterior. En este vuelve a utilizarla. Señala las que se refieren al propio poeta y las que se refieren al pueblo.

| Poeta | Pueblo |
|---|---|
|  |  |
|  |  |

**Y tú, ¿qué opinas?**

**K.** ¿Piensas que hoy en el mundo se siguen cometiendo injusticias? Haz una lista de ellas con tu compañero. ¿Quién crees que puede solucionarlas?

**L.** ¿Siguen los artistas siendo importantes para denunciar esas situaciones? Busca alguna película, actor o actriz, cantante, etc. que se haya destacado por eso y expónselo al resto de la clase.

# 4 RECURSOS LITERARIOS: LA HIPÉRBOLE

La **hipérbole** consiste en presentar la realidad de **forma exagerada** tanto por exceso como por reducción. Es un **recurso de intensificación** mediante el cual algún aspecto o cualidad quedan especialmente señalados por quien lo usa. La hipérbole llega a ser inverosímil, es decir, imposible, pero como se ha indicado, no busca engañar sino que el lector comprenda de forma inmediata la **importancia de lo exagerado** y que lo traduzca a una medida conocida.

1. **Aquí tienes un ejemplo usado por Miguel Hernández en la "Elegía".**

   "Tanto dolor se agrupa en mi costado / que por doler me duele hasta el aliento".

   Señala **dónde está la hipérbole y expresa con tus palabras lo que quiere trasmitir el poeta.**

   ..............................................................................................................................................................................................

   ..............................................................................................................................................................................................

2. **Pero la hipérbole en Miguel Hernández no siempre tiene el dramatismo de estos versos. Lee el "Silbo de afirmación en la aldea" y:**

   a. Completa estas hipérboles.

   - En la ciudad hay tanta gente y tantas cosas que te sientes como ....................................
   - Las escaleras son difíciles como ....................................
   - Los ascensores descienden como ....................................
   - En la ciudad todo es .................................... nada es ....................................

   b. ¿Con qué asociarías tú esos objetos?

   c. ¿De qué otros elementos de la ciudad crees que se podría hablar exageradamente? Piensa en el tráfico, los rascacielos, los anuncios luminosos… y crea hipérboles.

3. **Como ves, las hipérboles se asocian muchas veces a la comparación y a la metáfora y son muy populares en la lengua coloquial. ¿Te sabes estas?**

   a. Estar gordo como ....................................
   b. Tener la cabeza más dura que ....................................
   c. Ser más pesada que ....................................
   d. Ser flaco como un ....................................
   e. Ser más rápido que ....................................
   f. Cuando algo asombra se dice que se abren los ojos como ....................................
   g. Cuando vas mal de dinero se dice que no tienes ni ....................................
   h. Cuando tienes mucho apetito en realidad estás .................................... de hambre.

4. **Para terminar, inventa algunas hipérboles y comprueba si tus compañeros adivinan qué significan.**

# LA LITERATURA DURANTE EL FRANQUISMO: LA NARRATIVA

> Por si fuera poco el horror de la Guerra Civil, después los españoles tuvieron que sufrir 40 años de dictadura. Se dice pronto.

> Ya, pero apenas nadie se rebeló contra Franco. Dejaron que les gobernara hasta que murió en 1975.

> Sí, pero es que la gente en España estaba harta de violencia y solo quería vivir en paz.

## CLAVES DE UNA ÉPOCA

### EL FRANQUISMO (1939-1975)

☐ El general **Franco** estableció una **dictadura militar**, personalista, católica y nacionalista, que mantuvo el orden y la disciplina en todo el país. Persiguió a opositores, ejecutó a miles de ellos y ejerció una sangrienta **represión** en cárceles y campos de concentración. Eliminó todo tipo de libertades y persiguió las lenguas y las culturas gallega, vasca y catalana.

☐ Si la Guerra Civil había sido dura y cruel, la **posguerra** fue peor. El país sufrió unos años durísimos de **hambre**, **miseria** extrema y **racionamiento** de comida y productos básicos.

☐ España no participó en la **II Guerra Mundial** pero ayudó de manera indirecta a Hitler. El triunfo de los aliados condujo al **aislamiento internacional** de la dictadura de Franco, las sanciones de la ONU y la exclusión de España del *Plan Marshall* para reconstruir Europa. No fue hasta los años 50 cuando la alianza de España con los Estados Unidos durante la **Guerra Fría** acabó con su aislamiento internacional.

Retrato de Francisco Franco Bahamonde

☐ La **Iglesia católica** había sido perseguida durante la II República y, especialmente, durante la Guerra Civil, en la que fueron asesinados miles de curas y religiosas. Así que apoyó la dictadura franquista desde el comienzo de la guerra, a la que llamó *cruzada*. El Catolicismo era la religión oficial del país y se prohibieron manifestaciones públicas de otras religiones. Se anularon las leyes republicanas del **matrimonio civil** y el **divorcio** y se entregó la **educación** y el control de la **censura** a la Iglesia. Durante el franquismo, estuvo prohibido el **aborto** y el uso de **anticonceptivos**. Se consideraba que el núcleo de la sociedad lo formaba la **familia**, de acuerdo con un modelo patriarcal de **sumisión de la mujer** al hombre. Más tarde, a partir del Concilio Vaticano II, la

Iglesia se distanció de la dictadura y comenzó a mostrarse crítica con la falta de libertades.

☐ En la **década de los 60** la liberalización económica mejoró el **nivel de vida** de los españoles de manera espectacular. El país se abrió al comercio internacional y a las inversiones extranjeras. Fueron años de gran **movilidad social** y de cambios de costumbres por la llegada de millones de **turistas extranjeros** cada año a las playas españolas y por la **emigración** masiva de trabajadores a Europa. Creció la población, mejoró el nivel de **alfabetización** y se modernizaron el sistema educativo y la **asistencia sanitaria**.

Desfile militar

☐ Se produjo un **éxodo del campo a la ciudad** que dejó desiertos miles de pueblos y creó una extensa **clase media urbana**. Surgió una moderna **sociedad de consumo**: a los hogares españoles llegó el coche, la radio, la televisión, el gas butano y los electrodomésticos. Todo esto trajo consigo una menor influencia de la Iglesia católica en la sociedad y nuevos hábitos de relación social y sexual, influidos por modas y costumbres de otros países.

☐ La dictadura se adaptó a la nueva situación y experimentó **cierta apertura**, pero se mantuvo la falta de libertades, la represión y las ejecuciones hasta poco antes de la muerte de Franco en 1975.

Valle de los Caídos

**1.** **Contesta a las siguientes preguntas para entender mejor las claves de esta época.**

　**a.** ¿Por qué sufrió España el aislamiento internacional durante los años 40?

　.................................................................................................................................................................

　**b.** ¿Qué circunstancias ayudaron a España a salir de su aislamiento internacional?

　.................................................................................................................................................................

　**c.** ¿Cómo influyó la Iglesia católica en el modelo de familia española de esos años?

　.................................................................................................................................................................

　**d.** Explica cómo cambió la sociedad española a partir de la década de los 60. Señala cuáles fueron sus causas.

　.................................................................................................................................................................

**2.** **¿Qué cosas estaban permitidas** durante el franquismo (Sí)? **¿Cuáles eran ilegales (No)?**

| | SÍ | NO |
|---|---|---|
| **a.** Votar y elegir a los cargos públicos, por ejemplo, alcaldes o presidentes del Gobierno. | O | O |
| **b.** Criticar libre y públicamente la política del Gobierno. | O | O |
| **c.** Recibir educación en lengua vasca, gallega o catalana. | O | O |
| **d.** Elegir libremente estudios o profesión. | O | O |
| **e.** Participar en servicios religiosos protestantes en lugares públicos. | O | O |
| **f.** Que una mujer pudiera abrir una cuenta corriente en el banco, llevar su propio negocio o trabajar fuera de casa sin autorización de su marido. | O | O |
| **g.** Pertenecer a un partido político o a un sindicato obrero. | O | O |
| **h.** Moverse libremente por España. | O | O |
| **i.** Viajar o emigrar al extranjero. | O | O |
| **j.** Divorciarse. | O | O |
| **k.** Hacer huelga. | O | O |

**3.** **Averigua lo siguiente sobre la España de Franco:**

    **a.** Cuál era el lema de las monedas españolas.
    **b.** Qué fue la *división azul*.
    **c.** Qué era el *estraperlo* y la *cartilla de racionamiento*.
    **d.** Qué es, dónde está y cómo es el *Valle de los Caídos*.
    **e.** Qué fue el *seiscientos* y qué significó para la vida de los españoles.
    **f.** Qué era y cómo vivía un *cura obrero*.
    **g.** Cómo cambió el pequeño pueblo pesquero de Benidorm a partir de los años 60.
    **h.** Escucha la canción *l'estaca* de Lluís Llach, encuentra su letra (está en catalán) y explica su significado político.
    **i.** Quién fue y cómo murió Carrero Blanco.
    **j.** Qué era la ley de peligrosidad social.

**4.** **¡Vamos a transformar la clase en una galería de arte!**

    **a.** Buscad por Internet fotografías que sirvan para ilustrar la vida en España durante la dictadura de Franco. Podéis usar estas palabras clave en vuestra búsqueda:

       • Para la posguerra española: *hambre, miseria, cartilla de racionamiento.*

       • Para la política del franquismo: *símbolos franquistas, Falange Española, Iglesia y franquismo, el Valle de los Caídos, desfiles franquistas, Francisco Franco, represión, abrazo de Eisenhower y Franco.*

       • Para la sociedad española durante la dictadura: *emigrantes, mujeres, cárceles, Benidorm, seiscientos, economía.*

    **b.** Escribid para cada fotografía un pie de foto que la explique. Luego podemos elegir las mejores fotos y colgarlas para hacer una exposición fotográfica sobre el franquismo.

# 1 LOS AÑOS 40 Y 50: LA VUELTA A LA NOVELA REALISTA Y EL REALISMO SOCIAL

## LA NOVELA DEL EXILIO

- Durante la guerra civil española muchas personas, especialmente las vinculadas al mundo de la cultura, intelectuales, científicos, artistas y escritores, se exiliaron a otros países como Argentina, Francia o México. Algunos tardaron muchos años en regresar y otros no volvieron nunca. Esta fuga de cerebros **empobreció la vida cultural** de la posguerra española, junto con la represión y la censura oficial.

- Los novelistas del exilio no formaban un grupo homogéneo. Obligados a abandonar España, algunos hasta su muerte, sus obsesiones narrativas giraban en torno a la Guerra Civil y las secuelas que dejó en los exiliados. Su obra refleja un sentimiento agridulce de **atracción y rechazo hacia la patria perdida**.

- Algunos, como **Arturo Barea** en *La forja de un rebelde* (1941-44) o **Ramón J. Sender** en *Réquiem por un campesino español* (1960), se mantuvieron fieles a la tradición. Otros, como **Manuel Andújar** o **Max Aub**, escribieron novelas más complejas. **Rosa Chacel** o **Francisco Ayala** continuaron la literatura de vanguardia anterior a la guerra.

## LA POSGUERRA: AÑOS DE BÚSQUEDA Y DESORIENTACIÓN

- En España la Guerra Civil supuso una **ruptura violenta** que dejó la novela sin referencias y desconectada de su tradición inmediata. Algunos autores, como Unamuno o Valle-Inclán, habían muerto, y otros tuvieron que huir del país. La **censura** prohibió los libros de los autores exiliados y también de los autores extranjeros simpatizantes con la República, como André Malraux, John Dos Passos, Ernest Hemingway o Graham Green. El **aislamiento internacional** de España en esos años, además de político, fue también **cultural** y **artístico**.

- El ambiente cultural era de **desorientación** y **búsqueda** y los escritores buscaron sus modelos en la novela realista de autores como Galdós o Baroja.

- Dos novelas fundamentales rompieron con la narrativa triunfalista fascista de los primeros años y marcaron, con ello, el inicio de la novela de posguerra. La primera fue *La familia de Pascual Duarte*, de **Camilo José Cela** (1916-2002), que inició la corriente del **tremendismo**. El libro causó gran impacto por su falta de carácter moralista, su descripción de ambientes de miseria y su visión degradante de la vida. En él, su protagonista, un condenado a muerte, relata su propia vida, llena de episodios violentos como el asesinato de su propia madre.

- También causó asombro *Nada*, de **Carmen Laforet** (1921-2004), ganadora del *Premio Nadal* en 1945. En ella, se recogía el **ambiente opresivo** y **sórdido de la posguerra**. Su reflejo amargo de la vida cotidiana se convirtió en una característica de la novela de aquellos años, protagonizada por personajes desorientados en busca de sentido a una existencia vacía.

## EL REALISMO SOCIAL DE LOS AÑOS 50

- Camilo José Cela volvió a abrir camino en 1951 con la publicación de *La colmena*, novela de **protagonista colectivo** en la que se ofrecía un cuadro general del ambiente de miseria económica y moral del Madrid de 1942. Esta novela y la influencia de corrientes narrativas extranjeras, como el **cine**

**neorrealista** italiano o la novela norteamericana de la *Generación perdida* (en especial John Dos Passos), animó a numerosos escritores a seguir la tradición del **realismo social**.

- Durante esta década los novelistas se propusieron reflejar la **realidad social** lo más fielmente posible para que **los lectores tomaran conciencia** de ella. La literatura era para ellos, antes que nada, un **compromiso ético** y **político** con la situación de su país.

- Aunque hay gran variedad de autores y novelas, estas **características** son **comunes** a todos:

  1. Las novelas redujeron al mínimo la **trama narrativa**. Frente a la novela tradicional, donde la trama se ordenaba siguiendo un clímax y un desenlace, ahora se prefería una novela de **estructura abierta**.

  2. La estructura del relato es sencilla: sigue una **narración lineal**, sin cambios temporales. Las **descripciones** no abundan y se limitan a presentar ambientes. El **estilo** es directo y sencillo pues lo que les interesaba era el contenido y consideraban el **lenguaje** como un **instrumento de denuncia**.

  3. La figura del héroe individual da paso a un **protagonista colectivo**. La sociedad se convierte así en el tema mismo de la novela.

  4. Cuando el protagonista no era colectivo, se trataba de un **personaje representativo** de una clase social. No les interesaba explorar la subjetividad humana y rechazaban cualquier tipo de novela psicológica.

  5. El **diálogo** ocupa un lugar especial e importante. En él trataban de imitar las formas diversas de hablar de cada grupo social.

- Dentro del realismo social, se pueden distinguir **dos tendencias**:

  - El **objetivismo**, que se limitaba a presentar los hechos sin hacer juicios de valor ni comentarios, para que el lector sacara sus propias conclusiones. La **crítica social** solía ir **implícita**, pero no se planteaba de forma directa. La novela maestra de esta corriente fue *El Jarama* de **Rafael Sánchez Ferlosio** (1927), en la que el diálogo de sus personajes reflejaba el vacío de una sociedad que se aburría y solo buscaba matar el tiempo.

  - El **realismo crítico**, que tomó partido de manera clara a fin de despertar las conciencias y denunciar la **injusticia social** y la **miseria** de obreros, campesinos, mineros y chabolistas recién emigrados a los suburbios de las ciudades. También atacaron la frivolidad, el egoísmo y la crueldad de las clases altas.

Estos escritores despreciaban los **aspectos formales**, ya que para ellos lo más importante era su mensaje social y político y su voluntad de acercarse al pueblo. Por eso, **simplificaron su estilo** y su técnica narrativa.

**1.** **¡Concurso de conocimientos y memoria!** Esta vez vais a ser vosotros mismos los que busquéis preguntas para vuestros compañeros sobre la novela de posguerra. Naturalmente, ganará el grupo que dé más respuestas correctas.

    **a.** Dividid la clase en pequeños grupos de tres o cuatro personas. Cada grupo ha de preparar los siguientes tipos de preguntas:
- Dos preguntas de verdadero / falso.
- Dos preguntas que ofrezcan tres opciones falsas y una correcta.
- Dos preguntas más de respuesta breve.

    **b.** A continuación, cada grupo intentará contestar correctamente las preguntas que hayan preparado los otros grupos de la clase. Y claro está, ¡no os olvidéis de cerrar el libro para responder!

    **Un ejemplo de posibles preguntas:**
- Durante los años 40, los novelistas no escribieron una novela vanguardista y experimental. ¿Verdadero o Falso?
- El autor de la novela que dio inicio al realismo social en 1951 fue:
  a) Carmen Laforet; b) Camilo José Cela; c) Rafael Sánchez Ferlosio; d) Miguel de Cervantes.
- ¿Cómo se llaman las dos tendencias narrativas dentro del realismo social?

## 1.1. TRES BIOGRAFÍAS LITERARIAS: MIGUEL DELIBES, CAMILO JOSÉ CELA Y RAMÓN J. SENDER

**1.** **Las tres lecturas** de esta unidad pertenecen a tres autores diferentes: Ramón J. Sender, Camilo José Cela y Miguel Delibes. **Al buscar información sobre sus vidas, hemos mezclado las notas de unos y otros. Seguro que tú puedes poner orden y reescribir cada biografía con sus notas correspondientes.**

    **a.** Fue autor de varios libros de viajes sobre tierras de España como *Viaje a la Alcarria* (1948).

    **b.** Sus novelas más valoradas tratan de la memoria de la historia reciente: *Réquiem por un campesino español* (1960), sobre la guerra civil española, y la serie *Crónica del alba*, repleta de recuerdos autobiográficos de su infancia.

    **c.** Fue un escritor de ideología conservadora, al que le gustaban la provocación y el tremendismo. Recibió todos los premios literarios importantes como el Premio Cervantes (1995) y el Premio Nobel (1989).

    **d.** Su novela más famosa fue *La colmena* (1951), que trata sobre las miserias colectivas del Madrid de la posguerra. Algunos la consideran la mejor novela española del siglo XX.

    **e.** Se inició en el periodismo como dibujante, crítico de cine y, finalmente, como redactor del diario *El Norte de Castilla*, de Valladolid, del que llegó a ser director.

**f.** Apasionado de la caza y de la vida en el campo, supo reflejar en su obra el mundo rural castellano en novelas como *El camino* (1950) o *Las ratas* (1962).

**g.** Superó el realismo de sus primeras obras en novelas como *Cinco horas con Mario* (1966) o *Los santos inocentes* (1981), donde combina experimentación narrativa y una mirada crítica de la realidad social.

**h.** Participó en la guerra de Marruecos, escribió en periódicos anarquistas y en 1927 fue encarcelado durante la dictadura de Primo de Rivera por su militancia anarquista.

**i.** Tras la Guerra Civil tuvo que exiliarse, primero a México (1939-1942) y luego a Estados Unidos, donde trabajó como profesor de Literatura y siguió escribiendo.

**j.** Su primera novela, *La familia de Pascual Duarte* (1942), provocó un fuerte impacto por el tremendismo de las confesiones de un campesino condenado a muerte por múltiples crímenes.

**k.** Durante la Guerra Civil, su mujer fue fusilada por su participación política y militar a favor del bando republicano.

| MIGUEL DELIBES (1920-2010) | CAMILO JOSÉ CELA (1916-2002) | RAMÓN J. SENDER (1902-1982) |
|---|---|---|
| ☐ ☐ ☐ ☐ | ☐ ☐ ☐ ☐ | ☐ ☐ ☐ ☐ |

# Lectura 1: *¿POR QUÉ ME MATAN?*

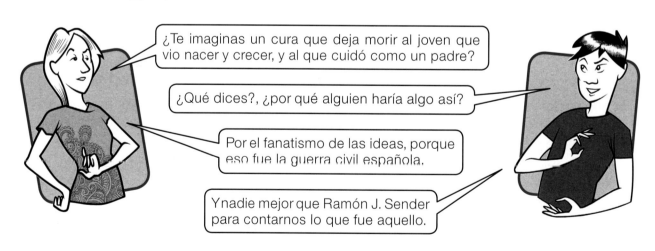

¿Te imaginas un cura que deja morir al joven que vio nacer y crecer, y al que cuidó como un padre?

¿Qué dices?, ¿por qué alguien haría algo así?

Por el fanatismo de las ideas, porque eso fue la guerra civil española.

Y nadie mejor que Ramón J. Sender para contarnos lo que fue aquello.

*Un sacerdote católico, Mosén Millán, recuerda el fusilamiento de un joven republicano de su pueblo durante la Guerra Civil. Paralizado por su cariño al preso, al que conoce desde que nació, y por el sentido de lealtad al bando franquista, se enfrenta a los últimos momentos de la vida de su amigo y a su propia conciencia.*

## Antes de leer

**A.** Esta lectura pertenece a *Réquiem por un campesino español*, una novela sobre la guerra civil española escrita en 1960 por Ramón J. Sender. El título que le hemos puesto, "¿Por qué me matan?" procede de las palabras de un personaje. Trata de imaginar:

1. Quién dice estas palabras: ..............................................................................................................
   ..............................................................................................................................................................

2. A quién se las dice: ...........................................................................................................................
   ..............................................................................................................................................................

3. En qué circunstancias o situación concreta las dice: ................................................................
   ..............................................................................................................................................................

4. Quién lo quiere matar y por qué: ...................................................................................................
   ..............................................................................................................................................................

Momentos después lo llevaban a empujones y **culatazos**[1] al pueblo. Le habían atado las manos a la espalda. Andaba Paco cojeando mucho, y aquella cojera y la barba de quince días que le ensombrecía el rostro le daban una apariencia diferente. Viéndolo Mosén Millán le encontraba un aire culpable. Lo encerraron en la cárcel del municipio.

5 Aquella misma tarde los señoritos forasteros obligaron a la gente a acudir a la plaza e hicieron discursos que nadie entendió, hablando del imperio y del destino inmortal y del orden y de la santa fe. Luego cantaron un himno con el brazo levantado y la mano extendida, y mandaron a todos retirarse a sus casas y no volver a salir hasta el día siguiente bajo amenazas graves.

10 Cuando no quedaba nadie en la plaza, sacaron a Paco y a otros dos campesinos de la cárcel, y los llevaron al cementerio, a pie. Al llegar era casi de noche. Quedaba detrás, en la aldea, un silencio temeroso.

El **centurión**[2], al ponerlos contra el muro, recordó que no se habían confesado, y envió a buscar a Mosén Millán. Este se extrañó de ver que lo llevaban en el coche del señor Cástulo.

15 (Él lo había ofrecido a las nuevas autoridades.) El coche pudo avanzar hasta el lugar de la ejecución. No se había atrevido Mosén Millán a preguntar nada. Cuando vio a Paco, no sintió sorpresa alguna, sino un gran desaliento. Se confesaron los tres. Uno de ellos era un hombre que había trabajado en casa de Paco. El pobre, sin saber lo que hacía, repetía fuera de sí una vez y otra entre dientes: "Yo me acuso, padre..., yo me acuso, padre..." El mismo

20 coche del señor Cástulo servía de confesionario, con la puerta abierta y el sacerdote sentado dentro. El **reo**[3] se arrodillaba en el estribo. Cuando Mosén Millán decía ***ego te absolvo***[4], dos hombres arrancaban al penitente y volvían a llevarlo al muro.

El último en confesarse fue Paco.

—En mala hora lo veo a usted —dijo al cura con una voz que Mosén Millán no le había oído

25 nunca. —Pero usted me conoce, Mosén Millán. Usted sabe quién soy.

—Sí, hijo.

—Usted me prometió que me llevarían a un tribunal y me juzgarían.

—Me han engañado a mí también. ¿Qué puedo hacer? Piensa, hijo, en tu alma, y olvida, si puedes, todo lo demás.

30 — ¿Por qué me matan? ¿Qué he hecho yo? Nosotros no hemos matado a nadie. Diga usted que yo no he hecho nada. Usted sabe que soy inocente, que somos inocentes los tres.
—Sí, hijo. Todos sois inocentes; pero, ¿qué puedo hacer yo?
—Si me matan por haberme defendido en las Pardinas, bien. Pero los otros dos no han hecho nada.

35 Paco se agarraba a la sotana de Mosén Millán, y repetía: "No han hecho nada, y van a matarlos. No han hecho nada". Mosén Millán, conmovido hasta las lágrimas, decía:
—A veces, hijo mío, Dios permite que muera un inocente. Lo permitió de su propio Hijo, que era más inocente que vosotros tres.
Paco, al oír estas palabras, se quedó paralizado y mudo. El cura tampoco hablaba. Lejos, en
40 el pueblo, se oían ladrar perros y sonaba una campana. Desde hacía dos semanas no se oía sino aquella campana día y noche. Paco dijo con una firmeza desesperada:
—Entonces, si es verdad que no tenemos salvación, Mosén Millán, tengo mujer. Está esperando un hijo. ¿Qué será de ella? ¿Y de mis padres?
Hablaba como si fuera a faltarle el aliento, y le contestaba Mosén Millán con la misma prisa
45 enloquecida, entre dientes. A veces pronunciaban las palabras de tal manera, que no se entendían, pero había entre ellos una relación de sobrentendidos. Mosén Millán hablaba atropelladamente de los designios de Dios, y al final de una larga lamentación preguntó:
—¿Te arrepientes de tus pecados?
Paco no lo entendía. Era la primera expresión del cura que no entendía. Cuando el sacerdo-
50 te repitió por cuarta vez, mecánicamente, la pregunta, Paco respondió que sí con la cabeza. En aquel momento Mosén Millán alzó la mano, y dijo: *Ego te absolvo in...* Al oír estas palabras dos hombres tomaron a Paco por los brazos y lo llevaron al muro donde estaban ya los otros. Paco gritó:
—¿Por qué matan a estos otros? Ellos no han hecho nada.
55 Uno de ellos vivía en una cueva, como aquel a quien un día llevaron la **unción**[5]. Los faros del coche —del mismo coche donde estaba Mosén Millán— se encendieron, y la **descarga**[6] sonó casi al mismo tiempo sin que nadie diera órdenes ni se escuchara voz alguna. Los otros dos campesinos cayeron, pero Paco, cubierto de sangre, corrió hacia el coche.
—Mosén Millán, usted me conoce —gritaba enloquecido.
60 Quiso entrar, no podía. Todo lo manchaba de sangre. Mosén Millán callaba, con los ojos cerrados y rezando. El centurión puso su revólver detrás de la oreja de Paco, y alguien dijo alarmado:
—No. ¡Ahí no!
Se llevaron a Paco arrastrando. Iba repitiendo en voz ronca:
65 —Pregunten a Mosén Millán; él me conoce.
Se oyeron dos o tres tiros más. Luego siguió un silencio en el cual todavía susurraba Paco: "Él me denunció..., Mosén Millán, Mosén Millán...".
El sacerdote seguía en el coche, con los ojos muy abiertos, oyendo su nombre sin poder rezar. Alguien había vuelto a apagar las luces del coche.
70 —¿Ya? —preguntó el centurión.
Mosén Millán bajó y, auxiliado por el **monaguillo**[7], dio la **extremaunción**[5] a los tres. Después un hombre le dio el reloj de Paco —regalo de boda de su mujer— y un pañuelo de bolsillo.
Regresaron al pueblo. A través de la ventanilla, Mosén Millán miraba al cielo y, recordando
75 la noche en que con el mismo Paco fue a dar la unción a las cuevas, envolvía el reloj en el pañuelo, y lo conservaba cuidadosamente con las dos manos juntas. Seguía sin poder rezar.

Pasaron junto al **carasol**[8] desierto. Las grandes rocas desnudas parecían juntar las cabezas y hablar. Pensando Mosén Millán en los campesinos muertos, en las pobres mujeres del carasol, sentía una especie de desdén involuntario, que al mismo tiempo le hacía avergonzarse y sentirse culpable.

80

*Réquiem por un campesino español* (1960)

[1] **culatazo:** golpe dado con la culata o parte posterior de un arma, en este caso fusiles.

[2] **centurión:** cargo en la jerarquía paramilitar de la Falange, el partido fascista español.

[3] **reo:** prisionero; persona detenida por un delito.

[4] ***ego te absolvo:*** expresión latina con que el sacerdote católico acaba el sacramento de la confesión mientras hace la señal de la cruz con la mano. Significa: "Yo te absuelvo (de tus pecados)…".

[5] **unción o extremaunción:** ritual o sacramento católico en el que el sacerdote asiste a una persona en peligro de muerte (un enfermo terminal, por ejemplo) y le aplica óleos o aceites sagrados. Cuando era niño, Paco iba con el cura para ayudarle como monaguillo.

[6] **descarga:** disparos simultáneos de varias armas de fuego.

[7] **monaguillo:** niño que ayuda al sacerdote en la misa y en otros servicios.

[8] **carasol:** nombre de un lugar del pueblo donde solían reunirse las mujeres antes de que los falangistas las ametrallaran.

## Después de leer

**B.** Responde a las siguientes preguntas.

1. ¿Por qué encontraba Mosén Millán en la apariencia de Paco "un aire culpable"?
2. ¿Quién condenó a Paco a morir fusilado?, ¿recibió un juicio justo?
3. ¿Qué gesto hacían los "señoritos forasteros" mientras cantaban un himno?, ¿lo conoces?
4. ¿Por qué los llama el narrador "señoritos"?, ¿sabes a quién se llamaba así en España? Averígualo.
5. ¿Qué ocurría cuando el sacerdote hacía la señal de la cruz con la mano y decía la expresión latina *ego te absolvo*?

**C.** El narrador no nos cuenta directamente los sentimientos de Paco y Mosén Millán hasta el final, pero los podemos adivinar por sus actitudes y palabras:

1. ¿Por qué crees que Mosén Millán "no se había atrevido a preguntar nada" cuando lo llevaron en coche al lugar de la ejecución?, ¿qué está insinuando el narrador?, ¿cómo dice que se sintió cuando vio que iban a fusilar a Paco?
2. ¿Qué le pide Paco a Mosén Millán?, ¿cómo reacciona el sacerdote?, ¿por qué crees que no hace nada si estaba "conmovido hasta las lágrimas"?
3. ¿Por qué se quedó Paco "paralizado y mudo"?, ¿qué ocurre entre ellos dos durante esos momentos de silencio?

**4.** El narrador dice que "Paco no lo entendía". ¿Qué es lo que no entendía?

**5.** ¿Cuáles son las últimas palabras de Paco? ¿Por qué no podía rezar Mosén Millán? Describe los sentimientos de ambos en esos últimos momentos.

**D.** **Las siguientes valoraciones proceden de una revista literaria. Léelas y busca en la lectura una frase que sirva de ejemplo para cada una de ellas.**

**1.** "Se trata de una lectura emotiva": .............................................................................................
..........................................................................................................................................................

**2.** "Ofrece una reflexión sobre el alma humana": ...........................................................................
..........................................................................................................................................................

**3.** "La ambigüedad del personaje lo hace más real": ......................................................................
..........................................................................................................................................................

**4.** "Hay escenas sobrecogedoras": ...................................................................................................
..........................................................................................................................................................

**5.** "El autor lanza un mensaje de denuncia política": .....................................................................
..........................................................................................................................................................

**E.** **¿Recomendarías la lectura de esta novela? Añade dos comentarios más para la revista literaria.**

**1.** .....................................................................................................................................................
..........................................................................................................................................................

**2.** .....................................................................................................................................................
..........................................................................................................................................................

 **Y tú, ¿qué opinas?**

**F.** **Mosén Millán y Paco eran como un padre y un hijo, pero la actitud del sacerdote es bastante ambigua.**

**1.** ¿Qué opinas de él? ¿Tiene alguna responsabilidad en la muerte de Paco?, ¿debería haber hecho algo por salvarlo?

**2.** ¿Qué crees que puede estar criticando el autor sobre el papel de la Iglesia católica durante la Guerra Civil?

**G.** **La confesión es un sacramento católico en el que una persona confiesa todos sus pecados e intimidades a un sacerdote para conseguir el perdón de Dios y corregir su vida.**

**1.** ¿Qué opinas de esta costumbre católica?, ¿crees que la orientación espiritual puede ser beneficiosa o es, ante todo, un mecanismo de control sobre la gente?

**2.** "El centurión, al ponerlos contra el muro, recordó que no se habían confesado". ¿Te parece paradójica esta preocupación del centurión por las almas de los tres campesinos? Explica tu respuesta.

## Ahora te toca a ti

**H.** El narrador no expresa directamente los sentimientos de Mosén Millán, aunque se intuyen. Imagina que llega a casa la noche del fusilamiento y se pone inmediatamente a escribir en su diario personal porque necesita desahogarse y expresar lo que siente. ¿Qué crees que escribiría? Usa tu imaginación y no te olvides de incluir:

    **1.** Su versión de lo ocurrido esa noche.

    **2.** Sus recuerdos de posibles experiencias compartidas con Paco desde que este era niño.

    **3.** Cómo expresa en primera persona sus emociones, posiblemente intensas y contradictorias.

**I.** El editor de esta novela te ha encargado buscar dibujos o fotografías para ilustrar las escenas y episodios que aparecen en esta lectura. Escribe también, en cada ilustración, un pie de foto con una cita extraída de la lectura.

# Lectura 2: *LA COLMENA*

La lectura que sigue pertenece a la novela *La colmena* escrita por el premio Nobel **Camino José Cela** en 1951. Se trata de un breve episodio de la vida en Madrid durante la posguerra que ofrece un ejemplo de la miseria económica y moral de aquellos años. Nada se dice pero todo se entiende...

## *Antes de leer*

**A.** ¿Sabes qué es una colmena?

**B.** Teniendo en cuenta que esta es una novela de realismo social ambientada en el Madrid de la posguerra, ¿a qué crees que puede hacer referencia el título?

31

Por la calle van cogidos de la mano, parecen un tío con una sobrina que saca de paseo. La niña, al pasar por la portería, vuelve la cabeza para el otro lado. Va pensando y no ve el primer escalón.

—¡A ver si te **desgracias**[1]!

5   —No.

Doña Celia les sale a abrir.

—¡Hola don Francisco!

—¡Hola amiga mía! Que pase la chica por ahí, quería hablar con usted.

—¡Muy bien! Pasa por aquí, hija, siéntate donde quieras.

10  La niña se sienta en el borde de una butaca forrada de verde. Tiene trece años y el pecho apunta un poco, como una rosa pequeñita que se vaya a abrir. Se llama Merceditas Olivar Vallejo, sus amigas la llaman Merche. La familia le desapareció con la guerra, unos muer-

tos, otros emigrados. Merche vive con una cuñada de la abuela, una señora vieja llena de puntillas y pintada como una mona, que lleva **peluquín**[2] y que se llama doña Carmen. En el barrio a doña Carmen la llaman por mal nombre "Pelo de muerta". Doña Carmen vendió a Merceditas por cien duros, se la compró don Francisco, el del **consultorio**[3].
Al hombre le dijo:

—¡Las **primicias**[4], don Francisco, las primicias! ¡Un clavelito!

Y a la niña:

—Mira hija, don Francisco lo único que quiere es jugar, y además, ¡algún día tenía que ser! ¿No comprendes?

*La colmena* (1951)

15

20

[1] **desgraciarse:** hacerse daño.

[2] **peluquín:** peluca pequeña que solo cubre parte de la cabeza.

[3] **consultorio:** local donde el médico recibe y atiende a sus pacientes.

[4] **primicia:** fruto primero. Noticia, hecho que se da a conocer por primera vez.

## *Después de leer*

**C.** **Responde a estas preguntas:**

1. ¿Qué le ha ocurrido a la familia de la niña?
2. ¿Qué relación tiene la niña con doña Carmen?
3. ¿Por qué le pagó don Francisco cien duros a doña Carmen?
4. Teniendo en cuenta que doña Celia es la dueña de una casa de citas, ¿de qué crees que quería hablar don Francisco con ella?
5. ¿De qué quería convencer Carmen a la niña?

**D.** **Explica qué quieren decir estas frases de doña Carmen:**

- A don Francisco: "¡Las primicias, don Francisco, las primicias! ¡Un clavelito!".
- A la niña: "Mira, hija, don Francisco lo único que quiere es jugar".

### Y tú, ¿qué opinas?

**E.** **¿Qué características del realismo social puedes encontrar en esta lectura?**

**F.** **Comentad en clase si el tema de esta lectura sigue siendo de actualidad. Dad ejemplos y compartid vuestra opinión.**

### Ahora te toca a ti

**G.** **Inventa y escribe otra escena para la novela de *La colmena*. Ten en cuenta que:**

1. Debe reflejar la miseria moral y económica de la vida en Madrid durante los primeros años de la posguerra.
2. Tienes que imitar el estilo narrativo de la novela del realismo social de los años 50: refleja solo las palabras y la conducta de los personajes. No entres en sus pensamientos.

El impacto social de la novela de los años 50 fue mínimo, ya que no era fácil cambiar las cosas o luchar contra la dictadura escribiendo novelas que muy pocos leían. Conscientes de ello, en la década siguiente, los novelistas se sintieron atraídos por los nuevos procedimientos narrativos de la **novela europea** y **estadounidense** de principios de siglo, especialmente novelistas como Marcel Proust, James Joyce o William Faulkner. También resultó determinante *el boom* **de la novela hispanoamericana** del momento, algunos de cuyos autores estaban triunfando esos años en España: Mario Vargas Llosa, Gabriel García Márquez o Julio Cortázar.

Básicamente, esta **novela experimental** se puede definir por su voluntad de **transgresión** y **ruptura** de las limitaciones formales del realismo de la década anterior:

- En estos años contar una historia había dejado de ser una tarea tan simple como la de alguien que sabe todo lo sucedido y lo cuenta tal y como fue. Renunciaron al **narrador omnisciente** y supuestamente objetivo. La posibilidad de entender la realidad y representarla con fidelidad ya no estaba tan clara. Reapareció el narrador para intervenir y comentar con libertad, incluso para burlarse y parodiar en todo tipo de **digresiones discursivas** sobre cualquier tema.

- Fue característica de estos narradores la técnica del **perspectivismo**, que consistía en la adopción de varios puntos de vista que ofrecían versiones diferentes y hasta contradictorias sobre un mismo hecho.

- Se acude al **narrador interno**, al personaje que narra en **primera persona** lo que ocurre, a veces alternándolo con secuencias narrativas en tercera persona. Aparece incluso la **segunda persona**, un *tú* que crea la sensación de un **diálogo ficticio** entre el narrador y un personaje o del propio narrador hablando consigo mismo.

- Lo que se cuenta ya no es un reflejo sin más de la realidad. El novelista no se pone límites e incluye historias en las que se combina realidad, **mito** y **fantasía**. Se da entrada a la **imaginación**, a lo irracional, a la burla, a la parodia, al juego con **géneros literarios marginales** como la novela policíaca o la novela sentimental.

- Se rompe la **linealidad temporal** del relato. Se alternan historias, se producen avances y retrocesos en el tiempo y se yuxtaponen momentos temporales distintos. Este **desorden cronológico** puede explicarse como un intento de reproducir los mecanismos caprichosos de la memoria de un personaje, que no siempre ordena sus recuerdos.

- Disminuye radicalmente la importancia del diálogo a favor de otros procedimientos como el estilo indirecto libre y el monólogo interior. En el **estilo indirecto libre** el narrador recoge en tercera persona las palabras y pensamientos del personaje desde cuyo punto de vista se narra, hasta el punto de que es difícil diferenciar entre narrador y personaje.

  En el **monólogo interior** se recoge en primera persona el pensamiento de un personaje. El lenguaje se presenta tal y como se supone que se suceden los pensamientos: fragmentado, incoherente, repetitivo. Se suceden recuerdos, asociaciones libres de ideas, miedos, obsesiones.

- Las **descripciones** adquieren valor por sí mismas, más allá de su función tradicional de presentación de ambientes. Se ha abandonado el ideal de objetividad y ahora se describe con intención, ya sea para sugerir un sentido simbólico, para criticar, para burlarse y parodiar o para jugar con el lenguaje.

- **Riqueza lingüística**. Se cuidó con esmero el estilo hasta el punto de borrar incluso los límites entre la prosa y el verso. El lenguaje poético penetra el estilo narrativo y hace la escritura más densa y difícil. Se juega también con el *collage*, incorporando textos de otros ámbitos: anuncios, informes policiales o científicos, expedientes judiciales, textos de periódico, etc.

- **Desestructuración de la sintaxis.** El lenguaje fue visto como una barrera o, más bien, como un esquema opresivo del que era necesario escapar. Su escritura rompía normas gramaticales y normas de puntuación.

- Esta novela pide un **nuevo tipo de lector** y exige nuevas formas de lectura. El lector tiene que dejar de ser un receptor pasivo; se pide de él una **colaboración activa** y creadora para recomponer lo que se le da como un rompecabezas o una sucesión de misterios.

La experimentación formal no abandonó la **preocupación social**. El autor era consciente de su mínimo impacto social y político pero no quería romper con su compromiso de denuncia de la dictadura y la injusticia. Así ocurre en la novela que introdujo este estilo: *Tiempo de silencio* de Luis Martín Santos (1924-1964), donde se combina la experimentación formal con una visión desoladora de la vida española.

**Juan Goytisolo** (1931) pasó de ser uno de los principales representantes del realismo crítico a liderar el movimiento experimental con *Señas de identidad* (1966) y otras novelas donde ataca con rabia las fuerzas de la tradición y las señas de identidad nacional: la religión, la lengua, la historia, las tradiciones, etc.

Uno de los experimentadores más radicales fue **Juan Benet** (1927-1993) por su fragmentación caótica y su exigencia de un estilo literario elevado y una sintaxis compleja. El resultado es una prosa de extrema densidad tal y como muestran obras como *Volverás a Región* (1967) o *Una meditación* (1970).

**1.** **¿Por qué se pensaba que el realismo social había fracasado?**

**2.** **Explica las diferencias y semejanzas entre la novela realista y la novela experimental en lo referente a estos aspectos:**

- **a.** Lenguaje y estilo.
- **b.** Punto de vista narrativo.
- **c.** Tipo de narrador.
- **d.** Orden cronológico.
- **e.** Función de las descripciones.
- **f.** Contenido e ideología.

**3.** **Comenta qué características de la novela experimental encuentras en estos breves fragmentos narrativos:**

Tú no la mataste. Estaba muerta. Yo la maté. ¿Por qué? ¿Por qué? Tú no la mataste. Estaba muerta. Yo no la maté. Ya estaba muerta. Yo no la maté. Ya estaba muerta. Yo no fui. No pensar. No pensar. No pienses. No pienses en nada. Tranquilo, estoy tranquilo.

Luis Martín Santos, *Tiempo de Silencio* (1962)

reflexiona todavía estás a tiempo
nuestra firmeza es inconmovible ningún esfuerzo tuyo logrará socavarla
piedra somos y piedra permaneceremos
no te empecines más márchate fuera
mira hacia otros horizontes danos a todos la espalda
olvídate de nosotros y te olvidaremos
tu pasión fue un error
repáralo
SALIDA
SORTIE
EXIT
AUSGANG

Juan Goytisolo, *Señas de identidad* (1966)

**4.** Comentad en pequeños grupos las siguientes cuestiones acerca del arte de vanguardia y haced luego una puesta en común con toda la clase:

**a.** ¿Habéis visto alguna vez una escultura hecha con excrementos o con trozos de cadáveres? ¿Qué opináis al respecto? Haced una lista de otros procedimientos formales y materiales del arte experimental que os hayan llamado la atención ya sea en pintura, en escultura, en música, en cine, en teatro, etc. ¿Se trata de arte o no es más que una estrategia publicitaria y comercial? Justificad vuestras opiniones con argumentos.

**b.** El arte y la literatura experimental y vanguardista suele levantar polémica y el rechazo del público. ¿Tenéis la impresión de que a veces el arte vanguardista no es más que un fraude al espectador?

**c.** ¿Es importante la conexión con el público para que algo se considere arte?, ¿es posible un arte sin público?

**d.** ¿Qué opináis del precio millonario que alcanzan ciertas obras de arte en las subastas o del dinero que se gasta en museos y exposiciones? ¿Está bien? ¿Es necesario?

**e.** ¿Qué es el arte? ¿Para qué sirve? ¿Para qué debería servir?

## Lectura 3: *CINCO HORAS CON MARIO*

Mira Helen. Aquí Delibes da en el clavo. ¡Qué mejor manera de criticar a los franquistas que darles voz y dejar que ellos mismos se retraten!

Parece mentira que una mujer diga las cosas que dice ella. En muchos aspectos ella es la primera víctima.

Pues sí. Pero no lo sabe, no se da cuenta. Yo creo que la verdad la destruiría.

En *Cinco horas con Mario* (1966), la técnica del monólogo interior permite a **Miguel Delibes** retratar la burguesía conservadora y reaccionaria del franquismo a través de la voz de su protagonista, mientras se desahoga y le habla durante cinco horas al cadáver de su marido.

## Antes de leer

**A.** El texto que vas a leer contiene abundantes expresiones coloquiales, como las que aparecen a continuación. **Escribe** la explicación que corresponda a cada una de ellas.

| expresión coloquial | definición |
|---|---|
| • Mujeres de la vida | |
| • Como Dios manda | |
| • Cuatro gatos | |
| • Cobrar dos reales | |
| • Estar entre pucheros | |
| • No tener vuelta de hoja | |
| • Trabajar como una burra | |
| • Sacar en limpio | |
| • Darle vueltas a algo | |
| • No hacer ascos a alguien | |
| • Dar ciento y raya a alguien | |
| • Encajar mal los golpes | |
| • Hacerse cargo de algo | |
| • Gente bien | |
| • Ponerse la carne de gallina | |
| • Revolver cielo y tierra | |
| • Echar a perder | |

32

### "Hoy en día, hasta las criadas quieren ser señoritas"

Para serte sincera, nunca me gustó Encarna, Mario, ni Encarna ni las mujeres de su **pelaje**[1], claro que para ti hasta las *mujeres de la vida* merecen compasión, que yo no sé dónde vamos a llegar, "nadie lo es por gusto; víctimas de la sociedad", me río yo, que los hombres puestos a disculpar resultáis imposibles, porque lo que yo digo, ¿por qué no trabajan? ¿Por qué no se ponen a servir *como Dios manda*? Que el **servicio**[2] desaparece no es ninguna novedad, Mario, cariño, y aunque tú salgas con que es buena señal, que **buen pelo hemos echado**[3] con tus teorías, lo cierto es que cada vez hay más vicio y, hoy en día, hasta las criadas quieren ser señoritas, para que te enteres, que la que no fuma, se pinta las uñas o se pone pantalones, yo qué sé. ¿Crees tú que esto es formalidad? Estas mujeres están destrozando la vida de familia, Mario, así como suena, que yo recuerdo en casa, dos criadas y una señorita para *cuatro gatos*, que aquello era vivir, que *cobrarían dos reales*, no lo niego, pero, comidas y vestidas, ¿quieres decirme para qué necesitaban más? Pues bueno era papá para eso: "Julia, ya está bien; deja un poco para que lo prueben también en la cocina". Entonces existía vida de familia, daba tiempo para todo y, cada uno en su clase, todos

5

10

**15** contentos. Ahora, tú me ves, **aperreada**[4] todo el día de Dios, si no *estoy entre pucheros*, lavando bragas, ya se sabe; que una no puede dividirse y por mucha disposición que tenga, con una criada para siete de familia, a **duras penas**[5] se puede ser señora. Pero de estas cosas los hombres no os dais cuenta, cariño, que el día que os casáis, compráis una esclava, hacéis vuestro negocio, como yo digo, que los hombres, ya se sabe, *no tiene vuelta de*
**20** *hoja*, siempre los negocios. ¿Que la mujer *trabaja como una burra* y no saca un minuto ni para respirar? ¡Allá se las componga!

### "Lo pasé bien en la guerra"

Yo, por mucho que digáis, lo pasé bien bien en la guerra, oye, no sé si seré demasiado ligera o qué, pero pasé unos años estupendos, los mejores de mi vida, no me digas, todo el mundo como de vacaciones, la calle llena de chicos, y aquel barullo. Ni los bombardeos me importaban, ya ves, ni me daban miedo ni nada, que las había que chillaban como locas
**5** cada vez que sonaban las sirenas. Yo no, **palabra**[6], todo me divertía, aunque contigo ni entonces ni después se podía hablar, que cada vez que empezaba con esto, tú, "calla, por favor", **punto en boca**[7], que te pones a ver, Mario, querido, y conversaciones serias, lo que se dice conversaciones serias, bien pocas hemos tenido. La ropa te traía sin cuidado, el coche no digamos, las fiestas otro tanto, la guerra, que fue una Cruzada, que todo el mundo
**10** lo dice, te parecía una tragedia, [...]

### "Saber pisar, saber mirar y saber sonreír"

Lo mismo que lo de Menchu con los estudios, a la niña no le tiran los libros y yo le alabo el gusto, porque en definitiva, ¿para qué va a estudiar una mujer, Mario, si puede saberse? ¿Qué *saca en limpio* con ello, dime? Hacerse un **marimacho**[8], ni más ni menos, que una chica universitaria es una chica sin feminidad, *no le des más vueltas*, que para mí una chica
**5** que estudia es una chica sin sexy, no es lo suyo, vaya, convéncete. ¿Estudié yo, además? Pues mira, tú *no me hiciste ascos*, que a la hora de la verdad, con todo vuestro golpe de intelectuales, lo que buscáis es una mujer de su casa, eso, y no me digas que no, que menudos **ojos de carnero degollado**[9] me ponías, hijo, que dabas lástima, y, en el fondo, si me conoces en la Universidad **hubieras hecho fu**[10], como el gato, a ver, que a los hombres se
**10** os ve venir de lejos y si hay algo que lastime vuestro amor propio es tropezar con una chica que *os dé ciento y raya* en eso de los libros. Mira Paquito Álvarez sin ir más lejos, cada vez que empleaba mal una palabra y yo le corregía se ponía loco, aunque aparentase echarlo a broma, ya, ya, bromas, claro que Paco procedía de un medio artesano y *encajaba mal los golpes*, eso también es verdad. ¿Sabes lo que decía mamá a este respecto? Decía, verás,
**15** decía, "a una muchacha bien, le sobra con saber pisar, saber mirar y saber sonreír y estas cosas no las enseña el mejor catedrático". ¿Qué te parece? A Julia y a mí nos hacía andar todas las mañanas diez minutos por el pasillo con un librote en la cabeza y decía con mucha guasa, "¿veis como los libros también pueden servir para algo?" Pues, lo que oyes, saber pisar, saber mirar y saber sonreír, **no cabe**[11], me parece a mí, resumir el ideal de feminidad
**20** en menos palabras, por más que tú a mamá nunca la tomaste en serio, que es una de las

cosas que más me duelen, porque mamá, aparte inteligente, que era excepcional, papá mismo lo dice, que no es cosa mía, tenía unos modales y un señorío que no se improvisan. A mí me maravillaba, te lo confieso, su facilidad para *hacerse cargo de una situación* y su **tino**[12] para catalogar a un individuo, y todo pura intuición, que de estudios, nada, ya lo
25  sabes, es decir se educó en las Damas Negras, y estuvo un año en Francia, en Dublín creo, no me hagas caso, pero sabía el francés a la perfección, lo leía de corrido, pásmate, igualito que el castellano. Y es lo que yo me pregunto, Mario, ¿por qué Menchu no puede **salir a**[13] mamá? Pero contigo no hay razones, Mario, cada suspenso una catástrofe,

[...]

y si Menchu saca la **reválida**[14] de cuarto la próxima convocatoria, ya está bien, que hay
30  muchas que a los 18 años todavía no han empezado el grado, para que te enteres, ahí tienes a Mercedes Villar, y no es tonta. Y cuando acabe, si Dios me da medios, que esa es otra, la lanzaré, en cuanto **se quite el luto**[15], fíjate, que no es cosa de desperdiciar los mejores años, pero nada de trabajar, otra manía que Dios te haya perdonado, Mario, porque, ¿desde cuándo trabajan las señoritas? Si en tu mano estuviera, la *gente bien* iríamos de tumbo en
35  tumbo hasta confundirnos con los artesanos,

[...]

35

## "Valores espirituales y decencia"

Los extranjerotes esos, con todos sus **adelantos**[16], nada tienen que enseñarnos, que si vienen aquí, como dice papá, es a comer caliente y nada más que a eso, que es una vergüenza las playas, y el Perret, si pudiera, ya daría marcha atrás en su país, y resucitaría el señorío, que **a la legua**[17] se ve que viene de *gente bien*, pero como no puede, que se fastidien to-
5   dos que es el camino más fácil. Recuerda el artículo de papá, que lo tengo recortado, una maravilla, cada vez que lo leo *se me pone la carne de gallina*, fíjate, y ese final, "máquinas, quizás no; pero valores espirituales y decencia, para exportar", que es la pura verdad, y to- cante a valores religiosos, no digamos, Mario, cariño, lo que pasa es que ahora os ha dado la monomanía de la cultura y andáis *revolviendo cielo y tierra* para que los pobres estudien,
10  otra equivocación, que a los pobres les sacas de su centro y no te sirven ni para finos ni para bastos, les *echáis a perder*, convéncete, en seguida quieren ser señores y eso no puede ser, cada uno debe arreglárselas dentro de su clase cómo se hizo siempre, que me hacéis gracia con esa campaña de "El Correo", que yo no sé cómo no lo cierran de una vez, la verdad, para que todos los chicos, ricos y pobres, puedan ir a la universidad, menudo lío, que eso es
15  una **sandez**[18], y perdona mi franqueza.

*Cinco horas con Mario* (1966)

---

[1] **pelaje**: clase y calidad. Expresión despectiva.

[2] **servicio**: conjunto de criados y sirvientes.

[3] **echar buen pelo**: comenzar a mejorar de fortuna, ir a mejor. Aquí, dicho con ironía.

[4] **aperreado/a**: agotado y sin descanso por el trabajo.

[5] **a duras penas:** con gran dificultad.

[6] **palabra**: expresión para afirmar la verdad de lo que se dice. Aquí, similar a *de verdad, te lo prometo*.

[7] **punto en boca**: expresión para pedir a alguien que se calle.

<sup>8</sup> **marimacho:** mujer que parece un hombre. Se usa como insulto.

<sup>9</sup> **ojos de carnero degollado:** ojos tristes y embobados.

<sup>10</sup> **hacer fu:** salir huyendo. La palabra *fu* imita el bufido de los gatos.

<sup>11</sup> **no cabe:** no se puede.

<sup>12</sup> **tino:** acierto y destreza. Juicio y cordura.

<sup>13</sup> **salir a alguien:** parecerse a alguien de la familia (en este caso a la abuela).

<sup>14</sup> **reválida:** examen oficial al acabar los estudios de secundaria o bachillerato.

<sup>15</sup> **quitarse el luto:** abandonar, tras un periodo de tiempo, la ropa negra u oscura que se llevaba como expresión de dolor por la muerte de alguien (aquí, Mario).

<sup>16</sup> **adelanto:** invento, avance técnico y material.

<sup>17</sup> **a la legua:** desde muy lejos.

<sup>18</sup> **sandez:** bobada, simpleza, tontería.

## Después de leer

**B.** Responde a las preguntas sobre cada uno de los fragmentos:

### "Hoy en día, hasta las criadas quieren ser señoritas"

1. ¿A quién calificaba Mario de *víctimas de la sociedad*? Explica la opinión de Carmen sobre estas mujeres.
2. Para Mario es *buena señal* que el servicio desaparezca. ¿Por qué crees que opinaba así?, ¿de qué era buena señal?
3. ¿A qué llama Carmen *vicio*?
4. ¿Qué es lo que, según ella, destrozaba la vida en familia?
5. ¿Qué recibían las criadas a cambio de su trabajo?
6. ¿Qué le decía su padre cuando era niña?, ¿qué quiere demostrar con este ejemplo sobre cómo eran las cosas antes?
7. ¿En qué consiste, según Carmen, *ser señora*?, ¿por qué se queja de que a duras penas puede serlo ella?
8. ¿Qué le echa en cara a los hombres?

### "Lo pasé bien en la guerra"

1. ¿Qué nos dicen de Carmen sus palabras y recuerdos sobre la Guerra Civil?
2. Explica las diferencias de opinión entre Carmen y Mario acerca de la Guerra Civil. ¿Cuál de los dos crees que sigue la línea oficial del franquismo? Justifica tu respuesta.
3. ¿A qué llama Carmen *conversaciones serias*? Explica a qué se debía la falta de comunicación en el matrimonio.

### "Saber pisar, saber mirar y saber sonreír"

1. ¿Qué entiende Carmen por *marimacho*? Explica los requisitos para que, según ella, una mujer sea *femenina*.
2. ¿Cuál es la razón por la que cree que enamoró en su momento a Mario?
3. ¿Qué dice de los gustos y preferencias de los hombres?, ¿y de su orgullo y amor propio?
4. ¿Qué es lo que, según ella, fingía Paquito Álvarez? ¿Por qué crees que Carmen se atrevía a corregir su manera de hablar?

5. ¿Por qué les ponían los libros en la cabeza? Explica qué es lo que aprendían y con qué objetivo.

6. ¿Qué era, según la madre de Carmen, lo único que tenía que saber una *muchacha bien* para responder al *ideal de feminidad*?, ¿qué sería, entonces, lo que no debería saber una chica para no parecer *un marimacho*?, ¿en qué convertía este ideal a la mujer?

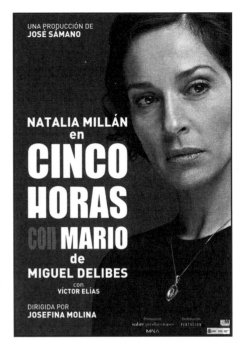

UNA PRODUCCIÓN DE
**JOSÉ SÁMANO**

NATALIA MILLÁN
en
**CINCO HORAS** con **MARIO**
de
**MIGUEL DELIBES**
con
VÍCTOR ELÍAS

DIRIGIDA POR
**JOSEFINA MOLINA**

7. ¿Qué cualidades hacían de su madre un modelo de mujer?

8. Frente a conocimientos y educación, Carmen antepone la *intuición* femenina. Explica en qué consiste.

9. ¿Qué era una catástrofe para Mario?, ¿cómo veía él la educación de su hija Menchu?

10. Carmen afirma de su hija: "la lanzaré, en cuanto se quite el luto". ¿Qué es lo que planea hacer con ella?, ¿a qué la va a lanzar?

11. Carmen lo tiene claro: "¿Desde cuándo trabajan las señoritas?". ¿A quién le corresponde trabajar, según Carmen?

12. ¿Qué tienen en común dos personajes tan diferentes como este de Carmen y la Bernarda Alba de García Lorca? Explícate.

### "Valores espirituales y decencia"

1. ¿Por qué crees que afirma "que es una vergüenza las playas"? ¿A qué nuevo fenómeno se está refiriendo?

2. ¿Qué se supone que han perdido los extranjeros y envidian de España?

3. Explica las ideas del artículo que escribió en su momento el padre de Carmen acerca de España y Europa.

4. ¿Qué busca la campaña del periódico *El Correo*?

5. ¿Por qué crees que Carmen desearía que cerraran *El Correo*?

 **Y tú, ¿qué opinas?**

**C. En una novela no hay que confundir al narrador con el autor. Una cosa son las palabras que dice Carmen y otra lo que intuimos que piensa Delibes al respecto, el mensaje que nos intenta transmitir a los lectores. Resume con tus palabras las ideas de Miguel Delibes acerca de:**

1. La burguesía conservadora de los años 50 y 60.

2. La educación de la mujer y el ideal de feminidad.

3. La división de la sociedad española en dos clases sociales: la burguesía (la gente bien) y los trabajadores (los artesanos y los pobres).

**D.** **¡A debate!** **Carmen saca a la luz muchos temas sobre los que se puede debatir y que siguen siendo de actualidad. Habla con tus compañeros y expresa tu opinión sobre ellos.**

1. ¿Qué opinas de la prostitución? ¿Compartes con Mario la idea de que las prostitutas son "víctimas de la sociedad"? ¿Por qué nunca se habla de sus clientes?

2. ¿Crees que hay algo de verdad en lo que dice de los hombres, que al final se casan con las "buenas" o que no les gustan las mujeres inteligentes?

3. ¿Sigue existiendo hoy en día un ideal de "feminidad"? ¿El ideal de feminidad abre puertas a las mujeres o las cierra? Apoya tu respuesta con argumentos y ejemplos de hoy en día.

**E.** Compara **las ideas del artículo del padre de Carmen sobre España y Europa con las ideas de Larra, tal y como vimos en la unidad 1 (fíjate en la lectura 3).**

 **Ahora te toca a ti**

**F.** **Ya has visto cómo Carmen se desahoga y le dice todo lo que tiene dentro al cadáver de su marido.** Elige **uno de estos posibles personajes (o invéntate tú mismo otro) y en tu cuaderno haz lo mismo que hace Delibes con Carmen: no hables tú; que hablen ellos.**

1. Mario le responde a Carmen desde el más allá.

2. Una madre le habla a un hijo enfermo en el hospital.

3. El amor de tu vida se ha ido y te ha dejado hundido.

4. Una mujer maltratada por su marido decide dejarlo.

5. Te has enamorado de la pareja de tu mejor amigo y sientes remordimientos.

- Es importante que combines narración de **recuerdos** y **experiencias** vividas con expresión subjetiva de **ideas** y **emociones**.

- Y olvídate de la lógica y el orden. ¡Que las ideas fluyan espontáneamente!

# 3 RECURSOS LITERARIOS: EL PUNTO DE VISTA NARRATIVO

**A** veces en una historia no solo importa qué se cuenta sino también quién la cuenta, es decir, quién es el narrador. Se suele distinguir entre dos tipos de narrador:

**a. Narrador externo:** la historia está contada desde fuera, desde alguien que no pertenece a ella. Así sucede, por ejemplo, en la mayoría de los cuentos infantiles. En este caso es muy raro que el narrador haga referencia a sí mismo en primera persona.

**b. Narrador interno:** quien cuenta la historia está dentro de ella; es decir, se trata de un personaje que cuenta su versión de los hechos. Puede ser el **protagonista** (como en unas memorias o en una autobiografía) o un personaje secundario, un **testigo** de los hechos (como el Doctor Watson en las novelas de Sherlock Holmes). Evidentemente, en el primer caso el empleo de la primera persona es mucho más frecuente, puesto que el narrador de quien habla fundamentalmente es de sí mismo y de lo que le ocurre.

 **Ahora te toca a ti**

1. **Vamos a jugar con la posibilidad de contar una historia desde diferentes puntos de vista.**

   a. Primero tenéis que elegir una noticia interesante.

   b. Después, en grupos, debéis imaginar que sois uno de los protagonistas de la noticia o simples testigos de lo ocurrido.

   c. Una vez decidida vuestra identidad, tenéis que escribir vuestra *versión* de la historia, para lo cual debéis adoptar el punto de vista de vuestro personaje.

# LA LITERATURA DURANTE EL FRANQUISMO: POESÍA Y TEATRO

¡Estoy entusiasmado, Helen! Vamos a seguir estudiando poesía y teatro, ¡¡¡con lo que a mí me gusta actuar!!!

Ni que lo digas, Akira, eres de un *dramático* y un sensible… De todos modos, sabrás que no todo en poesía es *amor*. En esta unidad veremos ejemplos de cómo la poesía también representa denuncia social, compromiso ideológico, preguntas sobre la condición humana…

Claro, "Ser o no ser, he ahí la cuestión" ;-)

## CLAVES DE UNA ÉPOCA

### EL FRANQUISMO (1939-1975)

Si no recuerdas los aspectos más relevantes de la época del franquismo, relee las *claves* del tema 8.

# 1 LA POESÍA DURANTE EL FRANQUISMO

La **poesía** de la dictadura se podría dividir en varios estilos según los años en los que se escribe y según la ideología de quienes escriben:

- Poesía **arraigada (años 40)**. Poesía que escribieron los seguidores de Franco (vencedores). Se caracteriza por ofrecer una **visión** supuestamente **ordenada** y **coherente del mundo**. Se inspiran en poemas de **Garcilaso de la Vega**, y los temas principales son el amor, la familia y el sentimiento religioso. Algunos autores son: Luis Rosales, Leopoldo Panero o Dionisio Ridruejo.

- Poesía **desarraigada (años 40)**. Poesía que escribieron los escritores afines al **bando republicano** (los vencidos). Se caracteriza, al contrario de la poesía arraigada, por la **angustia vital**, el desarraigo y el nihilismo (nada, vacío). Los temas principales son la angustia, la desesperanza, la duda. Entre los autores destacan Gabriel Celaya y Blas de Otero.

- Poesía **social**. Esta poesía se caracteriza por la **denuncia** de la falta de libertad. Surge tras el relativo aperturismo de los años 60. Los autores de esta poesía la emplean como instrumento reivindicativo, para concienciar a la sociedad. El desarraigo inicial de estos poetas (Blas de Otero y Gabriel Celaya) se vuelve **preocupación** y **compromiso** social. La poesía es un instrumento para transformar el mundo, un acto de solidaridad con los que sufren. La temática de estos poemas es, sobre todo, el tema de España, el anhelo de libertad, el trabajo, la injusticia social, etc. Además de Otero y Celaya destacaron José Hierro, Ángel González, J. A. Goytisolo, José M.ª Valverde, Jaime Gil de Biedma, etc.

- Poesía de los *novísimos*. Generación de poetas que escribe en los años 70. Entre ellos destacan Guillermo Carnero, Ana M.ª Moix, V. Molina Foix, M. Vázquez Montalbán, etc. Son poetas nacidos después de la guerra, formados en una educación tradicional, pero influidos por la cultura de la época, la televisión, los cómics, la música y sus viajes y estancias en el extranjero. Temas de los que hay amplias referencias en sus poesías.

**1.** **Relaciona** algunos de los temas recurrentes en los poemas de la posguerra con el tipo de poesía al que corresponden. **Busca** en Internet autores que escriban estos tipos de poesía e incluye ejemplos de algunos poemas para compartir en clase.

| Temática | Tipo de poesía | Autores |
|---|---|---|
| 1. La hostilidad de la existencia, la angustia, el caos del mundo. | a. Poesía arraigada | |
| 2. Escriben con una nueva sensibilidad, influidos por la cultura popular (cine, teatro, televisión y estancias y viajes en el extranjero). | b. Poesía desarraigada | |
| 3. Recuerdos de España, casi siempre anteriores a 1939, reflexiones sobre la guerra, ansias de regreso. | c. Poesía social | |
| 4. La familia, la patria, la religión. | d. Poesía del exilio | |
| 5. Denuncia de las desigualdades sociales, falta de libertad política. | e. Poesía de los novísimos | |

**2.** **Relaciona** las estrofas de poemas seleccionados con el tipo de poesía a la que crees que corresponden. **Justifica tu elección.**

| | Estrofas | Tipo de poesía | Sentimientos que nos provoca |
|---|---|---|---|
| **a.** | [...]<br>somos tuyos, Señor, te acrecentamos,<br>te encarnamos de nuevo, somos tuyos,<br>Señor;<br>Somos tus manos.<br>(Luis Rosales. *La casa encendida*, 1949) | *Poesía arraigada:* tema de la religión, en este caso, católica. | *Parece que el poeta está rezando. Es como una oración. Da la sensación de* **abandono** *en la fe* somos tuyos *y además, deja el* yo *y se suma a todos (* somos *).* |
| **b.** | [...]<br>Hermanos, los que estáis en lejanía<br>tras las aguas inmensas, los cercanos<br>de mi España natal, todos hermanos<br>porque habláis esta lengua que es la mía:<br>yo digo *amor*, yo digo *madre mía*<br>y atravesando mares, sierras, llanos,<br>- oh gozo - con sonidos castellanos,<br>os llega un dulce efluvio de poesía.<br>Yo exclamo amigo, y en el Nuevo Mundo,<br>*amigo* dice el eco, desde donde<br>cruza todo el Pacífico, y aún suena.<br>(Dámaso Alonso. "Hermanos" *Antología Poética*, 1949) | | |
| **c.** | Un mundo como un árbol desgajado.<br>Una generación desarraigada.<br>Unos hombres sin más destino que<br>apuntalar las ruinas…<br>(Blas de Otero, *Ángel fieramente humano*, 1950) | | |
| **d.** | Poesía para el pobre, poesía necesaria<br>Como el pan de cada día [...]<br>Maldigo la poesía concebida como un lujo.<br>(Gabriel Celaya, *Cantos Íberos*, 1955) | | |
| **e.** | Un hombre puede, a lo sumo unas cuantas veces,<br>arriesgar el silencio de su jardín cerrado.<br>Pero decid, Milady, si no estabais maravillosa<br>  preparando el *clam-bake*<br>con aquella guirnalda de hojas de fresa!<br>Las porcelanas en los pedestales<br>y tantísimas luces y brocados<br>para crear una ilusión de vida.<br>(Guillermo Carnero, "Oscar Wilde en París", de *Dibujo de la muerte*, 1967) | | |

**3.** **La poesía social se da en todas las épocas, pero los temas se adaptan al contexto histórico de cada momento. Si tuviéramos que escribir en clase un poema social adaptado a nuestra época y entorno, ¿qué temas relevantes en nuestra sociedad escogerías?**

**a.** Elaborad en grupos de tres o cuatro, mediante una lluvia de ideas, los temas de actualidad que podríais trabajar.

**b.** Compartidlos con la clase.

**c.** Ahora tú: individualmente, escribe un poema de *denuncia social* escogiendo alguno de los temas planteados en clase.

**d.** Exponed en clase, a modo de mural, todos los poemas para que los compañeros puedan leerlos.

## 1.1. LA POESÍA DESARRAIGADA DE BLAS DE OTERO

### *"MIENTRAS HAYA EN EL MUNDO UNA PALABRA CUALQUIERA, HABRÁ POESÍA"*

**B**las de Otero (1916-1979) nació en Bilbao, aunque gran parte de su vida la pasó en Madrid, donde murió. Su obra se centra en cuatro temas fundamentales: la poesía existencial (sobre la condición humana), el amor, España y la denuncia social. Su trayectoria va del **Yo** al **Nosotros**. Entre su obra poética destacan: *Ángel fieramente humano* (1950), *Pido la paz y la palabra* (1955), *En castellano* (1959), *Que trata de España* (1964) e *Historias fingidas y verdaderas* (1970).

Por la manera en la que trabaja el lenguaje es uno de los poetas más importantes de la segunda mitad del siglo XX.

**1.** La cita **"Mientras haya en el mundo una palabra cualquiera, habrá poesía"**, pronunciada por Blas de Otero, nos recuerda la Rima IV de Gustavo Adolfo Bécquer, que ya has estudiado en el tema 3. **Busca** ese poema y explica el significado de la nueva frase.

## Lectura 1 : *DOS POEMAS SELECCIONADOS*

Estos dos poemas de poesía desarraigada y social muestran a un autor que, pese al horror y destrucción de la guerra, no pierde la esperanza.

### Antes de leer

**A.** En los poemas que vas a leer hay algunas palabras cuyo significado, además del literal, puede ser connotativo (sugiere otros significados, metafóricamente). Di qué te sugieren las siguientes palabras y las connotaciones, es decir, los significados, a los que se suelen asociar.

- Eco: ...........................................................................................................................
- Sangre: ......................................................................................................................
- Tierra: ........................................................................................................................
- Alba: ..........................................................................................................................
- Luna: ..........................................................................................................................

**B.** Clasifica las palabras del recuadro y colócalas en la tabla que te damos a continuación. Algunas de ellas aparecerán en los poemas seleccionados.

mísero • mínimo • estéril • paz • indemne • armado • ínclito • pobre • inerme
grande • lucha • ilustre • paupérrimo • rico • dañado • fecundo • yermo
desconocido • infecundo • desarmado • guerra • impasible • sensible

| Definición | Palabras sinónimas | Palabras antónimas |
|---|---|---|
| Algo o alguien que no tiene dinero o posesiones. | pobre, paupérrimo | rico |
| Persona o tierra rica, que da frutos, que se reproduce. | | |
| Situación de conflicto. | | |
| Que posee o tiene armas. | | |
| Algo o alguien conocido, afamado. | | |
| Persona, cosa u objeto pequeño. | | |
| Persona incapaz de padecer o sentir. | | |
| Persona libre o exenta de daño. | | |

36

### "INERME"

Aún no nos damos por vencidos. Dicen
que se perdió una guerra. No sé nada
de ayer. Quiero una España mañanada
donde el odio y el hoy no maniaticen.

5  Ínclitas guerras paupérrimas, *sangre*
infecunda. Perdida. (No sé nada,
nada.) Ganada (no sé) nada, nada:
este es el *eco* seco de la *sangre*.

Por qué he nacido en esta *tierra*. Ruego
10  borren la *sangre* para siempre. Luego
hablaremos. Yo hablo con la *tierra*

inerme. Y como soy un pobre obrero
de la palabra, un *mínimo* minero
de la paz, no sé nada de la guerra.

*Que trata de España* (1964)

*Muerte de un miliciano*, por Robert Capa

**37**

## "INDEMNE"

Una vez más, amanece.
Pasó la guerra, pasó la enfermedad, el hambre, pasó la mano
por el muslo de Antonia y lo encontró semejante al *alba*,
jugoso como el *alba*,
5   abierto como el *alba*,
suave como el *alba*.
Una vez más, amanece.
Cayeron ciudades, cayeron **B-12**[1], zares, ciclistas
y la rueda quedó girando como la *luna*,
10  plateada como la *luna*,
redonda como la *luna*,
**hollada**[2] como la *luna*.
Una vez más, amanece.
Sucedieron **naufragios**[3], sucedieron problemas, muertes, sucedieron los nietos,
15  y la humanidad siguió impasible refugiada bajo el *alba*,
**invulnerable**[4] como el *alba*,
pálida como el *alba*,
indemne como el *alba*.

Una vez más, amanece.

*Hojas de Madrid con la galerna* (1970)

[1] **B-12:** tipo de bomba.

[2] **hollado/a:** pisada, marcada, señalada.

[3] **naufragio:** hundimiento de un barco.

[4] **invulnerable:** que no puede ser herido, ni física ni moralmente. Inmune, invencible.

## Después de leer

**C.** **¿De qué tratan los poemas que acabas de leer?** Explícalos **con tus palabras. Te ayudamos:**

1. El primer poema está escrito en forma de soneto. El soneto plantea, normalmente, el tema en los cuartetos (estrofas de cuatro versos) y lo resuelve en los tercetos (estrofas de tres versos). Resume los puntos principales de este soneto y narra el poema, explicando lo que crees que significa.

   • En el primer cuarteto el autor comenta que no se rinde y que, aunque la guerra ha terminado y se ha perdido, prefiere no pensar en el pasado y mirar hacia el futuro............................

   • En el segundo cuarteto el autor… ...........................................................................................
   ....................................................................................................................................................

   • En el primer terceto el autor… ..............................................................................................
   ....................................................................................................................................................

   • En el segundo terceto el autor… ............................................................................................
   ....................................................................................................................................................

**2.** El segundo poema muestra el juego del lenguaje, por medio de rupturas y yuxtaposiciones (unión de dos oraciones por medio de signos de puntuación en vez de nexos), así como por medio de numerosas repeticiones.

*El poema expresa…* ................................................................................................................

................................................................................................................................................

................................................................................................................................................

................................................................................................................................................

**D. En "Inerme" el autor comienza el poema hablando en primera persona del plural y diciendo "Aún no nos damos por vencidos".**

    **1.** ¿A quién crees que se refiere con ese *nosotros*?

    **2.** El poeta inventa, usando las técnicas de derivación (formación de palabras) añadiendo el sufijo *–ada* a la palabra *mañana*. ¿Qué significa para ti la frase: "Quiero una España mañanada"?

    **3.** ¿Por qué crees que el poeta se pregunta el motivo por el cual ha nacido "en esta tierra", es decir, en España?

    **4.** ¿Qué significa para ti "el eco seco de la sangre"?

    **5.** Cuando en las líneas 10 y 11 el poeta dice "luego hablaremos", ¿de qué crees que va a hablar? ¿Con quién crees que lo va a hacer?

**E. En "Indemne" el poema empieza y acaba de la misma manera "Una vez más, amanece".**

    **1.** ¿Qué connotaciones crees que implica empezar y acabar igual?

    **2.** Aparte del tema de la guerra, ¿hay alguna alusión personal o íntima?

    **3.** Cuando el poeta escribe "y la humanidad siguió impasible refugiada bajo el alba, invulnerable como el alba", ¿te parece irónico o simbólico? Justifica y explica tu respuesta.

**F. Tanto en "Inerme" como en "Indemne" Blas de Otero utiliza diversos recursos literarios, léxicos o estilísticos. Busca ejemplos para los siguientes.**

| Tipo de recurso | Ejemplo(s) en los poemas | Tu interpretación o posible significado |
|---|---|---|
| Aliteración (repetición de sonidos) | | |
| Reiteración (repetición de palabras) | | |
| Yuxtaposición sintáctica (paralelismos) | | |

# 1.2. LA POESÍA DESARRAIGADA DE GABRIEL CELAYA

### *"LA POESÍA ES UN ARMA CARGADA DE FUTURO"*

CANTOS IBEROS
Gabriel Celaya

Ediciones Turner

**G**abriel Celaya (1911-1991) nació en Hernani, Guipúzcoa, aunque pasó su infancia en San Sebastián. Su padre era de origen humilde; sin embargo, logró crear una importante empresa industrial.

Su nombre completo es Rafael Gabriel Juan Múgica Celaya Leceta, y sus primeros libros los firmó con el nombre de Rafael Múgica; pero cuando empezó a trabajar en la empresa de su padre como ingeniero, la carrera que estudió, el consejo de administración le advirtió que el hecho de que un ingeniero escribiera versos podía perjudicar el prestigio de la empresa. Por eso, comenzó a firmar con el seudónimo de Gabriel Celaya.

Dejó la empresa familiar y se trasladó a Madrid al enamorarse. Esa fue la época en la que estuvo en la cárcel y fue multado y perseguido por su ideología (estaba afiliado, en secreto, al **partido comunista**, que por aquel entonces estaba ilegalizado). Su escritura pasa por diversas fases: **poesía social**, con *Cantos Íberos* (1954); **poesía neovanguardista**, con *Poesía Urgente* (1960); **realismo mágico**, con *Los espejos transparentes* (1968); y **poesía existencial**, de su experiencia vital, con *Función de Uno, Equis, Ene* (1970) donde comenta que uno "muere más tranquilo cuando ha hecho todo lo que estaba a su alcance".

**1.** Teniendo en cuenta la breve biografía que acabas de leer, ¿qué crees que significa la frase de Celaya: "La poesía es un arma cargada de futuro"?

**2.** Celaya escribió los datos más importantes de su vida en un poema que tituló "Biografía". **Asocia** algunos párrafos de la biografía del autor con las estrofas de su poema.

---

### "BIOGRAFÍA"

No cojas la cuchara con la mano izquierda.
No pongas los codos en la mesa.
Dobla bien la servilleta.
Eso, para empezar.

5    Extraiga la raíz cuadrada de tres mil trescientos trece.
¿Dónde está Tanganika? ¿Qué año nació Cervantes?
Le pondré un cero en conducta si habla con su compañero.
Eso, para seguir.

¿Le parece a usted correcto que un ingeniero haga versos?

---

> 10   La cultura es un adorno y el negocio es el negocio.
> Si sigues con *esa chica*, te cerraremos las puertas.
> Eso, para vivir.
>
> No seas tan loco. Sé educado. Sé correcto.
> No bebas. No fumes. No tosas. No respires.
> 15   ¡Ay sí, no respirar! Dar el no a todos los nos.
> Y descansar: morir.
>
> *Itinerario poético* (1975)

**3.** El poema de Gabriel Celaya tiene paralelismos con la época franquista, una época de represión, censura y prohibiciones. Busca en el poema ejemplos de:

| Prohibiciones | Amenazas | Órdenes |
|---|---|---|
| • ............................................ | • ............................................ | • ............................................ |
| • ............................................ | • ............................................ | • ............................................ |

**4.** El poema alterna el registro informal (*tú*) con el registro formal (*usted*). ¿Quién puede estar hablando al poeta en cada estrofa según el registro usado? Justifica tu respuesta.

- En la primera estrofa le habla su…

........................................................................................................................

- En la segunda estrofa…

........................................................................................................................

- En la tercera…

........................................................................................................................

- En la última…

........................................................................................................................

## Navega e investiga

**5.** La marca sueca de muebles IKEA creó un anuncio en español con una pegadiza canción en la que daban una serie de prohibiciones a los niños (*"esto no se toca, quita, con esto no se juega…"*). Búscala en Internet y compara las prohibiciones con las del poema de Celaya. ¿Cuáles son las prohibiciones que se suelen hacer a los niños y adolescentes en tu país? Coméntalo con tus compañeros.

**6.** Jose Agustín Goytisolo, otro poeta de esta generación, escribió un poema similar, titulado "Autobiografía". Búscalo en Internet, coméntalo con tus compañeros y compáralo con el de Celaya.

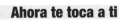
**Ahora te toca a ti**

**7.** Escribe un poema (puede ser de verso y rima libre) con las prohibiciones, advertencias, órdenes, preguntas, etc. que cuenten tu biografía. En clase, los compañeros tendrán que adivinar qué etapa de tu vida reflejan. ¡Elegiremos el poema más original!

# Lectura **2**: *FRAGMENTOS DE POEMAS SELECCIONADOS*

 La obra de Celaya, enmarcada dentro de la poesía social, toca un tema de interés no solo en el franquismo, sino en el contexto político y social actual: el de la política lingüística (la libertad para expresarse en la lengua materna). Estos fragmentos hablan de lo que supone escribir *en castellano* para alguien cuya lengua materna es el vasco o euskera.

## *Antes de leer*

**A.** Indica cuáles son para ti, teniendo en cuenta tu lengua materna, los sonidos más difíciles de pronunciar en castellano y comparte esta información con el resto de la clase. ¿Qué palabras incluirías en una lista de palabras *difíciles* de pronunciar en español?

38

### "HABLANDO EN CASTELLANO"

Hablando en castellano,
mordiendo erre con erre por lo sano,
la materia verbal, con **rabia**[1] y **rayo**[2],
lo pone todo en claro.
5   Y al nombrar doy a luz de **ira**[3] mis actos.

Hablando en castellano,
con la zeta y la jota en seco **zanjo**[4]
sonidos resbalados por lo blando,
**zahondo**[5] el espesor de un viejo **fango**[6],
10   cojo y fijo su flujo. Basta un **tajo**[7].
[…]

Hablando en castellano,
las sílabas cuadradas de perfil recortado,
los sonidos exactos, los acentos airados
de nuestras consonantes, como en armas, en alto,
15   atacan sin perdones, con un orgullo sano.

Hablando en castellano,
las vocales redondas como el agua son **pasmos**[8]
de estilo y sencillez. Son lo **rústico**[9] y sabio.
Son los cinco peldaños justos y necesarios
20  y, de puro elementales, parecen cinco milagros.

Hablando en castellano,
mal o bien, pues que soy vasco, lo barajo y **desentraño**[10],
recuerdo cómo Unamuno descubrió su abecedario
y extrajo del hueso estricto su **meollo**[11] necesario,
25  ricamente sustanciado.
[…]

*Cantos Íberos* (1954)

## "SIN LENGUA"

Mar de **Euzkadi**[12], patria abierta,
tú que no tienes fronteras
di en las playas extranjeras,
ola más ola, mi pena.

5   ¡Que nos arrancan la lengua!
¡Que nos roban nuestro canto!
Y hasta mis versos son versos
que traduzco al castellano.

Yo que aprendí a decir "padre"
10  mas nací diciendo "**aitá**[13]",
no acierto con el idioma
justo para mi cantar.

He leído a los que mandan.
Me he aprendido mi Cervantes.
15  Y ahora trato de explotarlos
para salir adelante.

Con mis faltas de sintaxis,
yo, por vasco, sin remedio,
pecaré como Baroja
20  y Unamuno de imperfecto.
[…]

*Itinerario poético* (1975)

---

[1] **rabia:** (1) enfado, ira. (2) enfermedad que sufren algunos animales, como los perros y se transmite por un mordisco.

[2] **rayo:** relámpago. Haz (línea) de luz.

[3] **ira:** enfado, rabia.

[4] **zanjar:** (1) abrir un surco en la tierra. (2) Finalizar, resolver una cuestión o asunto.

[5] **zahondar:** ahondar, cavar en la tierra, en este caso, en el fango.

[6] **fango:** barro, lodo.

[7] **tajo:** corte.

[8] **pasmo:** admiración, asombro.

[9] **rústico/a:** rural, campestre, sencillo.

[10] **desentrañar:** desenredar, literalmente, sacar las entrañas, desmenuzar.

[11] **meollo:** núcleo, centro (lo más importante).

[12] **Euzkadi:** País Vasco (en vasco o euskera).

[13] **aitá:** padre (en vasco).

## Después de leer

**B.** En el primer poema el autor habla de las consonantes y las vocales españolas.

   1. ¿Cómo las describe? ¿Qué te sugieren estas descripciones?
   2. ¿Cómo es el sistema vocálico y consonántico en tu lengua? ¿Qué sonidos se parecen? ¿Cuáles son más diferentes? Compártelo con la clase.

**C.** ¿Qué problemas confiesa Gabriel Celaya que tiene con el español?

**D.** Tras leer los fragmentos de "Hablando en castellano" y "Sin lengua", ¿cómo crees que se siente Celaya? Justifica tu respuesta con ejemplos de los poemas.

### Y tú, ¿qué opinas?

**E.** ¿Cómo crees que se sentiría durante el franquismo alguien que hubiera nacido en Cataluña, en el País Vasco o en Galicia? ¿Cómo te sentirías tú si te prohibieran usar tu lengua materna y te impusieran otra? Describe, utilizando adjetivos o sustantivos, los sentimientos que esa situación te provocaría.

*Yo me sentiría* **impotente** */ Sentiría gran* **impotencia**...

### Navega e investiga

**F.** En ambos poemas, Celaya menciona a otros autores españoles. ¿Podrías decir quiénes son, en qué época escriben y cuál es su obra principal? (Si no los conoces, investiga en Internet. Algunos aparecen en este libro).

**G.** "Hablando en castellano" parece, por la repetición de sonidos consonánticos y por el uso de palabras poco frecuentes en español, un *trabalenguas*. ¿Conoces algún trabalenguas en español? Busca alguno en Internet y compártelo con la clase. ¡A ver quién lo dice mejor! También puedes decir uno en tu lengua materna y luego explicar su significado.

### Ahora te toca a ti

**H.** Escribe en tu cuaderno un poema sobre tu lengua materna. Ha de tener, al menos, los siguientes elementos:

   • Rasgos propios de tu lengua (fonéticos, ortográficos, sintácticos, gramaticales…).
   • Alguna alusión cultural a escritores o artistas de tu país.

Como sucede con la poesía, el **teatro** de la época franquista pasa por varias etapas y estilos. Algo común en ambos géneros, al igual que en la narrativa, es la **férrea censura** a la que se enfrentan los autores, lo que hace difícil ofrecer una visión crítica de la realidad.

- **Años 40: Teatro cómico.** Comedias de salón o comedia burguesa. Este teatro busca el entretenimiento de la clase media. Las obras buscan la *evasión* del día a día y la diversión, de ahí que también se le conozca con el nombre de *Teatro de evasión*. Las obras se caracterizan por tener finales felices, además de incluir temas como la honradez, el trabajo, la fidelidad y el amor conyugal (dentro del matrimonio). Las obras incluyen también una crítica social contenida, además de moraleja (moralismo). Entre los autores destacan **Jacinto Benavente** y **Carlos Arniches**.

- **Años 40-50: Teatro del absurdo.** Comedias de carácter evasivo y humorístico para olvidar los horrores de la guerra. Cuestiona la sociedad y el ser humano en la época que le ha tocado vivir. Los argumentos parecen no tener sentido, representando escenas cómicas, oníricas y surrealistas. Algunos de los autores son **Enrique Jardiel Poncela** o **Miguel Mihura**.

- **Años 50-60: Teatro social.** Además del teatro más cómico, existe un teatro grave, preocupado, como este, en el que las obras abordan los temas de la angustia, la burocracia, la situación de los obreros, la injusticia social. Ante estos temas, la actitud del autor suele ser testimonial o de protesta. Entre los autores destacan **Alfonso Paso** o **Antonio Buero Vallejo**.

- **Años 60: Teatro de compromiso político.** El teatro social, desemboca, en mano de algunos autores como **Alfonso Sastre**, en un instrumento de acción revolucionaria, ofreciendo una visión crítica de la realidad, pese a la censura. De ahí que muchas obras no pudieran estrenarse hasta después de la muerte de Franco.

- **Años 70: Teatro experimental** y **Teatro independiente**. Es a partir de esta década cuando surgen grupos de dramaturgos que rechazan el realismo y que muestran un interés experimentalista y una actitud de búsqueda en cuanto a concepciones escénicas y técnicas interpretativas. Su estilo teatral se integra en las nuevas formas del teatro de vanguardia, influenciados por Artaud o Brecht. Entre estos autores destacan **Francisco Nieva** o **Fernando Arrabal**.

1. Relaciona los diversos temas del teatro del franquismo con películas, géneros de cine y directores que conozcas. Te damos algunos ejemplos: Woody Allen, Pedro Almodóvar, Ken Loach, Luis Buñuel, etc. ¿Qué semejanzas y diferencias ves entre el cine y el teatro?

2. ¿Cuál crees que es la razón de ser del teatro frente a la del cine? ¿Qué género prefieres tú?, ¿por qué?

3. Tanto en el cine (Woody Allen) como en el teatro (Alfonso Sastre) se ha trabajado el concepto de *cuarta pared*, es decir, cuando los actores hablan al público asistente al teatro o al cine, como si fueran, de verdad, parte de la obra o película. ¿Qué función u objetivo crees que cumple esta *cuarta pared*?

# 2.1. EL TEATRO DE ANTONIO BUERO VALLEJO

## *"EL TEATRO ES UNA MANIFESTACIÓN Y UN ESPEJO HONDO DE LOS PROBLEMAS DEL HOMBRE"*

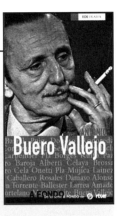

Antonio Buero Vallejo (1916-2000) nació y vivió en Guadalajara hasta 1934, fecha en la que se trasladó a Madrid para estudiar Bellas Artes. Además de la pintura, también le gustaba mucho la escritura y el teatro. En 1936 fusilaron a su padre. En 1937 se incorporó al bando **republicano** y se afilió al **partido comunista**. En 1939 fue condenado a muerte, aunque le cambiaron la condena por prisión de 30 años. Al final solo tuvo que cumplir siete años de pena. En la cárcel de Benicassim coincidió con el poeta Miguel Hernández.

Al salir de la cárcel, en 1946, fue cuando comenzó a escribir. Su obra literaria consta de más de 25 obras de teatro. Su trabajo literario se caracteriza por analizar, desde un punto social, ético y moral, el **papel del individuo** en su tiempo y contexto. Según los críticos literarios, la temática de su obra se puede dividir en obras **realistas** (o de crítica social), en obras **simbolistas** (donde los símbolos, las imágenes o las alegorías representan la realidad de un modo irreal o creativo) y en obras que representan **dramas históricos** (es decir, que reescriben la vida de personajes históricos). En el primer grupo, destacan sus obras *Historia de una escalera* (1949), que obtuvo el Premio Lope de Vega y tuvo gran éxito de público, y *El tragaluz* (1967). En el segundo grupo, destacan su obra *Irene, o el tesoro* (1954) y en el tercero, *Las Meninas* (1960) y *El sueño de la razón* (1970).

**1.** **Características del teatro:**

**Haz memoria. En equipos vamos a escribir todo lo que recordemos del tema 6 respecto a:**

**a.** Características del teatro como género frente a la novela o la poesía.

**b.** Partes de un teatro.

**c.** Significado de las siguientes palabras o conceptos relacionados con el teatro:

acto    bambalinas    vodevil    telón    gallinero

escenario    zarzuela    palco    farsa    acotación

**¡Ganará el equipo que más datos recuerde!**

## Antes de leer

**A.** ¿Qué te sugiere el título *Historia de una escalera*? ¿De qué crees que va a tratar? Coméntalo, antes de leer el resumen, con tus compañeros. Te damos una pista. Aquí la palabra "escalera" tiene un significado metonímico. (La metonimia es un recurso literario que se trabaja en este libro).

**B.** Para entender mejor los fragmentos que vienen a continuación, asocia las palabras subrayadas del texto (columna de la izquierda) con sus sinónimos correspondientes.

| | |
|---|---|
| 1. Hortera ............................... • | • **a.** Calmar, apaciguar, tranquilizar. |
| 2. Sordidez ............................. • | • **b.** Crueldad, irracionalidad, bestialidad. |
| 3. Papanatas/simple ................. • | • **c.** Vulgaridad. |
| 4. Ordinariez ........................... • | • **d.** Odiar, aborrecer. |
| 5. Consolar .............................. • | • **e.** Vago, holgazán. |
| 6. Emprender ......................... • | • **f.** Miseria, pobreza, suciedad. |
| 7. Extasiado ........................... • | • **g.** Tomar la iniciativa, iniciar, llevar a cabo. |
| 8. Melancolía .......................... • | • **h.** Ordinario, chabacano. |
| 9. Gandul ................................ • | • **i.** Boquiabierto, admirado. |
| 10. Detestar ............................. • | • **j.** Tonto, lelo. |
| 11. Brutalidad .......................... • | • **k.** Nostalgia, tristeza. |

**Drama político y social, representado en tres actos.** La obra trata de las aspiraciones, amores y frustraciones de los vecinos de un edificio, que hablan en el rellano de la escalera. Entre el primer acto y el tercero pasan treinta años, de manera que vemos cómo se establecen relaciones entre ellos, del mismo modo en que los vemos envejecer.

Para que entiendas mejor los fragmentos que hemos seleccionado de la obra, te decimos quiénes son los personajes de *Historia de una escalera*, quién vive en cada uno de los pisos y la relación que hay entre ellos.

**Piso I:** **Señora Generosa** (*una pobre mujer, de unos cincuenta y cinco años*).

**Carmina** (*preciosa muchacha de aire sencillo y pobremente vestida*), hija de Generosa. Está enamorada de Fernando, aunque se casará con Urbano. Tendrán una hija: Carmina hija (*de 18*), enamorada de Fernando hijo.

**Piso II:** **Elvira** (*una linda muchacha vestida de calle*), hija de **Don Manuel** (*vestido de calle. Los trajes de ambos denotan una posición económica más holgada que la de los demás vecinos*). Está enamorada de Fernando y consigue casarse con él. Tendrán dos hijos: Fernando hijo (*de 21*), que está enamorado de Carmina hija, y Manolito (*de 12*).

**Piso III:** **Paca** (*mujer de unos cincuenta años, gorda y de ademanes desenvueltos*).

**Urbano** (*muchacho fuerte y moreno, de fisonomía ruda, pero expresiva: un proletario*), hijo de Paca, se casará con Carmina. Trabaja en una fábrica.

**Trini** (*una joven de aspecto simpático*), hija de Paca y hermana de Urbano.

**Piso IV:** **Doña Asunción** (*señora de luto, delgada y consumida*).

**Fernando** (*muchacho muy guapo. Viste pantalón de luto*), hijo de Doña Asunción. Fernando y Carmina están enamorados, aunque él se casará (por dinero) con Elvira. Es un idealista, lee mucho y trabaja en una papelería, a la que suele faltar.

40

## Urbano y Fernando hablan (acto I)

URBANO.– ¡Hola! ¿Qué haces ahí?

FERNANDO.– Hola, Urbano. Nada.

URBANO.– Tienes cara de enfado.

FERNANDO.– No es nada.

5    URBANO.– Baja al "**casinillo**[1]". (*Señalando el hueco de la ventana.*) Te invito a un cigarro. (*Pausa.*) ¡Baja, hombre! (*FERNANDO empieza a bajar sin prisa.*) Algo te pasa. (*Sacando la **petaca**[2].*) ¿No se puede saber?

FERNANDO.– (*Que ha llegado.*) Nada, lo de siempre… (*Se recuestan en la pared del "casinillo". Mientras hacen los pitillos.*) ¡Que estoy harto de todo esto!

10   URBANO.– (*Riendo.*) Eso es ya muy viejo. Creí que te ocurría algo.

FERNANDO.– Puedes reírte. Pero te aseguro que no sé cómo aguanto. (*Breve pausa.*) En fin, ¡para qué hablar! ¿Qué hay por tu fábrica?

URBANO.– ¡Muchas cosas! Desde la última huelga de metalúrgicos la gente se sindica a toda prisa. A ver cuándo nos imitáis los dependientes.

15   FERNANDO.– No me interesan esas cosas.

URBANO.– Porque eres tonto. No sé de qué te sirve tanta lectura.

FERNANDO.– ¿Me quieres decir lo que sacáis en limpio de esos líos?

URBANO.– […] Los pobres diablos como nosotros nunca lograremos mejorar de vida sin la ayuda mutua. Y eso es el sindicato. ¡Solidaridad! Esa es nuestra palabra. Y sería la tuya si te
20 dieses cuenta de que no eres más que un triste *hortera*. ¡Pero como te crees un marqués!

FERNANDO.– No me creo nada. Solo quiero subir. ¿Comprendes? ¡Subir! Y dejar toda esta *sordidez* en la que vivimos.

[…]

URBANO.– (*Sonriendo.*) Escucha, *papanatas*. Para subir solo, como dices, tendrías que trabajar todos los días diez horas en la papelería; no podrías faltar nunca, como has hecho
25 hoy…

FERNANDO.– ¿Cómo lo sabes?

URBANO.– ¡Porque lo dice tu cara, *simple*! Y déjame continuar. No podrías tumbarte a hacer versitos ni a pensar en las musarañas; buscarías trabajos particulares para redondear el presupuesto y te acostarías a las tres de la mañana contento de ahorrar sueño y dinero.
30 Porque tendrías que ahorrar, ahorrar como una **urraca**[3]; quitándolo de la comida, del vestido, del tabaco… […]

FERNANDO.– Ya lo veremos. Desde mañana mismo…

URBANO.– (*Riendo.*) Siempre es desde mañana. ¿Por qué no lo has hecho desde ayer, o desde hace un mes? Porque no puedes. Porque eres un soñador. ¡Y un *gandul*! […]

35 FERNANDO.– (*Más calmado y levemente despreciativo.*) ¿Sabes lo que te digo? Que el tiempo lo dirá todo. Y que te emplazo (*URBANO le mira.*) Sí, te emplazo para dentro de… diez años, por ejemplo. Veremos, para entonces, quién ha llegado más lejos; si tú con tu sindicato o yo con mis proyectos.

[…]

URBANO.– (*Riendo.*) ¡Vamos! Parece que no estás muy seguro.

40 FERNANDO.– No es eso, Urbano. ¡Es que le tengo miedo al tiempo! Es lo que más me hace sufrir. Ver cómo pasan los días, y los años…, sin que nada cambie. […] ¡Sería terrible seguir así! Subiendo y bajando la escalera, una escalera que no conduce a ningún sitio. […]

---

[1] **casinillo:** en este caso, *descansillo* espacio amplio entre las escaleras, o bajo el hueco de estas.

[2] **petaca:** estuche o recipiente de cuero o metal que sirve para llevar cigarros o tabaco picado. También puede servir para guardar bebidas alcohólicas.

[3] **urraca:** tipo de pájaro, que se caracteriza por robar pequeños objetos brillantes. Metafóricamente se asocia a alguien tacaño, avaro.

41

## Fernando declara su amor a Carmina (Acto I)

FERNANDO.- […] Carmina, por favor, créeme. No puedo vivir sin ti. Estoy desesperado. Me ahoga la *ordinariez* que nos rodea. Necesito que me quieras y que me *consueles*. Si no me ayudas, no podré salir adelante.

CARMINA.- ¿Por qué no se lo pides a Elvira?

[…]

5    FERNANDO.– ¡La *detesto*! Quiere cazarme con su dinero. ¡No la puedo ver!

CARMINA.– (*Con una risita*). ¡Yo tampoco!

[…]

FERNANDO.– Carmina, desde mañana voy a trabajar de firme por ti. […] Sí. Acabar con todo esto. ¡Ayúdame tú! Escucha: voy a estudiar mucho, ¿sabes? Mucho. Primero me haré delineante. ¡Eso es fácil! En un año… Como para entonces ya ganaré bastante, estudiaré

10   para aparejador. Tres años […] ganaré mucho dinero. Por entonces tú serás ya mi mujercita, y viviremos en otro barrio […] Yo seguiré estudiando. Puede que para entonces me haga ingeniero. Y como una cosa no es incompatible con la otra, publicaré un libro de poesías, un libro que tendrá mucho éxito…

CARMINA.– (*Que le ha escuchado* extasiada.) ¡Qué felices seremos!

15   FERNANDO.– ¡Carmina!

-------------------------------------------------
**fin del primer acto**

Así acaba el *Primer Acto. En el acto segundo, han pasado diez años sin ningún cambio (sigue habiendo pobreza y suciedad). En este acto, averiguamos que, al final, Fernando se casó con Elvira por su dinero (y no con su* amada *Carmina), que no ha estudiado, y sigue con la misma vida, y en el mismo piso. Urbano se casa con Carmina que, por no quedarse soltera y por la ayuda económica, lo acepta. En este acto, vemos cómo Elvira y Fernando han tenido un niño: Fernando hijo.*

*El Tercer Acto nos cuenta que han pasado otros veinte años. Elvira y Fernando tienen dos hijos, Fernando, de 21 y Manolito, de 12, y Urbano y Carmina tienen una hija: Carmina de 18. Carmina hija y Fernando hijo están enamorados, pero sus respectivos padres les prohíben relacionarse.*

-------------------------------------------------
**parte final del tercer acto**

42

CARMINA HIJA.– Fernando, yo te quiero. ¡Pero déjame! ¡Lo nuestro no puede ser!

FERNANDO HIJO.– ¿Por qué no puede ser?

CARMINA HIJA.– Mis padres no quieren.

[…]

FERNANDO HIJO.– Si me quisieras de verdad no te importaría.

5    CARMINA HIJA.– (*Sollozando.*) Es que… me han amenazado y… me han pegado…

FERNANDO HIJO.– ¡Cómo!

CARMINA HIJA.– Sí. Y hablan mal de ti… y de tus padres… […] Olvida lo nuestro. No puede ser… Tengo miedo…

(…) *transcurren varios diálogos, en los que los padres de ambos les prohíben relacionarse.*

FERNANDO HIJO.– Sí, Carmina. Aquí solo hay *brutalidad* e incomprensión para nosotros. Escúchame. Si tu cariño no me falta, *emprenderé* muchas cosas. Primero, me haré aparejador. ¡No es difícil! […] Ganaré mucho dinero y me solicitarán todas las empresas constructoras. Para entonces ya estaremos casados… Tendremos nuestro hogar, alegre y
5  limpio…, lejos de aquí. Pero no dejaré de estudiar por eso. ¡No, no, Carmina! Entonces me haré ingeniero. Seré el mejor ingeniero del país y tú serás mi adorada mujercita…

CARMINA HIJA.– ¡Fernando! ¡Qué felicidad!… ¡Qué felicidad!

FERNANDO HIJO.– ¡Carmina!

(*Se contemplan extasiados, próximos a besarse. Los padres se miran y vuelven a obser-*
10  *varlos. Se miran de nuevo, largamente. Sus miradas, cargadas de una infinita* melancolía, *se cruzan sobre el hueco de la escalera sin rozar el grupo ilusionado de los hijos.*)

**TELÓN**

- - - - - - - - - - - - - - - - - - - - - - - - - - - - - - - - - - - - - - - - - - - - - - - - - -
**fin de la obra**

*Historia de una escalera* (1949)

## *Después de leer*

**C.** Relee el fragmento del primer acto en el que hablan Urbano y Fernando y completa la siguiente tabla sobre sus diferencias.

|  | Urbano | Fernando |
|---|---|---|
| 1. Posición social |  |  |
| 2. Ocupación |  |  |
| 3. Carácter |  |  |
| 4. Ideas |  |  |
| 5. Deseos |  |  |
| 6. Actitud ante la vida |  |  |

**D.** ¿Puedes ver en el diálogo de Urbano y Fernando algún *simbolismo* sobre la realidad social, histórica y política de la España de posguerra? Coméntalo con tus compañeros.

**E.** El final del primer y del tercer acto tienen claros paralelismos. Señálalos. ¿Crees que los veinte años que han transcurrido entre uno y otro acto harán que los personajes actúen de modo diferente? Justifica tu respuesta.

**F.** Comenta la acotación final: la melancolía en la mirada de los padres.

 **Y tú, ¿qué opinas?**

**G.** ¿Cuál crees que es el impedimento para que Fernando hijo y Carmina hija sean novios? ¿Crees que Fernando hijo representa una *nueva España* que sí va a avanzar, o será como el padre que prometía "mañana, mañana" pero no se movía? Justifica tu respuesta.

**Navega e investiga**

**H.** Las historias de amor imposible, como la de *Romeo y Julieta* o *Marco Antonio y Cleopatra*, entre otras, suelen tener un transfondo social, político o cultural que hace que estos amores sean imposibles. ¿Recuerdas cuál era el impedimento para que esas parejas se amaran? Si no lo sabes, averígualo.

 **Ahora te toca a ti**

**I.** Escribe en tu cuaderno un nuevo acto para esta obra. Imagina que han vuelto a pasar 10 años. Fernando hijo tiene ahora 31 años y Carmina hija 28. No olvides escribir diálogos, acotaciones, descripción física y anímica de los personajes, qué vestuario llevan, etc.

**J.** Elige una de las dos opciones y escribe:

1. Un acto de tu propia *Historia de una escalera*, en la que reflejes quiénes viven, qué problemas tienen, sus edades, cómo visten, cómo son, etc. No olvides escribir diálogos y acotaciones referentes a la descripción física y anímica de los personajes, su actitud, lo que están haciendo en ese momento, etc.

2. Una escena teatral con diálogos y acotaciones, en las que se represente un conflicto típico de una comunidad de vecinos de tu país (o de España).

Estoy muy contento, Helen. No solo estoy aprendiendo mucha literatura, cultura e historia española, sino también muchísimo vocabulario.

Pues espérate, que con Alfonso Sastre vas a aprender un montón de coloquialismos y de jerga.

¡Mola mazo! Verás que ya sé cosas ;-). ¿Y pudo estrenar durante el franquismo?

¡Qué va! La obra que vamos a trabajar ahora se escribió en 1966 pero, debido a la censura, no se estrenó hasta 1985.

**"SIEMPRE HE ESTADO MUY INTERESADO EN LA POSIBILIDAD DE QUE EL TEATRO ASUMA UNA FUNCIÓN CRÍTICA EN LA SOCIEDAD EN QUE VIVIMOS"**

Retrato años 90

### Navega e investiga

**1.** En esta ocasión, te pedimos que busques en Internet y leas la biografía de Alfonso Sastre, contada por él mismo, en clave de humor e ironía. La puedes encontrar escribiendo: Notas para una sonata en mi (menor).

Te damos solo el inicio de cómo comienza Sastre a narrar su propia vida…

### Notas para una sonata en mi (menor)

El título con el que encabezo este artículo no deja de ser una broma o, mejor, un mero juego de palabras, pues no me anima al escribirlo propósito musical alguno. Más que nada conlleva un recuerdo de un colega, Enrique Jardiel Poncela, de quien fui amigo durante los últimos años y que proyectaba, según me dijo, escribir su autobiografía bajo el título "Sinfonía en mi": título que ya entonces me pareció entre brillante y presuntuoso, pues nuestras vidas –esos ríos que van a dar a la mar que es el morir– no suelen presentar una estructura que dé para compararlas con la organización de una sinfonía. La vida humana tiene poco de música, por decirlo así, o bien: lo que pueda tener de música es una y otra vez interrumpido por intermitencias y arritmias, **amén de**[1] no poco ruido (…).

Alfonso Sastre (Hondarribia, sábado 11 de noviembre de 2006).

[1] **amén de:** además de.

**2.** ¿Cuál es el juego de palabras al que hace referencia Sastre con el título?

**3.** ¿Qué crees que quiere decir el autor con el último párrafo: "La vida humana tiene poco de música… amén de no poco ruido"? ¿Compartes su opinión?

**4.** Vuelve a leer las biografías de Blas de Otero, Gabriel Celaya, Buero Vallejo y Alfonso Sastre (todas en este tema) y establece comparaciones entre sus vidas y sus obras. Si te hacen falta más datos, puedes buscarlos en Internet.

    **a.** Compara el tipo de poesía y teatro que escriben y su trayectoria literaria.

    **b.** Compara su ideología política.

    **c.** Escoge dos títulos de sus obras principales, y explica las connotaciones o significados que estos tienen para ti.

|  | Blas de Otero | Gabriel Celaya | Buero Vallejo | Alfonso Sastre |
|---|---|---|---|---|
| **Tipo de poesía o teatro** |  |  |  |  |
| **Ideología política** |  |  |  |  |
| **Obras principales** |  |  |  |  |
| **Significado o connotación de los títulos** |  |  |  |  |

**5.** Si tuvieras que escribir tu autobiografía, ¿cómo la titularías? ¡En clase se elegirá el título más original e interesante!

# Lectura 4: *LA TABERNA FANTÁSTICA*

## *Antes de leer*

**A.** Una de las características de la obra de Sastre es su uso del lenguaje. En especial, un lenguaje marginal (mundo de la delincuencia) y el uso de los coloquialismos propios de la época y contexto en el que escribía. Algunos de esos términos se utilizan aún en la jerga coloquial y juvenil. Empareja las palabras de la columna de la izquierda con su significado o expresión en español estándar de la derecha.

1. De buten (dabuten, dabuti) ..... •
2. Bacilar/vacilar ......................... •
3. Priba (priva) ........................... •
4. Currar .................................... •
5. Charlar ................................... •
6. Sobar ..................................... •
7. Liarla ..................................... •
8. Quinqui/quinquillero .............. •
9. Mosquearse ........................... •

• **a.** Provocar un conflicto, una pelea (armarla).
• **b.** Enfadarse (cabrearse).
• **c.** Delincuente.
• **d.** Muy bien, muy bueno, óptimo, excelente.
• **e.** Divertirse/reírse o burlarse de alguien.
• **f.** Dormir.
• **g.** Bebida alcohólica.
• **h.** Hablar, conversar.
• **i.** Trabajar.

La *taberna fantástica* cuenta, en **un solo acto** e ininterrumpidamente, los sucesos en una taberna de Madrid donde se reúne gente marginal, entre ellos, Rogelio, un delincuente perseguido por la guardia civil, que acude a su antiguo barrio porque ha muerto su madre y quiere ir al entierro.

44

AUTOR – (*Al público·*)
    Represento al autor de la comedia.
    En su nombre les digo:
    Les agradezco muy *de buten*
    que hoy *bacilen* conmigo.

5      Por mí podrían fumar y beber tragos
    (si les gusta la *priba*),
    ¡pero nos lo prohíbe
    la Autoridad gubernativa!

Contribuirían al ambiente
10     con el humo y el vino, pues la escena
es una **tasca**[1] suburbana
triste y **acetilena**[2].

La taberna es tranquila y cuasi fúnebre
cuando *el currante* **vaca**[3].
15     Pero los sábados… En fin, esta es la historia
de una sangrienta **pajarraca**[4].
[…]

    LUIS:– ¡Las broncas es una cosa mala! Se hartan de vino, aquí la clientela, y luego a ver
        quién carga con las consecuencias; yo.
    AUTOR:– (*También al público:*) Cualquiera diría.
20     LUIS:– (*También al público:*) Hombre, porque usted no viene los sábados por la noche.
        Se pone esto de miedo.
    AUTOR:– (*También al público:*) ¿Esto?
    LUIS:– (*Asiente*) De miedo. Yo, en cuanto llega la noche, loco por cerrar. […] Así que en
        cuanto veo un clarito, echo el cierre y *a sobar*, que además, acaba uno muerto,
25     de todo el día de pie. […]
[…]
    LUIS:– ¿Se va ya?
    AUTOR:– Sí. Volveré a salir luego, al final de la obra. Que ustedes lo pasen bien… El pró-
        logo ha terminado. […]

*La taberna fantástica* (1966)

---

[1] **tasca:** bar, taberna.

[2] **acetileno/a:** avinagrado, ácido (por el olor a vino).

[3] **vacar:** estar ausente, faltar.

[4] **pajarraca:** pelea, riña, bronca.

## Después de leer

**B.** Indica qué significa para ti que haya un personaje llamado *autor* y que se dirija al público real que hay, en ese momento, en el teatro. ¿Conoces otros ejemplos en cine o en literatura en los que esto ocurra? ¿Qué efecto crees que el *autor verdadero* quiere lograr?

**C.** El breve fragmento que hemos seleccionado usa un lenguaje coloquial y de jerga.

    **1.** Explica qué quieren decir las siguientes expresiones:

- Hartarse de vino: ...................................................................................................................
- Cargar con las consecuencias: .............................................................................................
- Taberna *cuasi fúnebre*: ........................................................................................................
- Se pone *de miedo*: ................................................................................................................
- Ver un *clarito*: .......................................................................................................................
- Acabar *muerto*: .....................................................................................................................

**2.** ¿Podrías usar algunas de estas expresiones en un contexto actual?

**Por ejemplo:** *Miguel escribe de miedo. Edinumen le ha ofrecido publicar todos sus cuentos.*

 **Y tú, ¿qué opinas?**

**D.** Al *autor* le gustaría que el público que asiste al teatro pudiera fumar y beber, para contribuir al *ambiente* (la obra se representa en una taberna o bar), pero comenta que "las Autoridades gubernativas" lo prohíben.

    **1.** ¿Qué paralelismos encuentras entre esta prohibición y la de la ley de enero del 2011 en la que en España se prohíbe fumar en cualquier lugar público como bares y restaurantes?

    **2.** ¿Cuál es tu opinión? Debatid en clase a favor y en contra de esta ley.

**Navega e investiga**

**E.** Los edificios, barrios o espacios comunes (un bar, por ejemplo), permiten contar historias y relaciones de esos personajes con el entorno social, cultural o político que les rodea. En la literatura, cine, televisión y cómic del mundo español, hay bastantes ejemplos. Busca el género, los personajes principales y el contexto histórico de los siguientes títulos. Algunos ya los hemos trabajado. Compártelos con la clase.

| Título | 1. Creador | 2. Año | 3. Género | 4. Personajes | 5. Contexto Histórico |
|---|---|---|---|---|---|
| *Historia de una escalera* | Antonio Buero vallejo | 1949 | Drama (teatro) | | |
| *La colmena* | Camilo José Cela | 1951 | | | |
| *13 Rue del percebe* | Francisco Ibáñez | 1961 | | | |
| *La taberna fantástica* | Alfonso Sastre | 1966 | | | |
| *Barrio* | Fernando León de Aranoa | 1998 | | | |
| *Cuéntame cómo pasó* | Miguel Angel Bernardeau | 2001 | | | |
| *La que se avecina* | Alberto y Laura Caballero y Danie Deorador | 2007 | | | |

# 3 RECURSOS LITERARIOS: FIGURAS SEMÁNTICAS

El lenguaje puede ser **denotativo** (referencial) o **connotativo** (figurado). Por medio de los recursos literarios, en este caso, **recursos semánticos**, podemos dar nuevos matices o significados a las palabras, más allá de su significado objetivo o referencial.

Como acabamos de ver, la época del franquismo es una época de censura, de prohibiciones. Muchos autores escribían *entre líneas* modificando el sentido literal (denotativo o referencial) de las palabras, para evadir la censura y poder ser publicados.

Por otro lado, el lenguaje de la poesía es altamente connotativo, evocativo y creativo. Por medio de las figuras semánticas se añaden matices y significados nuevos a las palabras. Estos matices o significados pueden conseguirse, como ya has estudiado, por medio de las **metáforas** (unidad 5) o **metonimias** (en esta unidad), o por medio de otros recursos, que veremos a continuación.

**Antítesis:** Enfrentamiento de contenidos o ideas opuestas:

> *Cuando estoy alegre, lloro;*
> *cuando estoy triste, me río*         (Antonio Machado)

**Dilogía:** Uso de una misma palabra en un mismo enunciado con distintas acepciones o significados:

> *Vino a la taberna para beber vino.*

**Oxímoron:** Unión de dos conceptos opuestos en una misma frase o enunciado. Su sentido literal sería imposible:

> *Es hielo abrasador, es fuego helado*         (Quevedo)

> *¡Oh muerte que das vida!,*
> *¡oh desmayo dichoso!, ¡oh dulce olvido!*         (Fray Luis de León)

**Paradoja:** Unión de dos palabras o conceptos contrarios o irreconciliables, algo que resulta imposible:

> *Vivo sin vivir en mí y tan alta vida espero,*
> *que muero porque no muero.*         (Santa Teresa de Jesús)

El oxímoron y la paradoja son muy similares. La principal diferencia es que en el oxímoron los dos conceptos opuestos aparecen en la misma expresión, mientras que en la paradoja la oración puede ser más larga o compleja, como en este ejemplo.

**Paronomasia:** Uso de dos palabras muy parecidas en cuanto a forma, pero con significados muy diferentes:

*Es un <u>notorio notario</u>*       (F. Umbral)

**Personificación:** Atribuir rasgos o características humanas a cosas, objetos o animales:

*<u>La tierra habla</u> con voz de siglos olvidados*       (G. Celaya)

**Sinestesia:** Mezcla de los sentidos de percepción (ver sonidos, oler colores, etc.):

*¡Salve al celeste <u>sol sonoro</u>!*       (Rubén Darío)

*Aquel mismo <u>aroma duro y agudo</u>*       (Luis Cernuda)

**1.** **Indica las figuras semánticas que ves en las siguientes estrofas seleccionadas. Justifica tu respuesta.**

---

**José Hierro (*Alegría*, 1947 y *Cuaderno de Nueva York*, 1998)**

**a.** Nada en orden. Todo roto, ............................................................

**b.** Pero toco la alegría ............................................................

**c.** Después de todo, todo ha sido nada,
a pesar de que un día lo fue todo.
Después de nada, o después de todo
supe que todo no era más que nada.

Grito ¡Todo!, y el eco dice ¡Nada!
Grito ¡Nada!, y el eco dice ¡Todo!
Ahora sé que la nada lo era todo.
Y todo era ceniza de la nada. ............................................................

**d.** No queda nada de lo que fue nada ............................................................

---

**Gabriel Celaya (*Trayectoria poética, Antología*, 1993)**

**a.** La noche viene desnuda [...]
la muerte me está besando. ............................................................

**b.** Como el mar, la mar, el mar [...]
pasar liso y lleno, pasar sin pesar ............................................................

**c.** Todo chilla abierto y hay que empezar
como tontos, como tantos, como todos .............................................................

**d.** vengo y voy, vuelvo y callo
siento cómo soy a la vez tonto y sabio .............................................................

**e.** Hablando en castellano
mal o bien pues que soy vasco [...] .............................................................

**Blas de Otero (*Ancia*, 1958)**

**a.** [...] a Dios. Y su silencio, retumbando,
ahoga mi voz en el vacío inerte .............................................................

**b.** Esto es ser hombre: horror a manos llenas.
Ser –y no ser– eternos, fugitivos. .............................................................

**c.** Solo el hombre está solo .............................................................

**d.** la nieve en llamas de la luz en vilo .............................................................

**e.** mecen los árboles el silencio verde [...]
los árboles moviendo el verde aire, .............................................................

**2. Ahora tú. ¿Podrías crear tus propias figuras semánticas? Te ayudamos:**

**a.** Escribe los antónimos de las siguientes palabras:

- amor .............................................................
- alegría .............................................................
- fuego .............................................................
- salud .............................................................
- día .............................................................

- guerra .............................................................
- silencio .............................................................
- oscuridad .............................................................
- vivo .............................................................

**b.** Une los pares que has creado de sinónimos y antónimos para crear *oxímoros*, por ejemplo: Una oscuridad clara.

**c.** ¿Podrías explicar qué es el amor para ti, a base de oxímoros? Después elegiremos en clase los poemas más originales.

# UNIDAD 10

## DE LA TRANSICIÓN A LA ESPAÑA ACTUAL

> Oye, Helen, ¿tú sabes qué es eso de la *transición* española?

> Pues sí, Akira. Justo nuestra profe de Historia nos está hablando esta semana de eso, de la muerte de Franco y de cómo el año 1975 significó el inicio de un nuevo periodo de cambios en España, la transición, vamos.

> ¿Y qué cambios?, ¿cómo era antes?

> ¿Tú qué crees? ¡Recuerda que era una dictadura! Empezando porque hombres y mujeres hasta ese momento no tenían voz ni voto. Había **censura**; no había derechos sobre el **aborto**, el **divorcio** o la política lingüística; tampoco existia la libertad ideológica, ni la **coeducación**, ni los derechos de la mujer… Eso sí, fue un cambio progresivo, no se hizo de la noche a la mañana. Se hizo… mediante una transición, ¿vale?

## CLAVES DE UNA ÉPOCA

### LA ESPAÑA DEMOCRÁTICA

No hay fechas exactas para marcar el inicio y fin de la **transición**, pero se podría decir que es el periodo comprendido entre la muerte de Franco (20 de noviembre de 1975) y el año de la entrada de España en la Unión Europea (1986). Entre esas dos fechas hay muchos sucesos significativos e importantes para los españoles, de ahí que a ese periodo de **cambio** se le haya llamado *transición*, que, como define el Diccionario de la Real Academia, es el "paso de un modo de ser a otro distinto", en este caso el paso de un sistema autoritario a otro **democrático**.

1. **En este tema, el apartado de *Claves de una época* lo vas a redactar tú. Fíjate en cómo se ha hecho en capítulos anteriores y, con ayuda de tus compañeros, tu profesor e Internet, así como con los ejercicios que tienes a continuación, redacta un resumen de los sucesos, fechas y acontecimientos más significativos (claves) de este periodo. Te damos algunos temas que puedes incorporar en tu redacción.**

> *eliminación de la censura • coeducación • regreso del exilio*
> *libertad • democracia • cambios • derechos (voto, divorcio, aborto…)*

**2.** Relaciona cada palabra con la definición que le corresponda.

| | |
|---|---|
| **1.** Movida | **a.** ...........................: educación mixta. Educación integral de hombres y mujeres en la misma institución. |
| **2.** Diversidad | **b.** ...........................: periodo histórico tras la muerte de Franco que trajo progresivamente la democracia a España. |
| **3.** Feminismo | **c.** ...........................: movimiento contracultural de los años 80, iniciado en Madrid. Se reflejó especialmente en el arte (Costus), la fotografía (Ouka Lele), en la música (Alaska y los Pegamoides) y el cine (Almodóvar). |
| **4.** Cuento/ relato corto | **d.** ...........................: ideología y conjunto de movimientos políticos, culturales y económicos que tienen como objetivo equiparar los derechos de las mujeres con los de los hombres. |
| **5.** Transición | **e.** ...........................: variedad y diferencia que pueden presentar algunas cosas entre sí. Abundancia de cosas distintas que conviven en un contexto en particular. |
| **6.** Coeducación | **f.** ...........................: narración breve de ficción. Género que, aunque frecuente en el siglo XIX, toma especial relevancia a partir de los años 80 y 90 del siglo XX, donde destaca por un enfoque realista, con intención social. |

**3.** Ordena cronológicamente los siguientes hechos históricos del periodo que vamos a estudiar y escríbelos junto al año correspondiente.

**a.** Intento de golpe de Estado del general Tejero. En este mismo año se aprueba el divorcio.

**b.** Muere Francisco Franco y acaba su dictadura de casi 40 años.

**c.** Año de la promulgación de la actual Constitución democrática española.

**d.** Gana en las elecciones generales el PSOE (Partido Socialista Obrero Español), liderado por Felipe González. Es el primer gobierno socialista desde la Guerra Civil.

**e.** Año de los Juegos Olímpicos de Barcelona.

**f.** España entra en la Unión Europea.

**g.** Año en el que se legaliza el matrimonio homosexual.

| Fecha | Acontecimiento histórico |
|---|---|
| **1975** | |
| **1978** | |
| **1981** | |
| **1982** | |
| **1986** | |
| **1992** | |
| **2005** | |

Ya te puedes imaginar, Akira, que con la transición también llegó un cambio en la literatura. Era lógico, aunque no lo creas, que no hubiera una *generación de la transición* como vimos en el 98 o el 27. Todo parece más libre.

Sí, eso lo sabía, pero no me digas que los jóvenes no oían la misma música o tenían inquietudes similares. ¿No te suena lo de Generación X? ¿O unos poetas que se llamaron *novísimos*? A mí me encantan, vamos, que me identifico.

No me extraña, conociéndote, porque ellos estaban todos… desencantados, en plan Nirvana, como te pasa a ti.

Muy graciosa. Te vas a llevar sorpresas…

UN AÑO EN EL SUR
ANTONIO COLINAS

BIBLIOTECA *Autor* ARTURO PÉREZ-REVERTE
ARTURO PÉREZ-REVERTE
El maestro de esgrima
Círculo de Lectores

Lucía Etxebarria
Amor, curiosidad, prozac y dudas

Eduardo Mendoza
La verdad sobre el caso Savolta

Biblioteca Juan Marsé
Premio Cervantes 2008
JUAN MARSÉ
Si te dicen que caí
Lumen

La **literatura contemporánea** se caracteriza por una falta de consignas comunes. Mientras que en los años sesenta convivían radicalismo, experimentalismo, nihilismo y predominaba una cierta desconfianza de la palabra que no comunica, o no sirve para hablar de la realidad, en los años siguientes (1975 en adelante) los escritores se caracterizan por la **individualización** en su escritura, sin pertenecer a un grupo o escuela.

La literatura de 1975 a 1990 supone la **convivencia** de las nuevas generaciones de escritores jóvenes, sin un *pasado* asociado a la Guerra Civil, con otros escritores que sí vivieron la posguerra y que siguen recordando lo ocurrido en aquella época.

La literatura actual refleja nuevas realidades y los cambios sociales que se están produciendo: relaciones familiares y laborales, el paro, el terrorismo, la droga, la delincuencia, la libertad sexual, la liberación de la mujer, el feminismo, las lenguas y culturas autonómicas, la recuperación de la memoria histórica, etc.

La narrativa de esta época va en aumento hasta nuestros días, manifestándose en la amplia publicación de novelas y relatos cortos. También crecen las traducciones a otras lenguas y la escritura en todas las lenguas oficiales españolas además del castellano (catalán, euskera y gallego), prohibidas durante la dictadura de Franco.

## Principales características de la narrativa contemporánea

Se pueden resumir en:

1. Variedad de temas, estilos y géneros.

- **Novela culturalista:** textos que intentan explicar y analizar la cultura occidental desde posturas eruditas o cultas. Especialmente reflexiona sobre el proceso creativo. A veces, se confunde con la novela histórica porque algunas de estas novelas evocan épocas pasadas y describen temas legendarios, mitológicos o antiguos. Entre los ejemplos: Antonio Colinas, *Un año en el Sur* y Juan Manuel de Prada *La tempestad*.

- **Novela histórica:** textos en los que se narra sobre personajes o sucesos de distintas épocas de un modo creíble. Destacan: Juan Eslava Galán, *En busca del unicornio*; Arturo Pérez-Reverte, *El maestro de esgrima*; Matilde Asensi, *Iacobus*.

- **Novela intimista:** novelas que tratan sobre temas personales, como la búsqueda de la identidad. Muchas de estas novelas tratan sobre la frustración, la soledad o la desesperanza de sus personajes, bien en tono serio, bien en tono irónico. Entre las obras y los escritores: Adelaida García Morales, *El sur*; Juan José Millás, *El desorden de tu nombre*; Lucía Etxebarria, *Amor, curiosidad, prozac y dudas*.

- **Novela negra o policiaca:** textos en los que se comete un crimen y hay un protagonista (detective, o policía) que debe resolver el caso. Entre los autores y obras destacan: Eduardo Mendoza, *La verdad sobre el caso Savolta*; Lorenzo Silva, *El alquimista impaciente*; Antonio Muñoz Molina, *Plenilunio*, etc.

- **Novela de recuperación de la memoria histórica:** textos en los que se vuelve al pasado reciente, especialmente a la época de posguerra, y se intenta recuperar, principalmente, la memoria del vencido (bando republicano). Entre los autores y obras destacan: Josefina Aldecoa, *Mujeres de negro*; Juan Marsé, *Si te dicen que caí*; Manuel Rivas, "La lengua de las mariposas".

2. Mezcla o **fusión** de géneros (géneros *impuros*), por ejemplo: fusión de novela histórica, policiaca y de aventuras; o fusión de ensayo y novela, como en el caso de *Corazón tan blanco*, de Javier Marías.

3. Utilización de **todo tipo de recursos** literarios, estilos narrativos, figuras literarias y retóricas, etc.

4. Su **objetivo** prioritario no es la difusión de ideas políticas ni la escritura de novelas militantes.

5. El **tono** en la escritura es también muy variado. El humor, la ironía, la nostalgia, el tono intimista, el lírico... Hay también **tratamientos** culturalistas, exquisitos o refinados.

6. En líneas generales, desaparecen los grandes **personajes** y se escribe sobre personajes del día a día, cotidianos, **verosímiles**... (como ocurría en el Realismo).

7. Hay preocupación por el **estilo**. El lenguaje es, a veces, **barroco** y **amanerado**. Los escritores se esfuerzan por lograr un estilo personal y de calidad.

8. Se trabaja el **metalenguaje**, (metanovela, metapoesía), es decir, se describe y se habla del proceso de narración dentro de la escritura en sí.

9. Hay un incremento notable de mujeres escritoras.

**1.** Señala **cuáles de estas afirmaciones son verdaderas (V) y corrige las que sean falsas (F).**

| | V | F |
|---|---|---|
| **a.** La literatura actual tiene unas bases y consignas claramente establecidas. | ○ | ○ |
| **b.** Al periodo histórico tras la muerte de Franco se le llama transición y no se sabe la fecha exacta en el que comienza y acaba. | ○ | ○ |
| **c.** En la literatura de la transición no hay generaciones literarias ni agrupaciones de escritores. | ○ | ○ |
| **d.** En la literatura de la transición no hay casi mujeres escritoras. | ○ | ○ |
| **e.** La novela de recuperación histórica trata sobre temas mitológicos y personajes históricos del pasado. | ○ | ○ |

**2.** **La literatura actual tiene una temática muy variada. Señala tres temas que sean de tu interés, y sobre los cuales te gustaría leer, justificando tu respuesta. (Los fragmentos que trabajaremos a continuación tratan de algunos de estos temas).**

○ **a.** Crisis de identidad/búsqueda de identidad.

○ **b.** Homosexualidad/lesbianismo.

○ **c.** Relaciones familiares.

○ **d.** Mundo universitario y laboral en España.

○ **e.** Relación entre hombres y mujeres.

○ **f.** Sociedad, política y actualidad.

○ **g.** La amistad.

○ **h.** La maternidad/paternidad.

○ **i.** La investigación de un crimen.

○ **j.** La recuperación de la memoria histórica.

.......................................................................................................................

.......................................................................................................................

.......................................................................................................................

.......................................................................................................................

**3.** **Como conclusión, enumera los *ingredientes* que debe tener un libro para que llame tu atención y te enganche. Te damos algunas claves.**

- título
- portada (ilustraciones)
- género
- temática
- personajes

.............................................................................

.............................................................................

.............................................................................

.............................................................................

.............................................................................

Madre mía, ¡de este autor hay un montón de obras en inglés en la librería donde yo compro!

Mi querida Helen, antes de saber español yo ya había leído esta novela en japonés. ¿Tú no sabes que Javier Marías es uno de los autores españoles más internacionales y traducidos?

Ahora sí lo sé y, además, ¡lo puedo leer en españooolll!

**1.** Completa **la biografía del escritor con las siguientes palabras.**

miembro • autobiográfica • extensión • Universidad • confeso • ritmo • tomos • profesor
traductor • clases • republicana • fusiona • poemas • ambiciosa • etimología • jugar

## "HAY QUE LLAMAR A CADA COSA POR SU NOMBRE"

UNA ENTREVISTA CON
JAVIER MARÍAS
POR ELIDE PITTARELLO
CONTEMPORÁNEA

DeBOLSILLO

Javier Marías nació en Madrid, ciudad en la que vive, en 1951. Escritor y (1) ........................, además de (2) ........................ de la Real Academia Española desde 2006.

Hijo del filósofo Julián Marías, vivió parte de su infancia en los Estados Unidos, donde su familia tuvo que exiliarse por la ideología (3) ........................ de su padre. Estos hechos marcaron su experiencia e influyeron en su escritura y en su ideología: es republicano (4) ........................

Sobre su manera de escribir, se ha dicho que sus novelas tratan "de la aventura de las palabras", es decir, se preocupa por el estilo, el (5) ........................ de la prosa y la (6) ........................ de las palabras.

Entre 1983 y 1985 impartió (7) ........................ de Literatura Española y Teoría de la Traducción en la (8) ........................ de Oxford, lo que le sirvió de inspiración para su novela de 1988, *Todas las almas*, que cuenta la historia de un (9) ........................ español que imparte clases en Oxford. Sin embargo, no es una novela (10) ........................

Fiel a la época en la que escribe, mezcla y (11) ........................ novela y ensayo, siendo un buen ejemplo de esto su obra *Corazón tan blanco* (1992). A esta fusión se le ha dado el nombre de *Hibridismo Genérico*.

Marías es un apasionado de la poesía de Shakesperare, de cuyos (12) ........................ toma prestados algunos versos para titular algunas de sus obras, como es el caso del título de su novela *Mañana en la batalla piensa en mí* (1994).

A Marías, le gusta **(13)** ................................. con el lenguaje y retomar temas o personajes sobre los que ya ha escrito, como en *Negra espalda del tiempo* (1998), que narra sucesos reales y ficticios mezclados con sucesos y personajes que aparecen en *Todas las almas*.

En 2002 comenzó su novela más **(14)** ................................., *Tu rostro mañana*. Debido a su **(15)** ................................., más de 1500 páginas, el autor la publicó en tres **(16)** ................................. (*Fiebre y lanza*, 2002, *Baile y sueño*, 2004 y *Veneno y sombra y adiós*, 2007). Se pueden seguir sus publicaciones y opiniones tanto en su blog como en su página web personal.

# Lectura 1 : *CORAZÓN TAN BLANCO*

**Obra** híbrida, donde se fusionan novela y ensayo. Es una de las más exitosas del autor. Traducida a varios idiomas y con gran éxito de ventas. En *Corazón tan blanco*, Juan Ranz, el protagonista, nos narra su vida en primera persona. Este es un traductor que vive y viaja por medio mundo. La novela comienza con el suicidio de una mujer mientras comía con su familia. Solo al final se descubrirá el motivo de este suicidio.

## Antes de leer

**A.** En los últimos años, están teniendo mucho éxito series televisivas que tratan sobre asesinatos y crímenes. ¿Ocurre lo mismo en tu país? ¿A qué crees que es debido? ¿Por qué crees que nos atraen los temas morbosos?

**B.** De los siguientes géneros narrativos, escoge tu preferido y justifica por qué lo es.

○ Novela romántica    ○ Novela de aventuras    ○ Novela histórica
○ Novela policiaca    ○ Novela de viajes    ○ Novela de terror

## Navega e investiga

**C.** Personajes de ficción como Hércules Poirot, Miss Marple (Agatha Christie), Sherlock Holmes (Arthur Connan Doyle) o la Dra. Scarpetta (Patricia Cornwall) han constituido famosas sagas literarias. Lo mismo ocurre en novelas policiacas y de crimen españolas tan características de la novela actual.

**1.** Investiga en Internet y relaciona los siguientes *investigadores* con la saga literaria a la que pertenecen y con su autor contemporáneo correspondiente.

| Investigadores (ficción) | Título de la novela | Autor |
|---|---|---|
| Pepe Carvalho • | • *Días Contados* • | • Lorenzo Silva |
| Virginia Chamorro y Rubén Bevilacqua • | • *El Alquimista impaciente* • | • Juan Madrid |
| Toni Romano • | • *El Misterio de la Cripta Embrujada* • | • Manuel Vázquez Montalbán |
| Celedonio • | • *Los mares del Sur* • | • Eduardo Mendoza |

**2.** Algunas de las novelas que aquí mencionamos han sido llevadas al cine, averigua cuáles.

**D.** Para comprender mejor la lectura, une las palabras de la columna de la izquierda con su sinónimo o definición en la columna de la derecha.

1. Sostén .................•
2. Detonación .............•
3. Alzar .................•
4. Reparar .................•
5. Pestillo .................•

• **a.** Cerrojo, cerradura, llave.
• **b.** Darse cuenta, observar.
• **c.** Sujetador (ropa interior).
• **d.** Levantar.
• **e.** Tiro, disparo.

45

No he querido saber, pero he sabido que una de las niñas, cuando ya no era niña y no hacía mucho que había regresado de su viaje de bodas, entró en el cuarto de baño, se puso frente al espejo, se abrió la blusa, se quitó el *sostén* y se buscó el corazón con la punta de la pistola de *su propio padre, que estaba en el comedor con parte de la familia y tres in-*
5   *vitados.* Cuando se oyó la *detonación,* unos cinco minutos después de que la niña hubiera abandonado la mesa, el padre no se levantó enseguida, sino que se quedó durante algunos segundos paralizado con la boca llena, sin atreverse a masticar ni tragar ni menos aún a devolver el bocado al plato; y cuando por fin se *alzó* y corrió hacia el cuarto de baño, los que lo siguieron vieron cómo mientras descubría el cuerpo ensangrentado de su hija y se
10  echaba las manos a la cabeza iba pasando el bocado de carne de un lado a otro de la boca, sin saber todavía qué hacer con él. Llevaba la servilleta en la mano, y no la soltó hasta que al cabo de un rato *reparó* en el sostén tirado sobre el bidet, y entonces lo cubrió con el paño que tenía a mano y sus labios habían manchado, como si le diera más vergüenza la visión de la prenda íntima que la del cuerpo derribado y semidesnudo con el que la prenda había
15  estado en contacto hasta hacía muy poco: el cuerpo sentado a la mesa o alejándose por el pasillo o también de pie. Antes, con gesto automático, el padre había cerrado el grifo del lavabo, el del agua fría, que estaba abierto con mucha presión. La hija había estado llorando mientras se ponía ante el espejo, se abría la blusa, se quitaba el sostén y se buscaba el corazón, porque, tendida en el suelo frío del cuarto de baño enorme, tenía los ojos llenos
20  de lágrimas, que no se habían visto durante el almuerzo ni podían haber brotado después de caer sin vida. En contra de su costumbre y de la costumbre general, no había echado el *pestillo,* lo que hizo pensar al padre (pero brevemente y sin pensarlo apenas, en cuanto tragó) que quizá su hija, mientras lloraba, había estado esperando o deseando que alguien

**25** abriera la puerta y le impidiera hacer lo que había hecho, no por la fuerza sino con su mera presencia, por la contemplación de su desnudez en vida o con una mano en el hombro.

*Corazón tan Blanco* (1992)

## Después de leer

**E.** La descripción de la escena utiliza recursos propios del cine. Parece que hay partes en las que se narra a cámara lenta, o en las que la acción se congela, o se frena, para luego reanudarse. Un claro ejemplo es la alusión a la acción de masticar la comida al mismo tiempo que se van narrando otros sucesos paralelos. ¿En qué párrafos encuentras ejemplos de esto?

**F.** El fragmento seleccionado está repleto de adverbios o locuciones adverbiales de tiempo que ayudan a organizar y secuenciar lo ocurrido. ¿Puedes encontrar, al menos, cinco? Te damos dos ejemplos: *después, enseguida*..................................................

..............................................................................................................

 **Y tú, ¿qué opinas?**

**G.** El fragmento seleccionado, es justo el principio de la novela *Corazón tan blanco*. ¿Cómo crees que es el inicio de esta novela? ¿Por qué crees que la chica se ha suicidado? Inventa una hipótesis.

*Yo creo que se ha suicidado porque…*

**H.** ¿Qué crees que significa el enigmático y contradictorio inicio de la novela "No he querido saber, pero he sabido que una de las niñas cuando ya no era niña…"?

 **Ahora te toca a ti**

**I.** Imagina que eres un detective o un investigador encargado de averiguar qué ha pasado. Elabora un listado de preguntas que harías a cada uno de las personas que estaban en la casa cuando se produjo el disparo. El narrador nos dice que había varias personas: "su propio padre, que estaba en el comedor con parte de la familia y tres invitados". Recuerda el tipo de preguntas que se suelen formular para investigar un suceso. Te damos algunos ejemplos:

¿Qué…? • ¿Dónde...? • ¿Desde cuándo...? • ¿Cómo…?
¿Por qué...? • ¿En qué...? • ¿Quién...? • ¿Cuál…?

En el momento del suicido, tal y como podemos deducir por la lectura, en la casa estaban:

- El padre de la niña que se suicida
- El narrador de la acción
- Invitado 1
- Invitado 2
- Invitado 3
- Otros miembros de la familia

# 1.2. MANUEL RIVAS (1957)

### "MI PRIMER LIBRO FUE LA MEMORIA DE MI MADRE"

**M**anuel Rivas nació en La Coruña, Galicia, en 1957. Es escritor, periodista, poeta y ensayista. Sus obras están escritas en gallego, aunque se han traducido al castellano. Es un autor **comprometido** con su lengua y su identidad gallega, no solo en los aspectos lingüísticos, sino también sociales, políticos, ecológicos y **medioambientales**. Su libro de cuentos más conocido es *¿Qué me quieres, amor?* (1996) en el que se encuentra recogido el relato breve "La lengua de las mariposas", que fue llevada al cine con el mismo título. Otra de sus obras, también llevada al cine, es *El lápiz del carpintero* (1998). Algunos de sus libros de cuentos o relatos breves son *Ella, maldita alma* (1998) y *Las llamadas perdidas* (2003).

Es colaborador habitual del periódico El País, donde escribe en castellano. Sus mejores artículos periodísticos se han recopilado en la obra de irónico título ***El periodismo es un cuento*** (1998).

**1.** ¿Conoces el significado no literal de la expresión *ser un cuento* o *ser un cuentista*? Si no lo conoces, búscalo.

**2.** ¿Qué crees que significa el título de la recopilación de artículos periodísticos? ¿Estás de acuerdo en que es irónico? Justifica tu respuesta.

## Lectura **2**: *"LA LENGUA DE LAS MARIPOSAS"*

¿Será que las mariposas tienen un idioma que ellas solamente comprenden, Helen?

Seguramente Akira, pero me parece que gracias a Manuel Rivas nosotros también conocemos ahora la lengua de las mariposas. Suena muy bien.

Suena genial. Quiero saber qué nos quieren decir.

Relato breve, cuyo género se enmarca dentro de la "recuperación de memoria histórica", recogido en la obra recopilatoria de cuentos *¿Qué me quieres, amor?*
"La lengua de las mariposas" trata sobre la tierna amistad entre un niño de padre republicano y su maestro anarquista. La amistad de ambos surge por el mutuo respeto y admiración hacia la naturaleza y los insectos. El contexto histórico de este cuento se encuentra entre el fin de la Segunda República y el inicio de la Guerra Civil en 1936.

## Antes de leer

**A.** Utilizamos los tiempos en pasado para narrar hechos que ya han ocurrido. En español, distinguimos el pretérito imperfecto del indefinido (o pretérito perfecto simple), para matizar un contraste entre acciones inacabadas o de duración indeterminada, frente a acciones o sucesos finalizados o de duración limitada en el tiempo. Haz memoria y cuenta a tus compañeros, utilizando el tiempo verbal que creas más adecuado, alguna anécdota de tu infancia o juventud.

*Cuando yo **era** pequeño...*

**B.** Sigue recordando y comparte con tus compañeros de clase más detalles de tu infancia. Te damos algunas ideas:

- tu profesor preferido
- tu asignatura preferida
- tu cuento o novela favoritos
- lo que te daba miedo
- lo que te ilusionaba
- tu mejor amigo

**C.** La infancia es un periodo de incertidumbre, descubrimiento y crecimiento. Cada cultura o país tiene unos *personajes* ficticios que el niño asocia con el miedo, la magia o el respeto. Asocia los personajes de la columna de la izquierda con la explicación de la derecha. ¿Existen los mismos o un equivalente en tu país? Coméntalo con tus compañeros.

**1.** El hombre del saco (el mumo, el coco, el sacamantecas). ............•

**2.** El ratoncito Pérez. ......................•

**3.** Los Reyes Magos/Santa Claus/ Papá Noel. .................................•

• **a.** Cuando al niño se le cae un diente, debe ponerlo debajo de la almohada. Al día siguiente, en su lugar, encontrará dinero, regalos o dulces.

• **b.** Personajes asociados a la Navidad. Traen regalos a los niños que se portan bien.

• **c.** Personaje malvado que se suele mencionar para asustar a los niños si no son obedientes, o si no vuelven pronto a casa.

**D.** La infancia para un niño que vivió en la época de la Guerra Civil, de la posguerra o de los años 90 fue muy diferente.

**a.** ¿Cómo crees que influyeron los siguientes temas en los niños de estas distintas épocas?
- La educación (la escuela, relación con los maestros y con otros alumnos).
- La relación con los padres.
- La tecnología.

**b.** ¿Se te ocurre otro tema o aspecto distinto entre las diferentes generaciones?

Yo quería mucho a aquel maestro. Al principio, mis padres no podían creerlo. Quiero decir que no podían entender cómo yo quería a mi maestro. Cuando era un pequeñajo, la escuela era una amenaza terrible. Una palabra que se **blandía**[1] en el aire como una **vara de mimbre**[2].

[…] Yo iba para seis años y todos me llamaban **Pardal**[3]. Otros niños de mi edad ya trabaja-
5 ban. Pero mi padre era **sastre**[4] y no tenía ni tierras ni ganado. […]

"¡Ya verás cuando vayas a la escuela!" […]

Si de verdad me quería meter miedo, lo consiguió. La noche de la víspera no dormí. Encogido en la cama, escuchaba el reloj de la pared en la sala *con la angustia de un condenado*.
El día llegó con una *claridad de delantal de carnicero*. No mentiría si les hubiese dicho a
10 mis padres que estaba enfermo.

El miedo, como un ratón, me **roía**[5] las **entrañas**[6]. Y me **meé**[7]. No me meé en la cama,
sino en la escuela. Lo recuerdo muy bien. Han pasado tantos años y aún siento una humedad cálida y vergonzosa resbalando por las piernas. Estaba sentado en el último **pupitre**[8],
medio agachado con la esperanza de que nadie **reparase**[9] en mi presencia, hasta que pu-
15 diese salir y echar a volar por la Alameda.

"A ver, usted, ¡póngase de pie!"

El destino siempre avisa. Levanté los ojos y vi con espanto que aquella orden iba por mí.
Aquel maestro feo como un **bicho**[10] me señalaba con la regla. […]

"¿Cuál es su nombre?"
20 "Pardal"

Todos los niños rieron a carcajadas. Sentí como si me golpeasen con latas en las orejas. […]
Y fue entonces cuando me meé. Cuando los otros chavales se dieron cuenta, las **carcaja-
das**[11] aumentaron y resonaban como latigazos. Huí. Eché a correr como un locuelo con alas.
Corría, corría como solo se corre en sueños cuando viene detrás de uno el Hombre del saco.

[…]

25 "Tenemos un nuevo compañero. Es una alegría para todos y vamos a recibirlo con un aplau-
so". Pensé que me iba a mear de nuevo por los pantalones, pero solo noté una humedad
en los ojos.

"Bien, y ahora vamos a empezar un poema. ¿A quién le toca? ¿Romualdo? Venga, Romualdo, acércate. Ya sabes, despacito y en voz bien alta". […]

30 Romualdo, "¿qué es lo que vas a leer?"

"Una poesía, señor"

"¿Y cómo se titula?"

"Recuerdo infantil. Su autor es don Antonio Machado."

"Muy bien, Romualdo, adelante. Con calma y en voz alta. Fíjate en la puntuación." […]

35 *Una tarde parda y fría*
*de invierno. Los colegiales*
*estudian. Monotonía*
*de lluvia tras los cristales.*
*Es la clase. En un cartel*
40 *se representa a Caín*
*fugitivo y muerto Abel,*
*junto a una* mancha carmín…

"Muy bien, ¿Qué significa *monotonía de lluvia*, Romualdo?" Preguntó el maestro. […]

"La lengua de las mariposas", *¿Qué me quieres amor?* (1996)

¹ **blandirse:** moverse, agitarse.

² **vara de mimbre:** palo de material parecido a la madera, pero más blando y flexible.

³ **pardal:** tipo de pájaro pequeño: gorrión, pardillo. Puede usarse para referirse a alguien pueblerino, tonto o inocente.

⁴ **sastre:** modisto, que hace trajes.

⁵ **roer:** comer, desgastar.

⁶ **entrañas:** tripas, vísceras, órganos internos.

⁷ **mear:** hacer pipí, orinar. (En este caso, mearse encima).

⁸ **pupitre:** mesa de trabajo del colegio.

⁹ **reparar:** (en este contexto) darse cuenta.

¹⁰ **bicho:** insecto, animal pequeño.

¹¹ **carcajada:** risa muy fuerte.

## Después de leer

**E.** El fragmento narra el miedo de un niño a la hora de ir al colegio durante la época republicana.

1. ¿En qué partes de la lectura encuentras ejemplos que mencionan este miedo?

2. ¿En qué parte de la lectura nos damos cuenta de que el maestro es buena persona y quiere integrar a Pardal en la clase?

3. ¿Qué siente Pardal en ese momento?

**F.** Hemos visto que un rasgo de la literatura contemporánea es la *metaliteratura*. ¿Hay algún ejemplo de metaliteratura en este fragmento? Justifica tu respuesta.

**G.** El fragmento de la lectura elegido acaba antes de saber qué responderá uno de los compañeros de clase de Pardal, Romualdo, a la pregunta del maestro. Responde tú. ¿Qué crees que significa "monotonía de lluvia tras los cristales"?

**H.** Tras haber estudiado a Machado en temas anteriores y conocer el contexto histórico y social de la República y la Guerra Civil, ¿crees que este poema dentro de la narración le aporta un significado añadido? Justifica tu respuesta. Te damos como ejemplo, para que desarrolles la respuesta, a Caín y Abel, hermanos, que pueden representar, quizá, a esa España dividida en dos.

**I.** ¿De qué manera dice el niño protagonista que tiene cinco años, casi seis?

**J.** ¿Con qué palabra expresa *la noche antes* o la *noche anterior*?

**K.** ¿Qué significan las siguientes metáforas o imágenes? Explícalas.

- …escuchaba el reloj de la pared en la sala *con la angustia de un condenado*.
- El día llegó con una *claridad de delantal de carnicero*.
- …muerto Abel, junto a una *mancha carmín*…

 **Ahora te toca a ti**

**L.** ¿Te atreves a ampliar la escena? Describe los pensamientos de Pardal en la secuencia que dice: "Estaba sentado en el pupitre, con la cabeza agachada…". Para ayudarte te damos el comienzo: "Que no me mire, que no me mire ni me pregunte…". También puedes ir a las páginas 260-261 de la unidad para ver ejemplos y explicaciones de la técnica llamada *monólogo interior*.

## 1.3. LUCÍA ETXEBARRÍA (1966)

*"NO HEMOS VENIDO A PROCLAMAR LA LUCHA DE SEXOS, SINO A ABRIR UN DEBATE ACERCA DE LA NECESIDAD DE REPLANTEAR LA VIGENCIA DE ROLES OBSOLETOS"*

Lucía Etxebarría nació en 1966 en Valencia, aunque vive en Madrid desde los 18 años. Es la escritora más **polémica** y **mediática** de la narrativa contemporánea. Se ha definido como **feminista** y escritora **comprometida** con la liberación e igualdad de la mujer. Sus primeras obras, **pseudoautobiográficas**, como ella misma ha explicado en entrevistas y artículos literarios, *Amor, curiosidad, prozac y dudas* y *Beatriz y los cuerpos celestes*, fueron grandes éxitos de ventas. Está licenciada en periodismo y ha trabajado en muchos campos, entre ellos, ha sido relaciones públicas en una tienda de música, traductora, guionista de cine, profesora de literatura visitante en una universidad escocesa, etc. En la actualidad sigue escribiendo (novelas, ensayo, poesía y guiones cinematográficos). Colabora con diversas revistas y periódicos y sus obras han sido traducidas a varios idiomas.

**1.** Lee los siguientes planteamientos de la escritora en el prólogo de *Nosotras que no somos como las demás* (1999) y *La Eva Futura, la letra futura* (2000). Ten en cuenta que, en la breve biografía de la autora, matizábamos que es una escritora feminista y comprometida.

> *Cada niña o cada niño en el mundo nace y crece integrado en una cultura particular y desde el momento de su nacimiento las costumbres en las que ha nacido configuran su experiencia y comportamiento. Las personas se preocupan por socializar a sus hijos desde pequeños en una conducta aceptable para el grupo.*

> *Ser feminista no quiere decir odiar a los hombres, ni por supuesto, ser lesbiana. Tampoco implica renunciar al sujetador, el lápiz de labios, los tacones de aguja y los pendientes. Se trata de reclamar el poder de las mujeres y el derecho de cada una de nosotras a utilizar ese poder…*

*La cultura en la que vivimos configura y limita nuestra imaginación [...] en nuestra cultura hemos atribuido tradicionalmente a cada sexo unas diferencias de género muy claras:*

| MASCULINO | FEMENINO |
|-----------|----------|
| *azul* | *rosa* |
| *corbata* | *pendientes* |
| *agresivo* | *pasiva* |

[...]

**a.** Tras leer su opinión en los fragmentos, reflexiona con tus compañeros sobre ellos. ¿Estáis de acuerdo con las ideas de la autora? Justificad vuestra respuesta.

**b.** ¿Podrías completar la tabla de pares binarios con rasgos *propios* en tu cultura de *cosas de hombres* y *cosas de mujeres*? ¿Crees que en España, por ejemplo, estos binarios son distintos si pensamos en roles de hombres o mujeres antes de la transición y después de ella?

**2.** ¿Qué aspectos culturales, ideológicos y educativos, son propios de tu cultura? ¿Y de la cultura española de la transición? ¿Qué principales cambios sociales, culturales e ideológicos se producen en España en este periodo? Para ayudarte te proponemos algunos temas: igualdad de género, educación, leyes (aborto, divorcio, derecho al voto), religión, política, etc.

| España antes de 1975 | España después de 1980 |
|----------------------|------------------------|
| *No se podía....* | *Se podía...* |

## Lectura **3**: *AMOR, CURIOSIDAD, PROZAC Y DUDAS*

Novela **intimista**, donde se narra la historia de tres hermanas y se expone cómo la educación, el contexto histórico, los cambios generacionales y el entorno social han determinado las elecciones vitales de cada una de ellas: Ana, la mayor, es ama de casa; Rosa es una mujer de negocios y Cristina, la menor, estudiante universitaria y camarera.

## *Antes de leer*

**A.** El título de la novela está extraído de un poema de Dorothy Parker, escritora americana, que decía: "cuatro cosas que la edad me trajo: amor, curiosidad, pecas y dudas". ¿Por qué crees que la autora española cambió en su título *pecas* por *Prozac*? ¿Crees que la *edad* trae amor, curiosidad y dudas? ¿Qué otras cosas trae la *edad*, es decir, la madurez? Razona tu respuesta.

**B.** El léxico de esta novela refleja el modo de hablar de cada una de las hermanas y refleja, en parte, la generación a la que pertenecen. Asocia las palabras de la izquierda con su sinónimo de la derecha.

| | | |
|---|---|---|
| 1. Curro ..................... • | | • **a.** Herida, pupa. |
| 2. Bajón ..................... • | | • **b.** Guay, chulo, bonito. |
| 3. Kool ..................... • | | • **c.** Aburrido/a, monótono/a. |
| 4. Mustia ..................... • | | • **d.** Sosa, tonta. |
| 5. *Underground* ........... • | | • **e.** Puzle. |
| 6. Ñoña ..................... • | | • **f.** Estéril, baldía. |
| 7. Gris ..................... • | | • **g.** Tedio, aburrimiento, disgusto. |
| 8. Llaga ..................... • | | • **h.** Apática, triste. |
| 9. Yerma ..................... • | | • **i.** Trabajo. |
| 10. Hastío ..................... • | | • **j.** Contracultura. |
| 11. Rompecabezas .......... • | | • **k.** Desánimo. |

**C.** Lee los siguientes fragmentos. Para facilitarte la comprensión te indicamos a qué capítulos pertenecen y qué hermana habla, junto con una breve ficha biográfica de cada una.

> **Cristina.** Edad: veintipocos. Soltera. Estudiante y camarera.
> **Rosa.** Edad: treinta. Soltera. Mujer de negocios.
> **Ana.** Edad: treinta y dos. Casada, con un niño. Ama de casa.

### Fragmento del capítulo "A de atípica" (Cristina)

No conozco a ninguna chica que de pequeña no haya querido ser chico. Por lo menos a ratos. No dejaba de *tener su aquel* lo de poder jugar a la **goma**[1] y a las comiditas de tierra en el patio del colegio, pero eso no impedía que envidiásemos la libertad que disfrutaban los niños para jugar al fútbol en los soportales y matar **lagartijas**[2] con **tirachinas**[3]. Y eso no
5  podíamos hacerlo porque era cosa de *chicazos*. Nosotras teníamos que volver a casa con el uniforme limpio y aseado. […] Cuando yo iba al colegio me fastidiaba muchísimo que Dios fuera hombre. Desde el momento en que me dejaron claro que Dios era un hombre, ya empecé a sentirme más **chiquita**[4], porque así, *sin comerlo ni beberlo*, me había convertido en ser humano de segunda categoría. Si Dios me había creado a imagen y semejanza suya,
10  ¿por qué me había hecho niña, cuando él era Él, en masculino? […] A nosotras, por aquello

de que *a nuestra tatatatarabuela le había dado por comerse una manzana que no debía*, nos dejaban lo peor. No podríamos ser curas, no podríamos consagrar el cáliz [...] y a lo más que podíamos aspirar era a ser **monjas**[5] [...] y de considerarnos Hijas de María. A mí lo de Hija de María me sonó siempre a *premio de consolación*.

## Fragmento del capítulo "D de destierro" (Cristina)

En la pista la masa baila en comunión, al ritmo de un solo latido, una sola música, una sola droga, una única alma colectiva. El DJ es el nuevo mesías; la música, la palabra de Dios; el vino de los cristianos ha sido sustituido por el éxtasis y la iconografía de las vidrieras por los monitores de televisión. [...] Cada noche la música **atrona**[6] desde los bafles de quinientos
5   vatios, unas cajas negras, enormes, que son como las hijas bastardas de la caja de **Pandora**[7], porque, a juzgar por todo el escándalo que arman, deben contener en su interior todos los vientos y todas las tormentas.

## Fragmento del capítulo "F de frustrada" (Rosa)

"A los treinta años las mujeres solteras con estudios universitarios tienen un 20% de posibilidades de casarse, a los treinta y cinco, ese porcentaje ha descendido al 5% y a los cuarenta, al 1,3%. Las mujeres con educación universitaria que anteponen los estudios y la vida profesional al matrimonio encontrarán serias dificultades para casarse". [...] Cuando
5   llego a mi apartamento lo primero que hago es quitarme el traje de chaqueta gris y colgarlo cuidadosamente en el armario. El informe *Dress for Success*, de John T. Molloy, publicado en 1977, recomienda a las ejecutivas el uso de un **traje sastre**[8] en la oficina: "las mujeres que llevan ropa **discreta**[9] tienen un 150% más de probabilidades de sentirse tratadas como ejecutivas, y un 30% menos de que los hombres cuestionen su autoridad".

## Fragmento del capítulo "P de poder" (Rosa)

Palabras que me definen. Equilibrio tecnológico. Correo electrónico. Memoria Ram. Balances, presupuestos. Informes por triplicado. Curvas de campana. Capital de riesgo. Mínimo amortizable. Comité de dirección. Plan de crecimiento, inyección de capital. Proyectos. Equipos. Multimedia. Liderazgo. Mi vida no es muy apasionante. *Mi trayectoria fue meteórica*. Acabé la carrera con excelentes notas y empecé a trabajar a los veintidós años. A
5   los veintiocho me nombraron directora financiera y mi foto salió en la sección de negocios de *El País*.

## Fragmento del capítulo "H de hastío" (Ana)

Yo siempre he estado orgullosa de este salón. Lo he mantenido *pulcrísimo*, y tampoco es que sea fácil. Hay que pasar la aspiradora una vez al mes, como mínimo por sillas, sofás y

5 cortinas. Hay que lavar los **visillos**[10] también una vez al mes con agua y jabón, sin frotarlos ni retorcerlos. Para darles consistencia una vez limpios hay que sumergirlos en agua con azúcar y colgarlos todavía húmedos a fin de eliminar cualquier arruga.

Si la vida se pudiera limpiar igual que unos visillos, si pudiéramos hacer desaparecer nuestras manchas en una lavadora, todo sería más fácil.

### Fragmento del capítulo "L de lágrimas" (Ana)

A veces, no sé, me siento como la pieza de un *rompecabezas* que apareció por equivocación en la caja que no correspondía. No encajo. [...] Por fin llega mi turno. La cajera, con el **moño**[11] bastante alborotado ya y un *humor de perros*, intenta pasar los artículos por el lector electrónico de la caja: cerveza para Borja, *Cocacola light* para mí, *Casera cola sin
5 cafeína* para el niño, **bayeta**[12] gigante suave *Cinderella*, *Scotch Brite Fibra Verde* con esponja (3x2 precio especial), fregasuelos *Brillax*, champiñones *Cidacos* [...] tomate frito *Orlando*, macarrones *Gallo* y una docena de huevos. Eso es todo. Creo que no se me olvida nada. [...] Tengo un marido maravilloso y un niño guapísimo y una casa que podría salir fotografiada en *Elle* decoración, y sin embargo, no sé qué me pasa, solo tengo ganas de llorar.

*Amor, curiosidad, prozac y dudas* (1997)

[1] **goma:** juego de niñas. Cuerda elástica.

[2] **lagartija:** reptil de pequeño tamaño.

[3] **tirachinas:** instrumento en forma de "Y", con una goma sujeta en cada extremo, que sirve para disparar piedrecitas u objetos pequeños.

[4] **chiquita:** diminutivo de *chica* (pequeña), pequeñita.

[5] **monja:** religiosa. Mujer que dedica su vida a Dios.

[6] **atronar:** sonar muy fuerte, como los truenos.

[7] **Pandora:** primera mujer, según el mito griego, que abrió una caja que contenía todos los males y estos se derramaron sobre la tierra (DRAE).

[8] **traje sastre:** traje de corte masculino. Suele estar hecho a medida.

[9] **discreto/a:** que no llama la atención.

[10] **visillo:** tipo de cortina.

[11] **moño:** recogido del pelo en lo alto de la cabeza.

[12] **bayeta:** trapo. Paño para limpiar.

## Después de leer

**D. Cada una de las hermanas nos hace pensar, en los fragmentos seleccionados, sobre aspectos vinculados al género y a ser mujer. Explica con tus palabras qué problemática sugiere cada hermana y comenta si es igual, parecido o diferente en tu país. Te damos algunos temas.**

- Roles o expectativas de comportamiento *adecuado* para chicos o chicas.

- Influencia de la religión católica en la educación de los jóvenes.

- Problemas laborales.

- El papel del ama de casa.

**E.** Ana, Rosa y Cristina tienen una *voz* y una personalidad muy diferentes, que se ponen de manifiesto en su modo de expresarse. Haz un listado de adjetivos que crees que sirven para definir a cada hermana según lo que has leído.

**Cristina:** ...........................................................................................................................

**Rosa:** ...............................................................................................................................

**Ana:** *hastiada (harta)*..........................................................................................................

**F.** También vemos que el lenguaje de las hermanas introduce léxico y vocabulario que no siempre pertenece al ámbito familiar, coloquial o estándar. Escribe palabras que hayan aparecido en los fragmentos atendiendo a su registro o jerga específica.

**Lenguaje coloquial:** *moño*...................................................................................................

**Lenguaje técnico:** *Memoria Ram*..........................................................................................

**Marcas, productos:** *Casera cola* ...........................................................................................

**G.** En los fragmentos seleccionados hay algunas expresiones idiomáticas, coloquialismos o aumentativos. Explica su significado.

| Palabra o expresión | Significado |
|---|---|
| **1.** Tener su aquel. | *Ser algo interesante, atractivo, que nos gusta.* |
| **2.** Ser un chicazo. | |
| **3.** Sin comerlo ni beberlo. | |
| **4.** Premio de consolación. | |
| **5.** Tener una trayectoria meteórica. | |
| **6.** Estar algo pulcrísimo. | |
| **7.** Tener un humor de perros. | |

 **Y tú, ¿qué opinas?**

**H.** ¿Qué connotaciones o características crees que aporta el tipo de lenguaje utilizado por cada protagonista a su personalidad?

**I.** ¿A quién se refiere Cristina, de modo irónico, cuando dice: "A nosotras, por aquello de que a nuestra tatatatarabuela le había dado por comerse una manzana […]"?

**J.** ¿Crees que ser hombre o mujer influye en el modo de escritura o en la temática de las novelas? ¿Crees que hay una *literatura de mujeres* (o para mujeres)? Justifica tu respuesta.

**K.** Compara el fragmento de la lectura de "La lengua de las mariposas" en la que Pardal habla de su infancia y de su experiencia en el colegio, con el fragmento de *Amor, curiosidad, prozac y dudas*, en el que Cristina habla también de su infancia y de su experiencia en el colegio. Establece comparaciones y diferencias.

## Ahora te toca a ti

**L.** Los capítulos de esta novela, en lugar de estar numerados, siguen el orden alfabético español, ejemplificados con una palabra clave que da pistas sobre las protagonistas o sus estados de ánimo. Escribe un abecedario con capítulos sobre tu vida. Te damos la tabla con los capítulos de *Amor, curiosidad, prozac y dudas* para que al lado diseñes los tuyos propios.

| *Amor, curiosidad, prozac y dudas* | Tu propia vida/novela | *Amor, curiosidad, prozac y dudas* | Tu propia vida/novela |
|---|---|---|---|
| **A** de atípica | **A** de ........................ | **N** de neurótica, naufragio y nostalgia | **N** de ........................ |
| **B** de bajón | **B** de ........................ | **Ñ** de ñoñería | **Ñ** de ........................ |
| **C** de curro | **C** de ........................ | **O** de obsesión | **O** de ........................ |
| **D** de deseo y destierro | **D** de ........................ | **P** de poder | **P** de ........................ |
| **E** de enclaustrada, enamorada, empleada y encadenada | **E** de ........................ | **Q** de querer, queja y quiebra | **Q** de ........................ |
| **F** de frustrada | **F** de ........................ | **R** de rota, rencor y rendida | **R** de ........................ |
| **G** de gastada y gris | **G** de ........................ | **S** de susto | **S** de ........................ |
| **H** de hastío | **H** de ........................ | **T** de triunfadores | **T** de ........................ |
| **I** de intolerancia | **I** de ........................ | **U** de *underground* | **U** de ........................ |
| **J** de jeringuilla | **J** de ........................ | **V** de vulnerable | **V** de ........................ |
| **K** de kool | **K** de ........................ | **W** de *whisky* | **W** de ........................ |
| **L** de lágrimas | **L** de ........................ | **X** La incógnita | **X** de ........................ |
| **LL** de llanto y llaga | **LL** de ........................ | **Y** de yerma y yugo | **Y** de ........................ |
| **M** de melancolía y mustia | **M** de ........................ | **Z** de zenit | **Z** de ........................ |

## Navega e investiga

**M.** Tanto Javier Marías como Manuel Rivas, Lucía Etxebarria y muchos otros autores contemporáneos tienen sus propias páginas web, páginas en *Facebook* y blogs en los que nos cuentan datos de su vida, sus aficiones, se recopilan entrevistas que se les han hecho, etc.

    **a.** Navega por ellos y anota los datos que te parezcan más interesantes y curiosos.

    **b.** ¿Compartes alguna afición o gusto con estos interesantes escritores?

    **c.** Comparte y comenta con tus compañeros de clase tus averiguaciones.

Me estoy aficionando a la poesía y no sabría decirte si prefiero a Bécquer, a Lorca, a Miguel Hernández, a Cernuda, a Neruda, a Ángel González… Cada uno con su estilo, pero con unos temas tan cercanos aunque yo sea japonés…

Akira, es que tú te fijas mucho en el contenido, y buscas identificarte, pero a mí me gusta mucho la poesía contemporánea porque para ellos el estilo es lo esencial. Hacen, además, metapoesía.

¿Eso es como el metalenguaje, no? "Lenguaje para hablar del lenguaje"

Exactamente, Akira. Ahora vas a ver algún ejemplo.

**1.** **En las biografías de García Montero y D'Ors que vas a leer hay algunas palabras que quizá no conozcas. Une las siguientes palabras con sus sinónimos para comprender el significado.**

1. Galardón .................... •
2. A caballo .................... •
3. Aunar ........................ •
4. Compaginar .............. •
5. Colega ...................... •
6. Vitalista .................... •
7. Militante ................... •
8. Jubilarse ................... •
9. Laicista ..................... •

• **a.** Entre un sitio y otro.
• **b.** Entusiasta, positivo.
• **c.** Compatibilizar.
• **d.** Afiliado, socio.
• **e.** Retirarse, dejar de trabajar.
• **f.** Laico, secular, librepensador (no se adscribe a ninguna religión).
• **g.** Premio.
• **h.** Compañero.
• **i.** Reunir, juntar, unir.

## LUIS GARCÍA MONTERO (1958)

### *"ME BASTA CON LA VIDA PARA JUSTIFICARME"*

Nació en Granada, en 1958, aunque vive a caballo entre esta ciudad y Madrid, donde comparte vida y casa con la también escritora Almudena Grandes. Pertenece a la llamada generación de "**Poetas Universitarios**" porque, al igual que Miguel D'Ors o Guillermo Carnero, compagina su trabajo de **profesor** en la Universidad de Granada con la de **escritor**. Ha ganado numerosos **galardones**, incluido el Premio Cervantes, el más prestigioso en las letras españolas.

Su poesía es comprometida, es decir, es coherente con su ideología y principios (militante **de izquierda** unida y **laicista**). Es también un escritor vitalista. Entre sus obras principales destacan: *El jardín extranjero* (1982); *Habitaciones separadas* (1994); *La intimidad de la serpiente* (2003) y *Un invierno propio* (2011). Al igual que otros autores contemporáneos, tiene su propia página oficial de Internet que actualiza y amplía con noticias y un blog personal: *http://www.luisgarciamontero.com/*.

## MIGUEL D'ORS (1946)

### *"UN POCO MÁS DE CONFIANZA EN EL TRATO CON LA POESÍA"*

Nació en Santiago de Compostela en 1946. Procede de familia de escritores, es nieto de Eugenio D'Ors, escritor, filósofo y ensayista de principios de siglo XX que llegó a ocupar cargos culturales importantes dentro del franquismo.

Miguel D'Ors **se jubiló** en 2010 como profesor universitario (Granada). Al igual que García Montero, del que fue **colega**, no solo como escritor, sino también como profesor, es considerado por la crítica como uno de los mejores poetas contemporáneos. A diferencia de García Montero, se declara **católico** y **conservador**.

Su escritura aúna el **dominio técnico** con la **renovación** y reescritura de temas como la política, la religión y el amor. Su poesía, en muchos casos autobiográfica, se suele definir como *poesía de la experiencia*. Algunas de sus obras son: *Ciego en Granada* (1975); *Es cielo y es azul* (1984); *Hacia una luz más pura* (1999); y *Sociedad limitada* (2010).

**2.** Relaciona **cada definición con los siguientes conceptos propios de la poesía de la transición.**

| | | | | | |
|---|---|---|---|---|---|
| **a.** *Camp* | ............... | | **d.** Novísimos | ............... | |
| **b.** Metapoesía | ............... | | **e.** Posmodernismo | ............... | |
| **c.** *Collage* | ............... | | **f.** Poesía de la experiencia | ............... | |

**1.** Discurso poético cuyo tema principal es el hecho mismo de escribir poesía.

**2.** Superlativo de *nuevos*. En poesía, grupo de nueve poetas, entre ellos Guillermo Carnero, Ana María Moix, Felix de Azúa…

**3.** Tipo de poesía que se caracteriza por una temática realista y urbana. Expresa el desencanto propio de la época y muestra un interés comprometido por lo cotidiano.

**4.** Movimiento cultural y artístico de la segunda mitad del siglo XX. Concepto difícil de definir. Se caracteriza por la superación y oposición a lo moderno. Especialmente se opone al funcionalismo y al racionalismo e implica falta de unidad, totalidad y coherencia.

**5.** Técnica artística que consiste en mezclar elementos diversos en un todo unificado. El término se aplica sobre todo a la pintura, pero también se puede referir a cualquier otra manifestación artística, como la música, el cine, la literatura o el videoclip. Viene del francés *coller*, que significa pegar.

**6.** Estética que basa su atractivo en un valor irónico o un cierto *mal gusto*. Cuando apareció el término, en 1909, se utilizaba para referirse a comportamientos ostentosos, exagerados, afectados, teatrales o afeminados. Hacia mediados de la década de 1970, el término se definía como *artificio*, *mediocridad* u *ostentación*.

**3. Luis García Montero y Miguel D'Ors tienen identidades políticas e ideológicas opuestas, como has leído en sus breves biografías. Señala las diferencias entre ambos en lo referente a los siguientes aspectos. (Si lo necesitas, puedes ampliar la búsqueda en Internet).**

    **a.** Ideología política.

    **b.** La religión.

    **c.** Sus relaciones familiares.

    **d.** Su literatura.

# Lectura 4: *"EL AMOR" DE LUÍS GARCÍA MONTERO*

Lo que me gusta de la tecnología es que nos permite un encuentro más directo con los escritores y su obra.

¿Qué quieres decir?

Pues que, por ejemplo, en *YouTube* puedes escuchar a García Montero, con su propia voz, recitando el poema "El amor". ¡Búscalo y escúchalo! A mí me pone los pelos de punta.

## Antes de leer

**A. Si tuvieras que explicar a un *extraterrestre* qué es el amor, ¿cómo lo describirías? Haz un listado de tus canciones o poemas preferidos sobre el amor. ¿Qué es lo que te gusta de ellos? Justifica tu respuesta.**

**B. El amor es uno de los temas más recurrentes en literatura y en poesía. Podría decirse que es un tema *universal*. ¿Qué otros temas crees que son *universales* y que se pueden reflejar por medio de la literatura, el arte, el cine o la música? ¿Por qué crees que son *universales*?**

Las palabras son barcos
y se pierden así, de boca en boca,
como de niebla en niebla.
Llevan su mercancía por las conversaciones
5   sin encontrar un puerto,
la noche que les pese igual que un ancla.

Deben acostumbrarse a envejecer
y vivir con paciencia de madera
usada por las olas,
10   irse descomponiendo, dañarse lentamente,
hasta que a la bodega rutinaria
llegue el mar y las hunda.

Porque la vida entra en las palabras
como el mar en un barco,
15   cubre de tiempo el nombre de las cosas
y lleva a la raíz de un adjetivo
el cielo de una fecha,
el balcón de una casa,
la luz de una ciudad reflejada en un río.

20   Por eso, niebla a niebla,
cuando el amor invade las palabras,
golpea sus paredes, marca en ellas
los signos de una historia personal
y deja en el pasado de los vocabularios
25   sensaciones de frío y de calor,
noches que son la noche,
mares que son el mar,
solitarios paseos con extensión de frase
y trenes detenidos y canciones.

30   Si el amor, como todo, es cuestión de palabras,
acercarme a tu cuerpo fue crear un idioma.

*Completamente viernes,* "Las palabras" (1998)

## Después de leer

**C.** El poema está dividido en tres partes asimétricas. ¿Podrías encontrar cuáles son esas partes y el tema y los sentimientos del autor en cada una de ellas? Te damos un ejemplo.

**Primera parte:**
*Desde "Las palabras son barcos"*
*hasta "reflejada en un río".*

*Las palabras se desgastan, pierden su significado con el tiempo. El poeta está desilusionado, se muestra escéptico.*

**Segunda parte:** .................................................

.................................................
.................................................

.................................................
.................................................

**Tercera parte:** .................................................

.................................................
.................................................

.................................................
.................................................

**D.** Encuentra las partes del poema donde el poeta quiere decir lo siguiente:

1. Compara las palabras con barcos de carga.
2. La palabras se desgastan con el tiempo, perdiendo su fuerza.
3. Compara la vida con el agua que inunda los barcos.
4. Equipara (establece un símil o comparación) las palabras con el amor.

**E.** La *metapoesía* es el hecho mismo de escribir poesía y reflexionar sobre ello. Es parte del metalenguaje, es decir, *lenguaje que se usa para hablar del lenguaje*. En el poema hay varios ejemplos de metalenguaje. Encuéntralos y explica, según tu propia interpretación, lo que crees que quiere decir el poeta. Te damos un ejemplo:

| Metalenguaje en el poema | Posible significado/interpretación |
|---|---|
| "solitarios paseos con extensión de <u>frase</u>" | Una frase es como una oración (con sentido) pero sin verbo. Suele ser también corta. La posible interpretación es que el poeta se siente vacío, le falta algo principal (su verbo = su amor). Su paseo es breve y solitario ("con extensión de frase" = corto y vacío). |

**F.** En temas anteriores ya has estudiado lo que es una metáfora. ¿Qué crees que significa en el poema la metáfora "las palabras son barcos"? Justifica tu respuesta. Busca otras metáforas, imágenes o alegorías en el texto y explícalas.

 **Y tú, ¿qué opinas?**

**G.** El poema presenta un recorrido desde el escepticismo o el desencanto (las palabras pierden fuerza, no nos permiten comunicarnos) a la esperanza, al no abandono, a recuperar la ilusión (a escribir un nuevo lenguaje). ¿Estás de acuerdo con esta lectura o interpretación? Justifica tu respuesta.

**H.** ¿Qué crees que significa la última estrofa del poema: "acercarme a tu cuerpo fue crear un idioma"?

**Ahora te toca a ti**

**I.** Escribe un pequeño fragmento o narración de algo que te haya sucedido (puedes hacerlo en prosa o poesía, en presente o en pasado) empleando algún elemento propio del metalenguaje. Se leerá en voz alta y se elegirá el más original de la clase.

# Lectura 5: *"POR FAVOR" DE MIGUEL D'ORS*

### Antes de leer

**A.** Todos tenemos sueños, planes o deseos. Algunos se cumplirán, otros quizá se hayan cumplido, pero ¿hay algún sueño o proyecto en tu vida que has abandonado, o que no se haya cumplido? Compártelo con la clase.

**B.** Une las siguientes palabras con su significado.

| | |
|---|---|
| **1.** Naufragar ........... • | • **a.** Lugar en las montañas donde hay nieve todo el año. |
| **2.** Nevero .............. • | • **b.** Reunión donde se estudia la religión católica. |
| **3.** Sucumbir ........... • | • **c.** Apagarse, extinguirse. |
| **4.** Catequesis ........ • | • **d.** Lugar, establecimiento, que depende de otro principal. Filial. |
| **5.** Sucursal ............ • | • **e.** Rendirse, abandonar, morir. |
| **6.** Agonizar ............ • | • **f.** Hundirse, ahogarse. |

54

> Se van muriendo uno tras otro
> como en las películas de *náufragos*
> o de aviones estrellados en *neveros* incógnitos.
>
> *Sucumbió* el portero de fútbol *catequístico*
> 5   y el bailarín de valses bajo la luz periódica de un faro
> y el estudiante que sueña
> un verano arqueológico en Egipto
> y el insensato que sufre por unos ojos
> que *eran una sucursal del Cantábrico*
> 10   y el posible profesor de español en Colorado.
>
> Ahora está *agonizando* –es evidente– el aspirante a gran poeta
> y no vivirá mucho el montañero que conoce por sus nombres
> todas las aguas de Belagua y Zuriza.

No sé cuáles serán los supervivientes definitivos,
15    los miguel d'ors *que lleguen a la última secuencia*
      –que según los antiguos es el paso de un río–,
      pero le pido al Cielo que en aquel grupo esté, por favor,
      el muchacho que una tarde,
      mirándote mirar el escaparate de la librería Quera
20    en la calle Petritxol de Barcelona,
      empieza a enamorarse de ti como un idiota.

De *Hacia otra luz más pura* (1999)

## *Después de leer*

**C.** Todos tenemos muchos *yoes*, un *yo* más sensible, otro aventurero, otro cómico, uno que querría ser alguna profesión u oficio distinto al que tenemos, etc. Si tuvieras que definir algunos de tus *yoes*, ¿cuáles serían?

**D.** En el poema de Miguel D'Ors se enumeran sucesivas identidades del poeta.

1. Escribe las identidades fracasadas y explica por qué crees que ninguna sobrevivió.

| Identidades fracasadas | Tu interpretación sobre por qué fracasaron |
|---|---|
|  |  |

2. ¿Qué identidades del poeta no han fracasado o muerto aún?

..........................................................................................................................................

3. ¿Cuál es la identidad que el poeta desea que sobreviva?

..........................................................................................................................................

**E.** Explica las metáforas siguientes que aparecen en el poema y sustituye toda la frase por una única palabra.

1. "unos ojos que *eran una sucursal del Cantábrico*".

..........................................................................................................................................

**2.** "los miguel d'ors *que lleguen a la última secuencia* –que según los antiguos es el paso de un río–".

..........................................................................................................................................

**F.** Miguel D'Ors escribe poesía autobiográfica. ¿Qué elementos del poema (aficiones, lugares, etc.) crees que son autobiográficos? Si lo necesitas, vuelve a leer su biografía, o investiga en Internet.

 **Y tú, ¿qué opinas?**

**G.** *Pedir al Cielo* es una metonimia. ¿Qué crees que significa? ¿Qué crees que le pide al Cielo?

**H.** ¿Por qué crees que el poema se titula "Por favor"? ¿A quién crees que le pide ese favor? ¿A quién está dirigido el poema? ¿Qué dice a esa persona?

**I.** Explica con tus palabras qué es el amor para el poeta. Compáralo con otros poemas que ya has estudiado (Bécquer, Neruda, Cernuda, García Montero, etc.).

 **Ahora te toca a ti**

**J.** Escribe el poema de tu vida, en tercera persona, al estilo del de Miguel D'Ors. Sigue la siguiente estructura:

- Sucesión de identidades.
- Qué le pide al Cielo que sobreviva en él/ella.
- Experiencia propia (para definirse a sí mismo).

**Navega e investiga**

**K.** El *collage* es una técnica artística que consiste en fusionar y mezclar elementos diversos. El término se utiliza, sobre todo, en arte; pero también se puede referir a la música, el cine o la literatura como hemos visto en la fusión de distintos géneros literarios. "El Equipo Crónica" es un grupo de artistas que comenzó a pintar al inicio de la transición.

**1.** Entra en Internet y busca una de sus obras: *Las Meninas* o *El Guernica*. ¿Qué elementos de *collage* (mezcla) encuentras?

**2.** Prepara un *collage* con elementos de tu vida, tanto visuales como con palabras, y tráelo a clase para presentarlo ante tus compañeros.

**1.** Lee **los siguientes fragmentos en los que se narra utilizando la técnica del monólogo interior e intenta explicar (deberás deducirlo) en qué consiste y cuáles son sus características.**

Quizá era pena lo que se traslucía en la sonrisa de Ranz, mi padre. Es sabido que las madres lloran y sienten algo semejante a pena cuando se casan sus **vástagos**[1]. Quizá mi padre sentía su propio contento y también la pena que habría sentido mi madre, muerta. Una pena **vicaria**[2], un miedo vicario, una pena y un miedo que venían de otra persona cuyo rostro habíamos olvidado ya un poco ambos, es curioso cómo se difuminan las facciones de los que ya no nos ven ni vemos, por enfado, o ausencia, o agotamiento, o cómo las **usurpan**[3] sus fotografías siempre quietas en un solo día, mi madre ha quedado sin gafas (…)

Javier Marías *Corazón tan blanco*

– Bueno, pues aquí estamos…–(Mamá y Rosa me han obligado a venir a verte. Dicen que te pasa algo. He venido a ver qué te pasa y si se te puede echar una mano. No **tengo ovarios**[4] para ser tan directa)– ¿Qué has hecho últimamente?

– Nada, absolutamente, nada. (…)

– Cállate, que tú no estás tan mal…

Incómodo silencio. (Desde luego, tú no **tienes pinta**[5] de estar muy bien. Si no fueras mi hermana, diría que **estás colgada**[6]. En la vida te había visto con semejantes ojeras. Pareces un poema.)

Lucía Etxebarria *Amor, curiosidad, prozac y dudas*

Ahora mamá trataba de retenerlo y le tiró de la chaqueta discretamente. Pero él estaba fuera de sí. ¡"**Hijo de mala madre**[7]"! Nunca había oído llamar eso a nadie, ni siquiera al árbitro en el campo de fútbol. "Su madre no tiene la culpa, ¿eh, Moncho?, recuerda eso". Pero ahora se volvía hacia mí, enloquecido y me empujaba con la mirada, los ojos llenos de lágrimas y sangre.

Manuel Rivas "La lengua de las mariposas", ¿Qué me quieres, amor?

[1] **vástago:** hijo.

[2] **vicario/a:** que sustituye a otro y tiene sus poderes.

[3] **usurpar:** quitar el puesto o el lugar a alguien.

[4] **tener ovarios:** (eufemismo) tener valor, atreverse.

[5] **tener pinta:** tener aspecto, imagen, presencia.

[6] **estar colgada:** (coloquial) estar loca, ida.

[7] **hijo de mala madre:** (eufemismo) insulto.

Como habrás deducido, en el monólogo interior (o corriente de la conciencia), los pensamientos de los personajes se expresan en primera persona, como si escucháramos su conciencia o sus recuerdos y como si no estuvieran controlados por el autor. En muchos casos, se trata de la *transcripción* de sus pensamientos, por eso, a veces, el discurso es fragmentado, o no sigue reglas de puntuación o estructuras sintácticas ordenadas o coherentes. Otras veces, puede aparecer escrito en cursiva, o entre paréntesis, para indicar que no se dice en voz alta. El propósito del monólogo interior es el de mostrarnos lo más íntimo del personaje.

**2.** **Escribe, utilizando esta técnica del monólogo interior, un breve texto que exprese algún fragmento de tu conciencia o voz interna. Puedes escoger entre alguno de estos contextos o elegir otro:**

- Qué pasa por tu mente como estudiante de lengua o literatura española.
- En qué piensas cuando estás esperando el autobús.
- Qué se te pasa por la mente cuando estás con la persona que te gusta.
- Qué piensas cuando te riñen o llaman la atención.

# UNIDAD 11

# LITERATURA HISPANOAMERICANA DEL SIGLO XX

## CLAVES DE UNA ÉPOCA

### HISPANOAMÉRICA EN EL SIGLO XX

**Hispanoamérica** es la región cultural formada por los países americanos de lengua española y habitada por unos 380 millones de personas. El término **Latinoamérica**, en cambio, incluye a los países donde es oficial el español, el francés o el portugués, que son lenguas procedentes del latín. Es decir, incluye a Hispanoamérica más Brasil y Haití.

### Navega e investiga

La riqueza cultural de Hispanoamérica es inmensa; su historia, demasiado intensa para resumirla. Pero algunos personajes y movimientos sociales han alcanzado repercusión mundial. Seguro que conoces algunos. ¿Nos puedes ayudar a saber algo más sobre ellos?

1. Explica quiénes fueron y qué unió (o separó) a estas parejas de la historia de Hispanoamérica:

   a. Emiliano Zapata (1879-1919) y Pancho Villa (1878-1923).

   b. Frida Kahlo (1907-1954) y Diego Rivera (1886-1957).

   c. Juan Domingo Perón (1895-1974) y Eva Duarte, *Evita* (1919-1952).

   d. Fidel Castro (1926) y Ernesto *Che Guevara* (1928-1967).

   e. Salvador Allende (1908-1973) y Augusto Pinochet (1915-2006).

   f. Las Madres de la Plaza de Mayo y Jorge Rafael Videla (1925).

**2.** El siglo XX ha visto pocas guerras entre países americanos, pero han sido muy frecuentes los enfrentamientos internos en forma de guerras civiles o revoluciones. En 1959, la Revolución Cubana cobró repercusión mundial. Escribe un párrafo sobre esta revolución en la que incluyas estas palabras y nombres propios:

### Revolución Cubana (1959)

*Fulgencio Batista* • *Fidel Castro* • *Comunismo* • *Embargo económico*
*Crisis de los misiles* • *J. F. Kennedy* • *Guerra Fría*

**3.** *Guerrilla* es una palabra española que tiene su origen en la Guerra de la Independencia española contra Napoleón (1808-1814), pero que hoy en día ha pasado a muchos otros idiomas. Averigua en qué países americanos actuaron (o actúan todavía) estas guerrillas:

**a.** Frente Sandinista.
**b.** Las FARC.
**c.** Sendero Luminoso.
**d.** Ejército Zapatista.

- Una de estas guerrillas logró la victoria y alcanzó el poder político. ¿Sabes cuál es?

**4.** La Teología de la Liberación es una corriente ideológica dentro de la Iglesia católica que nació en los años 60 en Latinoamérica tras el *Concilio Vaticano II*. Busca información sobre esta teología y explica qué ideas defiende y en qué se diferencia de la teología tradicional católica.

- Busca información sobre estos tres sacerdotes. No se conocieron, pero, ¿qué tuvieron en común su vida y su muerte?: **Camilo Torres Restrepo** (1929-1966), **Monseñor Romero** (1917-1980) e **Ignacio Ellacuría** (1930-1989).

**5.** En 1984 el escritor argentino Ernesto Sábato (1911-2011) escribió lo que se conoce como "Informe Sábato". Averigua lo siguiente sobre este informe:

**a.** Cuál es su contenido y su objetivo.
**b.** Qué significa y a quién se refiere la palabra desaparecidos.
**c.** Con qué otro nombre se le conoce también.

**6.** Las siguientes novelas hacen un análisis de un tipo de figura histórica hispanoamericana. ¿De qué figura se trata? Comenta la relación de este personaje con la historia de Hispanoamérica.

**a.** *El Señor Presidente*, de Miguel Ángel Asturias (1946).
**b.** *Yo el supremo*, de Augusto Roa Bastos (1974).
**c.** *La Fiesta del Chivo*, de Mario Vargas Llosa (2000).

- Averigua también de qué país proceden sus autores y cuáles de ellos han obtenido el Premio Nobel de Literatura.

América Latina, ¡un continente entero para leer, Helen! ¡Tantos países y tantos escritores! ¿Cómo lo vamos a hacer?

Lo tenemos muy difícil, la verdad, porque nunca se ha dado una situación así en la Literatura. Conoceremos a algún autor, leeremos alguna obra... Y es que ¡hay tanto que decir sobre América!: las ciudades, la gente, pero también la naturaleza, la selva, la pampa..., y los pueblos indígenas y las revoluciones y...

No te agobies, Helen, ¿tú sabes cuánto nos va a quedar para el futuro? ¡¡Es genial!!

## 1.1. LA NOVELA DE LA TIERRA, EL INDIGENISMO Y LA REVOLUCIÓN

**1.** **Activa** tu vocabulario y asegúrate de que sabes de qué vamos a hablar. Para ello relaciona una palabra de la primera columna con otra de la segunda –observa las imágenes, te ayudarán–; luego, asócialas con uno de los textos que te damos más abajo. Finalmente, inventa pies de foto según lo que has aprendido.

| | | | |
|---|---|---|---|
| 1. Revolución .................... • | • Barbarie | **Texto** .............. |
| 2. Pampa ......................... • | • México | **Texto** .............. |
| 3. Indígena ....................... • | • Gaucho | **Texto** .............. |
| 4. Selva ........................... • | • Indio | **Texto** .............. |

**a.** La selva fue vista como sinónimo de barbarie, es decir, de lo instintivo y salvaje, justo lo contrario a la civilización.

**b.** Pero en la inmensa América, la naturaleza presenta enormes contrastes. Así, la pampa, una llanura inmensa y desolada, es el lugar de los gauchos, hombres rudos e independientes dedicados a la cría del ganado.

**c.** El indígena o habitante originario de América es el indio.

**d.** La Revolución mexicana (1919-1920) fue un conflicto social y político en el que el pueblo y sus líderes se levantaron contra las clases dominantes.

1. ........................................................

2. ........................................................

3. ........................................................

4. ........................................................

**2.** **Aquí tienes las características de las principales tendencias de la novela hispanoamericana de este periodo. Complétalas con la información que te damos a continuación:**

| La novela de la tierra | La novela indigenista | La novela de la Revolución mexicana |
|---|---|---|
| La naturaleza –selva o pampa– fue vista como sinónimo de barbarie, es decir, de lo instintivo y lo salvaje frente a la civilización. | El indígena o habitante originario de América es el indio. | La Revolución mexicana (1919-1920) fue un conflicto social y político en el que el pueblo y sus líderes se levantaron contra las clases dominantes. |
| ........................................ | ........................................ | ........................................ |

**a.** Ese es el tema de *Doña Bárbara* (1929), del venezolano Rómulo Gallegos o de *La Vorágine* (1924), del colombiano José Eustaquio Rivera. Es el enfrentamiento del individuo con la naturaleza, poderosa y destructiva, de la que todos los personajes son víctimas.

**b.** Las campañas revolucionarias fueron descritas por el escritor Mariano Azuela en su obra¸ *Los de abajo* (1916).

**c.** El peruano Ciro Alegría, en *El mundo es ancho y ajeno*, supo narrar la explotación de los indios, su uso como mano de obra en las minas, su miseria y resignación.

**d.** Pancho Villa fue uno de los héroes revolucionarios y protagonizó la novela *El águila y la serpiente*, de Luis Martín Guzmán.

## El REALISMO MÁGICO

En la segunda mitad del siglo XX la novela hispanoamericana rompe con el realismo tradicional mediante la incorporación de elementos míticos, legendarios y mágicos, que estaban muy presentes en la realidad americana, muy distinta de la europea. Algunas de las características más representativas de esta nueva novela son:

- Presentación de lo **fantástico** o irreal como parte de lo cotidiano. Los elementos mágicos conviven con la normalidad de forma natural. Alejo Carpentier, uno de sus principales autores, llamó a este tipo de narraciones "**lo real maravilloso**" para hacer referencia a la imposibilidad de captar el mundo americano únicamente desde el plano real. Según palabras del propio Carpentier: "El escritor no tiene necesidad de crear mundos mágicos, ya que la propia realidad hispanoamericana es mágica, maravillosa, llena de excesos y contrastes".

- Los **acontecimientos** que se narran, por tanto, son reales, pero muchas veces quedan sin explicación racional. El uso de la fantasía no significa que se pierda la intención de denuncia de la injustica o la miseria de los pueblos.

- En estas novelas el **tiempo** se distorsiona, por lo que no es necesariamente cronológico, sino que el pasado puede reaparecer en el presente o pueden repetirse los acontecimientos.

- Los **espacios** pertenecen a la realidad americana principalmente rural: pueblos perdidos, selva..., aunque también lo mágico puede alcanzar los espacios urbanos.

- Los **personajes** pertenecen al mundo real pero a menudo les suceden acontecimientos inverosímiles. Es común la convivencia entre personajes reales y otros con facultades mágicas, muertos y vivos, del presente y del pasado.

- El **estilo** es extremadamente cuidado. Se busca la innovación en el lenguaje, en la construcción de las frases e incluso en la estructura de la propia novela. Lo que se percibe a través de los sentidos –olores, texturas, voces– pasa a primer plano, por lo que el lenguaje sensorial y hasta surrealista es muy frecuente.

- **Miguel Ángel Asturias** (1899-1974), guatemalteco, con *El Señor Presidente* (1949) y **Alejo Carpentier** (1953), cubano, con *Los pasos perdidos* (1953) y *El siglo de las luces* (1962), fueron los iniciadores de esta técnica narrativa, pero muchos escritores han seguido usándola hasta nuestros días, como la autora **Isabel Allende** (1942), chilena, en *La casa de los espíritus* (1982) o **Laura Esquivel** (1950), mexicana, en su obra *Como agua para chocolate* (1989).

**1.** Lee el siguiente texto, ¿crees que podría pertenecer al realismo mágico? Trabaja con tu compañero y justifícalo a partir de las características que hemos señalado. Para ayudarte, fíjate en las palabras en cursiva.

– ¿Te sientes mal? –le preguntó.

*Remedios*, la bella, que tenía agarrada la sábana por el otro extremo, hizo una sonrisa de lástima.

– Al contrario –dijo–, nunca me he sentido mejor.

Acabó de decirlo, cuando Fernanda sintió que un delicado *viento de luz* le arrancó las sábanas de las manos y las desplegó en toda su amplitud. *Amaranta* sintió un temblor misterioso en los encajes de sus **pollerines**[1] y trató de agarrarse de la sábana para no caer, en el instante en que *Remedios, la bella, empezaba a elevarse. Úrsula*, ya casi ciega, fue la única que tuvo serenidad para identificar la naturaleza de aquel viento **irreparable**[2], y dejó las sábanas a merced de la luz, viendo a Remedios, la bella, que le decía adiós con la mano, entre *el deslumbrante aleteo de las sábanas que subían con ella*, que abandonaban con ella *el aire de los* **escarabajos**[3] *y las* **dalias**[4], y pasaban con ella a través *del aire donde terminaban las cuatro de la tarde*, y se perdieron con ella para siempre en los altos aires donde no podían alcanzarla *ni los más altos pájaros de la memoria*.

Gabriel García Márquez, *Cien años de soledad* (1967)

[1] **pollerines:** faldas de encaje.
[2] **irreparable:** irremediable.

[3] **escarabajo:** insecto.
[4] **dalia:** flor.

a. **Acontecimientos:** ¿lo que ocurre es verosímil?
..................................................................................................................................

b. **Tiempo:** ¿hay un tiempo real?
..................................................................................................................................

c. **Espacio:** ¿dónde crees que ocurre?
..................................................................................................................................

d. **Personajes:** ¿qué los hace diferentes?
..................................................................................................................................

e. **Estilo:** ¿qué elementos sensoriales contribuyen a crear un ambiente mágico?
..................................................................................................................................

### Ahora te toca a ti

**2.** **¿Hay también en tu país historias fantásticas y realistas a la vez? ¿Has vivido tú algún *momento mágico*? Piensa en ello y después cuéntalo en clase, así conoceremos tu realismo mágico.**

### Y tú, ¿qué opinas?

## NARRATIVA EXISTENCIAL

Cuando hablamos de narrativa existencial nos referimos a aquellas obras y autores cuyo objetivo principal es **reflexionar sobre** aspectos esenciales de **la existencia humana**: la libertad, la muerte, el sentido de la vida, el tiempo, el destino, etc. Es el caso de Ernesto Sábato (1911-2011), argentino, con *El túnel*, de 1948, o de Jorge Luis Borges (1899-1986), argentino, con *El Aleph*, de 1949.

El tratamiento de estos temas no es, sin embargo, incompatible con el uso del realismo mágico, ni con técnicas narrativas innovadoras, pues en ocasiones eso ayuda a la reflexión, al poner en cuestión el orden *natural* de los acontecimientos, como hizo Juan Rulfo (1917-1986), mexicano, con *Pedro Páramo*, de 1955. En su relato se describe la búsqueda de Pedro Páramo, ya muerto, por parte de su hijo, también muerto, de manera que sus diálogos se convierten en conversaciones entre muertos.

**3.** **Lee el siguiente fragmento del comienzo de *El túnel* y coméntalo con tus compañeros, ¿estás de acuerdo con lo que dice? ¿Qué piensas sobre el pasado y el presente?, ¿cuál de los dos tiempos te parece mejor? ¡Atención!, estáis haciendo una reflexión existencial.**

La frase "todo tiempo pasado fue mejor" no indica que antes sucedieran menos cosas malas, sino que —felizmente— la gente las echa en el olvido. Desde luego, semejante frase no tiene validez universal; yo, por ejemplo, me caracterizo por recordar preferentemente los hechos malos y, así, casi podría decir que "todo tiempo pasado fue peor", si no fuera porque el presente me parece tan horrible como el pasado.

Ernesto Sábato, *El túnel* (1948)

## 1.3. EL *BOOM* DE LA LITERATURA HISPANOAMERICANA

Helen, *boom* me suena a bomba, ¿es que explotó algo?

¡¡Ja, ja, ja!! Akira, ¡casi aciertas! Lo que *explotó* fue la literatura hispanoamericana. De pronto, todo el mundo se dio cuenta del valor de sus autores y sus obras, y se convirtieron en centro de atención en todo el planeta.

¿Y cuándo pasó eso?

Pues ahora mismo lo vas a saber.

### Navega e investiga

**1.** **Aquí tienes los años y los autores que protagonizaron el *boom*. Averigua qué obra fue la que publicaron en esa fecha y la nacionalidad de cada autor.**

| AÑO | AUTOR | NACIONALIDAD | OBRA |
|-----|-------|--------------|------|
| 1961 | Juan Carlos Onetti | | |
| 1961 | Ernesto Sábato | | |
| 1962 | Carlos Fuentes | | |

| | | | |
|---|---|---|---|
| **1962** | Alejo Carpentier | | |
| **1963** | Mario Vargas Llosa | | |
| **1963** | Julio Cortázar | | |
| **1966** | José Lezama Lima | | |
| **1967** | Gabriel García Márquez | | |

**2.** Pues ahora, completa este mapa. Sitúa en cada país el nombre del escritor o escritores correspondientes, incluidos los anteriores al *boom*. Busca un par de escritores más y sitúalos en sus países, no te será difícil encontrarlos. ¡Ya te puedes hacer una idea de la verdadera importancia y de la riqueza de la literatura hispanoamericana!

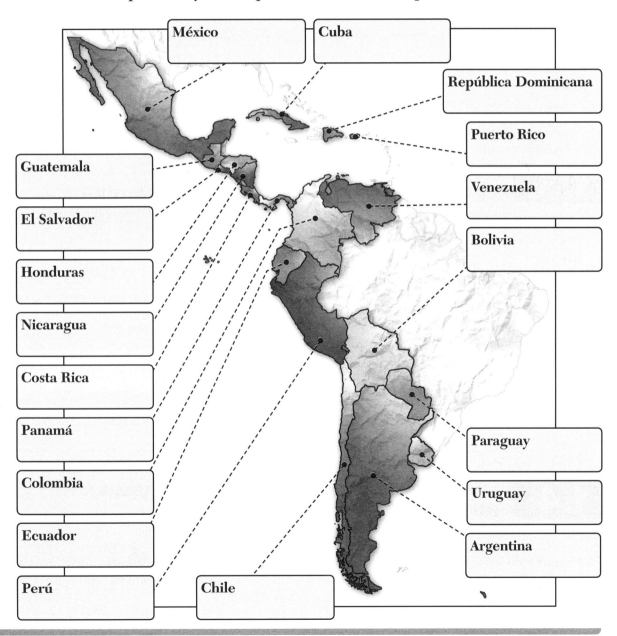

## EL *BOOM*

- El *boom* no es una corriente literaria, ni un estilo. La palabra hace referencia al hecho de que, a partir del año 1962 y, según suele señalarse, debido a que Mario Vargas Llosa gana en España el Premio Biblioteca Breve de novela con su obra *La ciudad y los perros*, se produce, en España y en Europa, el gran descubrimiento de la literatura hispanoamericana.

- No hay una nómina fija de autores ni una fecha clara de finalización del *boom*, que se podría situar en torno a los años setenta, pero si hay unanimidad a la hora de señalar que ellos llevaron a cabo la gran renovación de las técnicas narrativas del siglo XX, lo que convirtió a la literatura hispanoamericana en referente mundial tanto para la lengua española como para la novela mundial.

- Temáticamente, junto a lo irracional y lo absurdo, profundizaron en la angustia de la condición humana, la soledad, el amor... Rechazaron el indigenismo e incluyeron el mundo urbano de las metrópolis –Buenos Aires, París–, pero el misterio –la magia– del mundo natural americano siguió siendo motivo de sus obras.

- Fueron revolucionarios en cuanto al uso del lenguaje y usaron distorsiones sintácticas –"Por escrito gallina uno" es el título de un cuento de Cortázar–, expresiones poéticas, juegos de palabras, registros distintos, variedades regionales, etc.

- Pero quizá su principal innovación tuvo que ver con las técnicas narrativas: el uso de distintos puntos de vista, varios narradores para una misma historia, uso del monólogo, posibilidad de leer la novela no necesariamente desde el principio (como en *Rayuela* de Cortázar), superposición de tiempos, etc.

**3.** Señala cuáles de las siguientes afirmaciones respecto al *boom* son verdaderas.

|  | V | F |
|---|---|---|
| 1. El *boom* es una corriente literaria integrada por escritores hispanoamericanos. | O | O |
| 2. Los escritores del *boom* fueron grandes innovadores de la novela moderna. | O | O |
| 3. No descartaron el realismo mágico aunque trataron otros temas y espacios. | O | O |
| 4. Enriquecieron la lengua castellana con nuevas técnicas expresivas. | O | O |

## 1.4. LOS NUEVOS CAMINOS DE LA LITERATURA EN HISPANOAMÉRICA

**1.** A partir de los años ochenta, una nueva generación de escritores hispanoamericanos –poetas y narradores–, con nuevas preocupaciones y formas expresivas, hacen su aparición. Completa las características del cuadro 1 con las del cuadro 2.

## Cuadro 1

**a.** Mayor confianza en la capacidad del lenguaje para reflejar la realidad y mayor confianza en la realidad misma: ................

**b.** Interés por la cultura de masas: ................

**c.** Búsqueda de la identidad latinoamericana: ................

**d.** In-trascendencia: ................

**e.** Se introducen nuevos temas, como el amor homosexual, que preocupan a las nuevas generaciones urbanas: ................

## Cuadro 2

**1.** gusto por el folletín, la televisión, el cine, lo popular.

**2.** compromiso político y social debido a las dictaduras y al exilio.

**3.** más sencillez narrativa y linealidad en la expresión del tiempo.

**4.** las escritoras irrumpen con fuerza, ofreciendo otro punto de vista sobre la realidad americana.

**5.** personajes que no buscan ser símbolo de nada.

## Navega e investiga

**2. Aquí tienes una nómina de autores y obras.**

**a.** Búscalos en Internet y relaciónalos:

| | |
|---|---|
| Mario Benedetti | *Boquitas pintadas* |
| Alfredo Bryce Echenique | *El tren pasa primero* |
| Manuel Puig | *La vida exagerada de Martín Romaña* |
| Gioconda Belli | *El infinito en la palma de la mano* |
| Antonio Skármeta | *Despistes y franquezas* |
| Elena Poniatowska | *El cartero de Neruda* |

**b.** Muchos de estos autores tienen páginas web y sus obras se han llevado al cine. ¡Puedes ampliar toda la información que quieras!

## 2 JULIO CORTÁZAR (1914-1984)

### *"SER ARGENTINO ES ESTAR TRISTE, SER ARGENTINO ES ESTAR LEJOS"*

Akira, voy a poner a prueba tu español: ¿sabes qué significa "Por escrito gallina una"?

Pues... está como... desordenado, ¿no?

Una pista: es el título de un cuento de Julio Cortázar. Para él, la lengua era un juego, un rompecabezas sin fin que supo manejar a la perfección.

A ver: una gallina..., ¿por escrito? ¡Suena fatal!

Casi, casi. Sigue intentándolo y serás un renovador del relato, como Cortázar.

### Navega e investiga

**1.** **Hemos hecho una entrevista a Julio Cortázar. Lamentablemente, hemos perdido sus respuestas y solo conservamos las preguntas. ¿Por qué no investigas un poco sobre este autor y respondes tú mismo en primera persona, como si fueras él?**

#### Preguntas para una entrevista

**a.** A pesar de haber nacido en Bélgica y haber pasado gran parte de su vida en Francia, ¿usted se sigue sintiendo **argentino**?

**b.** ¿Por qué se fue su **familia** a Suiza cuando usted era un niño?

**c.** ¿Cómo fue su relación con su **padre**?, ¿y con su **madre**?

**d.** ¿Qué recuerdos guarda de su **infancia**?

**e.** ¿A qué edad sintió que quería ser **escritor**?

**f.** ¿Cuándo **publicó** su primer cuento?

**g.** ¿Qué recuerda de su época de profesor en **Argentina**?

**h.** En 1951 decidió dejar Argentina e irse a vivir a **París**. ¿Podría decirnos los motivos de esa decisión?

**i.** Usted también ha trabajado como **traductor**. ¿De cuál de sus traducciones se siente más orgulloso?

**j.** Su obra más conocida es, sin duda, *Rayuela*. ¿Qué podría decirnos de esta novela?, ¿fue bien acogida por críticos y lectores?

**k.** ¿Cuál es su visión del **realismo** y de lo **fantástico** en su literatura?

**l.** ¿Qué supuso para usted la **Revolución cubana** de 1959? ¿Ha cambiado su opinión acerca del régimen de **Fidel Castro** en Cuba?

**m.** Háblenos de su compromiso político, en especial, con la situación de los **derechos humanos** en **América Latina**.

**n.** Su vida está marcada por la compañía de **tres mujeres**. ¿Qué han significado para usted?

**ñ.** ¿Se ha cansado alguna vez de **escribir**?

# Lectura 1 : *"CONTINUIDAD DE LOS PARQUES"*

Algunos piensan que no es más que un **juego literario**. Otros ven en este cuento una reflexión genial sobre el **poder de la ficción**, la necesidad de imaginar y por qué necesitamos tanto que nos cuenten historias.

## Antes de leer

**A.** **En el cuento que vas a leer aparecen dos situaciones diferentes:**

- En una hay un **hombre leyendo una novela en el sillón de su casa**.

- En la otra nos cuentan el **encuentro secreto de una pareja en una cabaña**.

Escribe estas palabras de la lectura en la columna a la que crees que pertenecen:

*estudio • ventanales • trama • bruma • acariciar • terciopelo • crepúsculo respaldo • coartada • entibiarse • senderos furtivos • latir • arrellanado*

| El hombre leyendo en un sillón | El encuentro secreto en la cabaña |
|---|---|
|  |  |
|  |  |

# "CONTINUIDAD DE LOS PARQUES"

Había empezado a leer la novela unos días antes. La abandonó por negocios urgentes; volvió a abrirla cuando regresaba en tren a la finca. Se dejaba interesar lentamente por la *trama*, por el dibujo de los personajes. Esa tarde, después de escribir una carta a su **apoderado**[1] y discutir con el **mayordomo**[2] una cuestión de **aparcerías**[3], volvió al libro en la

5 tranquilidad del *estudio* que miraba hacia el parque de los robles. *Arrellanado* en su sillón favorito, *de espaldas a la puerta que lo hubiera molestado como una irritante posibilidad de intrusiones*, dejó que su mano izquierda acariciara una y otra vez el *terciopelo* verde y se puso a leer los últimos capítulos. Su memoria retenía sin esfuerzo los nombres y las imágenes de los protagonistas; *la ilusión novelesca lo ganó casi en seguida. Gozaba*

10 *del placer casi perverso de irse* **desgajando**[4] *línea a línea de lo que lo rodeaba*, y sentir a la vez que su cabeza descansaba cómodamente en el terciopelo del alto *respaldo*, que los cigarrillos seguían al alcance de la mano y que más allá de los *ventanales* danzaba el aire del atardecer bajo los robles.

Palabra a palabra, absorbido por la sórdida **disyuntiva**[5] de los héroes, dejándose ir hacia

15 las imágenes que se concertaban y adquirían color y movimiento, fue testigo del último encuentro en la cabaña del monte. Primero entraba la mujer, **recelosa**[6]; ahora llegaba el amante, lastimada la cara por el **chicotazo**[7] de una rama. Admirablemente **restañaba**[8] ella la sangre con sus besos, pero él rechazaba las caricias, *no había venido para repetir las ceremonias de una pasión secreta*, protegida por un mundo de hojas secas y *senderos*

20 *furtivos*. El puñal *se entibiaba* contra su pecho, y debajo *latía* la libertad **agazapada**[9]. *Un diálogo anhelante corría por las páginas como un arroyo de serpientes*, y se sentía que todo estaba decidido desde siempre. Hasta *esas caricias que enredaban el cuerpo del amante* como queriendo retenerlo y disuadirlo, *dibujaban abominablemente la figura de otro cuerpo que era necesario destruir*. Nada había sido olvidado: coartadas, azares, posi-

25 bles errores. A partir de esa hora cada instante tenía su empleo minuciosamente atribuido. El doble repaso despiadado se interrumpía apenas para que una mano *acariciara* una mejilla. Empezaba a anochecer.

Sin mirarse ya, atados rígidamente a la tarea que los esperaba, se separaron en la puerta de la cabaña. Ella debía seguir por la senda que iba al norte. Desde la senda opuesta él se

30 volvió un instante para verla correr con el pelo suelto. Corrió a su *vez*, **parapetándose**[10] en los árboles y los setos, hasta distinguir en la *bruma* malva del *crepúsculo* la alameda que llevaba a la casa. Los perros no debían ladrar, y no ladraron. El mayordomo no estaría a esa hora, y no estaba. Subió los tres peldaños del porche y entró. Desde la sangre galopando en sus oídos le llegaban las palabras de la mujer: primero una sala azul, después una galería,

35 una escalera alfombrada. En lo alto, dos puertas. Nadie en la primera habitación, nadie en la segunda. La puerta del salón, y entonces el puñal en la mano, la luz de los ventanales, el alto respaldo de un sillón de terciopelo verde, la cabeza del hombre en el sillón leyendo una novela.

*Final del juego* (1956)

---

[1] **apoderado:** persona con capacidad legal para representar a otra y actuar en su nombre.

[2] **mayordomo:** criado principal que administra los gastos de una casa o una hacienda.

[3] **aparcería:** contrato entre el propietario de una tierra y el que la trabaja.

[4] **desgajarse:** separarse poco a poco.

[5] **disyuntiva:** dilema, alternativa, dificultad.

<sup>6</sup> **receloso/a:** desconfiado.

<sup>7</sup> **chicotazo:** latigazo. Aquí, golpe dado por una rama.

<sup>8</sup> **restañar:** detener la hemorragia, taponar la sangre que sale por la herida.

<sup>9</sup> **agazapado/a:** escondido.

<sup>10</sup> **parapetarse:** esconderse, ocultarse.

## Después de leer

**B. Un hombre leyendo.** Indica si son verdaderas (V) o falsas (F) las siguientes afirmaciones sobre el hombre que lee la novela. Justifica tu respuesta con frases del cuento.

|  | V | F |
|---|---|---|
| 1. Tenía bastante dinero. | ○ | ○ |
| 2. El libro no le interesaba mucho. | ○ | ○ |
| 3. Empezó a leer la novela mientras volvía a casa en tren. | ○ | ○ |
| 4. Trabajaba de mayordomo en una finca. | ○ | ○ |
| 5. Su casa estaba rodeada por un bosque de pinos. | ○ | ○ |
| 6. El libro estaba forrado de terciopelo verde. | ○ | ○ |
| 7. Cuando se sentó en el sillón, solo había leído unas páginas del libro. | ○ | ○ |
| 8. Se acordaba con facilidad de los nombres de los personajes. | ○ | ○ |
| 9. Leía con el cigarrillo en la mano. | ○ | ○ |

**C. El último encuentro en la cabaña.** Responde a estas preguntas sobre la pareja de la novela que lee el personaje del sillón.

1. ¿Qué relación hay entre ellos dos?
2. ¿Crees que mantienen esta relación desde hace tiempo? Justifica tu respuesta.
3. ¿Dónde se reúnen?, ¿de qué se esconden?
4. ¿Por qué el puñal simboliza la libertad?
5. ¿Qué planean hacer?

**D. ¿Cómo interpretas el significado de estas expresiones del cuento?**

1. "De espaldas a la puerta que lo hubiera molestado como una irritante posibilidad de intrusiones". ¿Qué le molestaba de la puerta?
2. "La ilusión novelesca lo ganó casi en seguida".
3. "Gozaba del placer casi perverso de irse desgajando línea a línea de lo que lo rodeaba".
4. "No había venido a repetir las ceremonias de una pasión secreta". ¿A qué se refiere con la palabra *ceremonias*?
5. "Esas caricias que enredaban el cuerpo del amante [...] dibujaban abominablemente la figura de otro cuerpo que era necesario destruir".
6. "Un diálogo [...] anhelante como un arroyo de serpientes".

   ¿Qué ideas connota la palabra *serpientes*? ¿Qué sugieren estas connotaciones acerca de este diálogo anhelante?

**E.** En el cuento hay una antítesis entre amor y violencia que da intensidad al relato. Busca en el texto palabras y expresiones que correspondan a una u otra de estas ideas enfrentadas y escríbelas en la columna correspondiente:

| Afecto y ternura | Muerte y violencia |
|---|---|
|  |  |
|  |  |
|  |  |

**F.** Interpreta el final del cuento. ¿Quién es el hombre al que van a asesinar? ¿Qué detalles descriptivos te han ayudado a descubrirlo?

**G.** ¿Es un cuento realista o fantástico? ¿Por qué?

**H.** El título de este cuento es un poco extraño. ¿Podrías aclarar su sentido?

## Navega e investiga

**I.** Este cuento puede recordar a la novela de Cervantes *Don Quijote de la Mancha* (1605-1615). ¿Sabrías decir qué tienen en común y en qué se diferencian el lector del sillón y Don Quijote?

**J.** ¿Conoces algún otro ejemplo de la literatura o el cine en el que se confundan realidad y ficción? Compártelo con tus compañeros.

## Ahora te toca a ti

**K.** Este cuento nos muestra a un personaje que escapa de su mundo de ficción y se encuentra con su lector. El director de cine estadounidense Woody Allen imaginó una vez un personaje de película que salía de la pantalla para entrar en el mundo real.

1. Imagina que eso mismo te pasa a ti: un personaje conocido (de una novela, de una película o de un cómic, por ejemplo) se escapa de su mundo de ficción y se encuentra contigo. ¿Qué personaje elegirías?
2. Escribe lo que crees que podría ocurrir, ¡o lo que te gustaría que ocurriera!

# 3 GABRIEL GARCÍA MÁRQUEZ (1927)

Aquí tenemos otro premio nobel para el español, un colombiano leído en el mundo entero, ¿sabes que su obra principal, *Cien años de Soledad*, se considera una de las novelas más importantes en lengua española?

Sí lo sabía, Akira, con él se universaliza el realismo mágico y se ensanchan los límites de la imaginación y de la expresión en la novela.

Y también del compromiso con los individuos, porque nada de lo que dice García Márquez es por casualidad. ¡¡Cómo me gusta!!

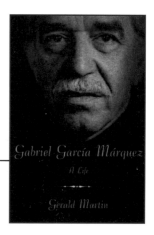

*"UNA NUEVA Y ARRASADORA UTOPÍA DE LA VIDA, DONDE NADIE PUEDA DECIDIR POR OTROS HASTA LA FORMA DE MORIR, DONDE DE VERAS SEA CIERTO EL AMOR Y SEA POSIBLE LA FELICIDAD, Y DONDE LAS ESTIRPES CONDENADAS A CIEN AÑOS DE SOLEDAD TENGAN POR FIN Y PARA SIEMPRE UNA SEGUNDA OPORTUNIDAD SOBRE LA TIERRA"*

---

### Navega e investiga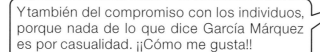

1. **¡Qué desastre!** Ahora resulta que se nos han quemado los papeles que contenían la biografía de Gabriel García Márquez y solo se han conservado algunas palabras sueltas. **Escribe** de nuevo la biografía de este autor con la ayuda de Internet y de las palabras que han sobrevivido al incendio.

| | | | |
|---|---|---|---|
| Aracataca | estudios | periodismo | influencias |
| Barranquilla | Europa | Mercedes Barcha | Fidel Castro |
| Macondo | muerte anunciada | hojarasca | cien años |
| Gabo | los tiempos del cólera | 1982 | cáncer |

---

# Lectura 2: "UN DÍA DE ESTOS"

Este cuento muestra una pequeña anécdota en la que apenas se habla ni ocurre nada. Aparentemente, todo es calma y rutina. Pero tras los silencios y los gestos tranquilos de sus personajes, el lector descubre una tensión insoportable, la denuncia directa de una sociedad dividida y oprimida por la violencia.

## Antes de leer

**A.** **El cuento que vas a leer tiene lugar en la consulta de un dentista de un pueblo de Colombia a mediados del siglo XX. Completa el siguiente texto sobre cómo era el trabajo de un dentista en esa época.**

---

*dentadura postiza • cordal • fresas de pedal • mandíbula*
*molde de yeso • pulir • hacer buches • puente*

---

Antiguamente, los dentistas usaban **(1)** ........................................ para hacer agujeros y **(2)** ........................................ muelas y dientes. Entonces la gente iba al barbero a que les sacaran alguna muela. Casi siempre era una **(3)** ........................................ (también llamada muela de juicio), tanto de la **(4)** ........................................ inferior como de la superior. Una vez acabada la extracción, era conveniente **(5)** ........................................ de agua para aclarar la boca y escupir la sangre.

Si faltaba un diente, el dentista colocaba un **(6)** ........................................, que iba sujeto a las piezas naturales de ambos lados. Si se habían perdido todos los dientes, entonces fabricaba una **(7)** ........................................ a partir de un **(8)** ........................................ de la boca del paciente.

**56**

---

### "UN DÍA DE ESTOS"

El lunes amaneció tibio y sin lluvia. Don Aurelio Escovar, dentista sin título y buen madrugador, abrió su gabinete a las seis. Sacó de la **vidriera**[1] una dentadura postiza montada aún en el *molde de yeso* y puso sobre la mesa un puñado de instrumentos que ordenó de mayor a menor, como en una exposición. Llevaba una camisa a rayas, sin cuello, cerrada arriba

5  con un botón dorado, y los pantalones sostenidos con **cargadores elásticos**[2]. Era rígido, **enjuto**[3], con una mirada que raras veces correspondía a la situación, como la mirada de los sordos.

Cuando tuvo las cosas dispuestas sobre la mesa, rodó la *fresa* hacia el sillón de resortes y se sentó a pulir la dentadura postiza. Parecía no pensar en lo que hacía, pero trabajaba con

10  obstinación, pedaleando en la fresa incluso cuando no se servía de ella.

---

Después de las ocho hizo una pausa para mirar el cielo por la ventana y vio dos **gallinazos**[4] pensativos que se secaban al sol en el **caballete**[5] de la casa vecina. Siguió trabajando con la idea de que antes del almuerzo volvería a llover. La voz destemplada de su hijo de once años lo sacó de su abstracción.

15 —Papá.

—Qué.

—Dice el alcalde que si le sacas una muela.

—Dile que no estoy aquí.

Estaba puliendo un diente de oro. Lo retiró a la distancia del brazo y lo examinó con los ojos

20 a medio cerrar. En la salita de espera volvió a gritar su hijo.

—Dice que sí estás porque te está oyendo.

El dentista siguió examinando el diente. Solo cuando lo puso en la mesa con los trabajos terminados, dijo:

—Mejor.

25 Volvió a operar la fresa. De una cajita de cartón donde guardaba las cosas por hacer, sacó un *puente* de varias piezas y empezó a pulir el oro.

—Papá.

—Qué.

Aún no había cambiado de expresión.

30 —Dice que si no le sacas la muela te pega un tiro.

Sin apresurarse, con un movimiento extremadamente tranquilo, dejó de pedalear en la fresa, la retiró del sillón y abrió por completo la **gaveta**[6] inferior de la mesa. Allí estaba el revólver.

—Bueno —dijo—. Dile que venga a pegármelo.

35 Hizo girar el sillón hasta quedar de frente a la puerta, la mano apoyada en el borde de la gaveta. El alcalde apareció en el **umbral**[7]. Se había afeitado la mejilla izquierda, pero en la otra, hinchada y dolorida, tenía una barba de cinco días. El dentista vio en sus ojos marchitos muchas noches de desesperación. Cerró la gaveta con la punta de los dedos y dijo suavemente.

40 —Siéntese.

—Buenos días —dijo el alcalde.

—Buenos —dijo el dentista.

Mientras hervían los instrumentos, el alcalde apoyó el cráneo en el cabezal de la silla y se sintió mejor. Respiraba un olor glacial. Era un gabinete pobre: una vieja silla de madera, la

45 *fresa de pedal* y una vidriera con pomos de loza. Frente a la silla, una ventana con un cancel de tela hasta la altura de un hombre. Cuando sintió que el dentista se acercaba, el alcalde afirmó los talones y abrió la boca.

Don Aurelio Escovar le movió la cara hacia la luz. Después de observar la muela dañada, ajustó la *mandíbula* con una cautelosa presión de los dedos.

50 —Tiene que ser sin anestesia —dijo.

—¿Por qué?

—Porque tiene un **absceso**[8].

El alcalde lo miró a los ojos.

—Está bien —dijo, y trató de sonreír. El dentista no le correspondió. Llevó a la mesa de

55 trabajo la cacerola con los instrumentos hervidos y los sacó del agua con unas pinzas frías, todavía sin apresurarse. Después rodó la escupidera con la punta del zapato y fue a lavarse las manos en el **aguamanil**[9]. Hizo todo sin mirar al alcalde. Pero el alcalde no lo perdió de vista.

Era una *cordal* inferior. El dentista abrió las piernas y apretó la muela con el gatillo caliente.
60  El alcalde se aferró a las barras de la silla, descargó toda su fuerza en los pies y sintió un vacío helado en los riñones pero no soltó un suspiro. El dentista solo movió la muñeca. Sin rencor, más bien con una amarga ternura, dijo:

—Aquí nos paga veinte muertos, teniente.

El alcalde sintió un crujido de huesos en la *mandíbula* y sus ojos se llenaron de lágrimas. Pero
65  no suspiró hasta que no sintió salir la muela. Entonces la vio a través de las lágrimas. Le pareció tan extraña a su dolor, que no pudo entender la tortura de sus cinco noches anteriores. Inclinado sobre la escupidera, sudoroso, **jadeante**[10], se desabotonó la **guerrera**[11] y buscó a tientas el pañuelo en el bolsillo del pantalón. El dentista le dio un trapo limpio.

—Séquese las lágrimas —dijo.

70  El alcalde lo hizo. Estaba temblando. Mientras el dentista se lavaba las manos, vio el **cielorraso**[12] **desfondado**[13] y una telaraña polvorienta con huevos de araña e insectos muertos. El dentista regresó secándose las manos. «Acuéstese —dijo— y *haga buches* de agua de sal». El alcalde se puso de pie, se despidió con un displicente saludo militar, y se dirigió a la puerta estirando las piernas, sin abotonarse la guerrera.

75  —Me pasa la cuenta —dijo.

—¿A usted o al municipio?

El alcalde no lo miró. Cerró la puerta, y dijo, a través de la red metálica:

—Es la misma vaina.

*Los funerales de la Mamá Grande* (1962)

---

[1] **vidriera:** vitrina, pequeño armario con puertas de cristal.

[2] **cargadores elásticos:** tirantes. Juego de dos tiras elásticas para sujetar los pantalones.

[3] **enjuto/a:** delgado, flaco.

[4] **gallinazo:** buitre americano de color negro y cabeza roja.

[5] **caballete:** parte horizontal y superior del tejado donde se juntan sus dos lados.

[6] **gaveta:** cajón.

[7] **umbral:** entrada. Parte inferior del hueco de la puerta.

[8] **absceso:** acumulación de pus en una infección.

[9] **aguamanil:** mueble antiguo con palangana y jarro para lavarse las manos y la cara.

[10] **jadeante:** respirando rápido y con fuerza.

[11] **guerrera:** chaqueta de uniforme militar que se abrocha hasta el cuello.

[12] **cielorraso:** techo plano y liso.

[13] **desfondado/a:** que ha cedido al peso y se ha curvado. Roto y con agujeros.

## Después de leer

**B.** Indica si son verdaderas (V) o falsas (F) las siguientes afirmaciones sobre los dos personajes. Justifica tu respuesta con frases del cuento.

| El dentista Aurelio Escovar: | V | F |
|---|---|---|
| **a.** Se enfada y se altera en cuanto sabe que ha venido el alcalde. | ○ | ○ |
| **b.** No hace caso a su hijo y se muestra indiferente a la insistencia del alcalde. | ○ | ○ |
| **c.** Se acobarda en cuanto oye que el alcalde lo amenaza con pegarle un tiro. | ○ | ○ |

**d.** Se da cuenta de que el alcalde ha estado sufriendo mucho tiempo el dolor de muelas antes de decidirse a ir a su consulta. ○ ○

**e.** Habla suavemente y con educación con el alcalde porque ambos son amigos. ○ ○

**f.** Ha ganado mucho dinero con su trabajo. ○ ○

**g.** Sonríe al alcalde justo antes de comenzar la extracción. ○ ○

| El alcalde: | V | F |
|---|---|---|
| **a.** Mira a los ojos al dentista porque son amigos y hay confianza entre ambos. | ○ | ○ |
| **b.** No lanza ni siquiera un suspiro porque, después de todo, la operación no le ha dolido mucho. | ○ | ○ |
| **c.** Grita de dolor durante la extracción de la muela. | ○ | ○ |
| **d.** Ha acudido a la consulta del dentista con su uniforme militar. | ○ | ○ |
| **e.** Llora de alegría en cuanto ve que le han sacado la muela. | ○ | ○ |
| **f.** Se va de la consulta sin hacer caso de la última instrucción del dentista. | ○ | ○ |

**C.** **Subraya todas las palabras que describan el carácter de don Aurelio Escovar. Justifica cada palabra que escojas con, al menos, una frase del texto.**

|  |  |  |  |
|---|---|---|---|
| valiente | simpático | desordenado | prudente |
| metódico | temperamental | cobarde | inexpresivo |
| tranquilo | nervioso | trabajador | frío |

**D.** **Subraya todas las palabras que describan el carácter del alcalde. Justifica cada palabra que escojas con, al menos, una frase del texto.**

|  |  |  |  |  |
|---|---|---|---|---|
| violento | honrado | quejica | autoritario | simpático |
| desconfiado | orgulloso | pacífico | corrupto | amable |

**E.** **Todo se desarrolla en una atmósfera de rutina, calma y aburrimiento. Escribe algunas palabras que denoten calma.**

...........................................................................................................................

...........................................................................................................................

**F.** **En el cuento hay una frase reveladora de la relación entre los dos personajes. Indica cuál es y explica de qué nos informa.**

...........................................................................................................................

...........................................................................................................................

**G.** **Averigua con qué intención se suele usar en español la expresión *un día de estos...* ¿Por qué crees que García Márquez ha usado esta expresión en el título del cuento?**

...........................................................................................................................

...........................................................................................................................

**H.** Busca las dos referencias a animales que aparecen el cuento y explica:

    **1.** ¿Qué tienen en común ambos animales?

    .................................................................................................................................................

    **2.** ¿Con qué idea asocias ambos animales?

    .................................................................................................................................................

**I.** El cuento nos muestra un duelo, una historia de venganza entre dos hombres que se odian. A diferencia del cuento de Cortázar, aquí la literatura se abre al mundo. Explica qué aspecto de la realidad social critica.

    .................................................................................................................................................

    .................................................................................................................................................

### Ahora te toca a ti

**J.** El narrador de esta historia es un narrador objetivista: muestra una escena desde fuera sin adentrase en la mente de los personajes. Por un lado, el narrador solo nos cuenta lo que hacen y dicen los personajes, parece no saber nada de lo que piensan, ni de su futuro ni de su pasado, como si fuera una cámara de cine. Por el otro, detrás de estos gestos y palabras, al lector no le resulta difícil adivinar, por ejemplo, por qué el dentista abre el cajón o por qué el alcalde no apartaba la vista de él.

Haz tú lo mismo: describe un personaje desde fuera (sus gestos, acciones y palabras) de manera que se adivine, sin que tú lo digas, qué piensa y siente en ese momento. Puedes elegir una de estas situaciones o inventarte tú mismo otra.

- **Miedo:** una mujer maltratada espera con temor el regreso de su marido del trabajo.
- **Amor:** una escena de matrimonio en la que solo uno de los dos está enamorado.
- **Nervios:** primer día de trabajo o primera cita.
- **Remordimiento:** una mujer o un hombre ha engañado a su pareja y vuelve a casa.
- **Celos:** entre dos hermanos, entre amigos o en una pareja.

*"ESCRIBIR ES CREAR UNA VIDA PARALELA DONDE REFU-GIARNOS CONTRA LA ADVERSIDAD, QUE VUELVE NATURAL LO EXTRAORDINARIO Y EXTRAORDINARIO LO NATURAL, DI-SIPA EL CAOS, EMBELLECE LO FEO, ETERNIZA EL INSTANTE"*

Dilo otra vez, Akira: otro premio nobel, ahora peruano, ¿no te parece increíble?

Me parece impresionante y me emociona pensar que puedo compartir algo de tanta riqueza, que somos un poco partícipes de esta fiesta de las letras con solo leer y conocer la obra de estos grandes autores.

Vargas Llosa, además, es un hombre muy activo. Fíjate que escribe artículos en los periódicos, le interesa la política, da conferencias por el mundo… Es una personalidad de su tiempo, sin duda.

## Navega e investiga

1. **En el discurso "Elogio de la lectura y la ficción", pronunciado en diciembre de 2010 al recibir el Premio Nobel, Mario Vargas Llosa hace un emotivo recorrido por su vida y obra. Búscalo en Internet y encuentra las respuestas a las siguientes preguntas.**

   a. ¿A qué edad aprendió a leer Mario Vargas Llosa?

   ..................................................................................................................................................

   b. ¿Qué libros de los que leía en su infancia cita?

   ..................................................................................................................................................

   c. ¿Qué fue lo primero que escribió?

   ..................................................................................................................................................

   d. ¿Quiénes son los *maestros* escritores a quienes lee, admira y de los que aprende?

   ..................................................................................................................................................

   e. Según Vargas Llosa, ¿qué sería del ser humano sin la lectura y la ficción?

   ..................................................................................................................................................

**f.** ¿A qué partido político perteneció en su juventud? ¿Cómo lo explica o justifica?

..............................................................................................................................................

**g.** ¿A qué país europeo en el que vivió varios años debe *enseñanzas inolvidables*?

..............................................................................................................................................

**h.** Resume lo que dice Vargas Llosa sobre América Latina y sobre los escritores que descubrió viviendo en Europa.

..............................................................................................................................................

**i.** ¿Por qué acusaron en su propio país a Vargas Llosa de *traidor*? ¿Cómo explica él su comportamiento?

..............................................................................................................................................

**j.** ¿Qué dice Vargas Llosa sobre España y la transición española hacia la democracia?

..............................................................................................................................................

**k.** Para finalizar, ¿por qué dice Vargas Llosa que hay que convencer a las nuevas generaciones de que la ficción es mucho más que un *entretenimiento*?

..............................................................................................................................................

**2.** **Busca por Internet a los otros diez autores en lengua española que han recibido el Premio Nobel de Literatura. Averigua su país de origen y el año en el que recibieron el premio.**

| Autor/a | País de origen | Año del premio |
|---|---|---|
| | | |
| | | |
| | | |
| | | |
| | | |
| | | |
| | | |
| | | |
| | | |
| Mario Vargas Llosa | Perú | 2010 |

 **Ahora te toca a ti**

**3.** **Escribe una carta o discurso de agradecimiento para leerla ante la clase, como hizo Vargas Llosa al recibir el Nobel. Recuerda que has de hacer un recorrido personal en ella. Puedes elegir entre los siguientes temas:**

**a.** Te han ascendido en tu trabajo.

**b.** Te han elegido el mejor estudiante del curso.

**c.** Quieres agradecer a tus padres o familiares la educación que te han dado.

# Lectura 3: *LA FIESTA DEL CHIVO*

Urania Cabral, abogada y residente en Nueva York desde los catorce años, vuelve a su país natal, Santo Domingo, treinta y cinco años después. Allí visita a su anciano y enfermo padre. Junto con esa historia, se entrelaza otra narración, la de 1961 y los años de dictadura del General Trujillo, apodado "el Chivo" para quien trabajaba el padre de Urania.

## Antes de leer

**A.** Asocia las palabras y frases hechas de la izquierda con su significado en la columna de la derecha.

| EXPRESIONES | SIGNIFICADOS |
|---|---|
| **1.** Espigada ................................• | • **a.** Imponer. |
| **2.** Tez .........................................• | • **b.** Estar soltero/a. |
| **3.** Bruñida .................................• | • **c.** Esbelta, alta. |
| **4.** Infligir ..................................• | • **d.** Acartonado, arrugado, viejo. |
| **5.** Bullicio .................................• | • **e.** Metido dentro de algo. Ser el relleno de algo. |
| **6.** Aletargada ...........................• | • **f.** Deteriorarse, estrellarse. |
| **7.** Frenética ..............................• | • **g.** Cara, rostro. |
| **8.** Caer en picado ......................• | • **h.** Furiosa, rabiosa, alocada. |
| **9.** Embutido ..............................• | • **i.** Ruido, jaleo. |
| **10.** Apergaminado .......................• | • **j.** Brillante, luminosa. |
| **11.** Quedarse para vestir santos ...• | • **k.** Adormilada, inmóvil. |

**57**

### (CAPÍTULO I) Donde nos presenta a la protagonista que regresa a su ciudad natal

Urania. No le habían hecho un favor sus padres; su nombre daba la idea de un planeta, de un mineral, de todo, salvo de la mujer *espigada* y de rasgos finos, *tez bruñida* y grandes ojos oscuros, algo tristes que le devolvía el espejo. ¡Urania! Vaya ocurrencia. Felizmente ya nadie la llamaba así, sino Uri, Miss Cabral, Mrs. Cabral o Doctor Cabral. Que ella recor-

5    dara, desde que salió de Santo Domingo ("Mejor dicho, de Ciudad Trujillo", cuando partió aún no habían devuelto su nombre a la ciudad capital), ni en Adrian, ni en Boston, ni en Washington DC, ni en New York, nadie había vuelto a llamarla Urania, como antes en su casa y en el Colegio Santo Domingo, donde las *sisters* y sus compañeras pronunciaban correctísimamente el disparatado nombre que le *infligieron* al nacer. ¿Se le ocurriría a él o

**10** a ella? Tarde para averiguarlo, muchacha; tu madre estaba en el cielo y tu padre muerto en vida. [...] ¿Has hecho bien en volver? Te arrepentirás, Urania. Desperdiciar una semana de vacaciones, tú que nunca tienes tiempo para conocer tantas ciudades, regiones, países que te hubiera gustado ver [...] retornando a la islita que juraste no volver a pisar. ¿Síntoma de decadencia? ¿Sentimentalismo otoñal? Curiosidad, nada más. Probarte que puedes caminar

**15** por las calles de esta ciudad que ya no es tuya, recorrer este país ajeno, sin que ello te provoque tristeza, nostalgia, odio, amargura, rabia.

[...]

¡Cuánto ha crecido! Cuando la dejaste, en 1961, albergaba trescientas mil almas. Ahora, más de un millón. Se ha llenado de barrios, avenidas, parques y hoteles. [...] No recuerda que, cuando ella era niña y Santo Domingo se llamaba Ciudad Trujillo, hubiera un *bullicio*

**20** semejante en la calle. Tal vez no lo había; tal vez, treinta y cinco años atrás, cuando la ciudad era tres o cuatro veces más pequeña, provinciana, aislada y *aletargada* por el miedo y el servilismo, y tenía el alma encogida de reverencia y pánico al Jefe, al Generalísimo, al Benefactor, al Padre de la Patria Nueva, a su Excelencia el Doctor Rafael Leónidas Trujillo Molina, era más callada, menos *frenética*.

## (CAPÍTULO IV) Donde narra el reencuentro con su padre

Sube la escalera de **pasamanos**[1] descolorido y sin los maceteros con flores que ella recordaba, siempre con la sensación de que la vivienda se ha encogido. Al llegar al piso superior, nota las **losetas**[2] **desportilladas**[3], algunas flojas. Esta era una casita moderna, próspera, amueblada con gusto; *ha caído en picado*, es un **tugurio**[4] [...]

**5** [...] el anciano *embutido* en un pijama azul y **pantuflas**[5] parece perdido en el asiento. Se ha *apergaminado* y encogido, igual que la casa. [...] Entonces tenía los cabellos negros, salvo unas elegantes canas en las sienes; ahora, los **ralos**[6] mechones de su calva son amarillentos, sucios. Sus ojos eran grandes, seguros de sí, dueños del mundo [...] pero, esas dos ranuras que la miran fijamente son pequeñitas, ratoniles y asustadizas. [...]

**10** La casa estaba llena de libros –Urania ojea las paredes desnudas–. ¿Qué fue de ellos? Ya no puedes leer, claro. ¿Tenías tiempo de leer entonces? No recuerdo haberte visto leyendo nunca. Eras un hombre demasiado ocupado. Yo también ahora, tanto o más que tú en esa época. Diez, doce horas en el **bufete**[7] o visitando clientes. Pero me doy tiempo para leer un rato cada día. [...] La ventaja de haberme quedado soltera, papá. ¿Sabías, no? Tu hijita

**15** *se quedó para vestir santos*. Así decías tú: ¡"Qué gran fracaso! ¡No pescó marido!".

*La fiesta del Chivo* (2000)

---

[1] **pasamanos:** barandilla.

[2] **loseta:** azulejo, baldosa.

[3] **desportillado/a:** roto, desconchado, astillado.

[4] **tugurio:** antro, lugar feo, poco agradable.

[5] **pantuflas:** zapatillas de estar por casa, babuchas.

[6] **ralo/a:** escaso, poco.

[7] **bufete:** despacho de abogados.

## Después de leer

**B.** Indica si son verdaderas (V) o falsas (F) las siguientes afirmaciones sobre los fragmentos que acabas de leer. Justifica tu respuesta con el texto.

| | V | F |
|---|---|---|
| 1. La protagonista se llama Urania por su abuela materna. | ○ | ○ |
| 2. Urania era una mujer bajita y regordeta, de cara basta. | ○ | ○ |
| 3. Urania tiene un doctorado universitario. | ○ | ○ |
| 4. Ciudad Trujillo era el nombre que daban a su ciudad, Santo Domingo. | ○ | ○ |
| 5. Urania visita a su padre cada año. | ○ | ○ |
| 6. La ciudad de Urania no ha cambiado nada desde que se marchó de allí, en 1961. | ○ | ○ |
| 7. Al padre de Urania le alegraba que esta estuviera soltera. | ○ | ○ |
| 8. El padre de Urania era un gran lector. | ○ | ○ |
| 9. Urania habla con cariño de su padre. | ○ | ○ |

**C.** Responde a las preguntas sobre la lectura.

1. ¿Cómo crees que es la relación entre Urania y su padre?

   ........................................................................................................................

2. ¿Cómo interpretas el último párrafo del primer fragmento en el que Urania recuerda al General Trujillo?

   ........................................................................................................................

3. ¿Qué crees que quiere decir Urania, tras regresar treinta y cinco años después a su ciudad natal, con estas palabras: "Probarte que puedes caminar por las calles de esta ciudad que ya no es tuya, recorrer este país ajeno, sin que ello te provoque tristeza, nostalgia, odio, amargura, rabia"?

   ........................................................................................................................

   ¿Te has sentido alguna vez como Urania? Explica a la clase la ocasión o circunstancia.

4. La decadencia de la casa y el deterioro del padre de Urania, contrastan con la *nueva* ciudad, más viva, moderna, alegre y bulliciosa. ¿Cómo interpretas esto, sabiendo que el padre de Urania ha sido la mano derecha del dictador Trujillo?

   ........................................................................................................................

5. ¿Por qué crees que Urania echa en cara al padre que no leyera? ¿Puedes dar argumentos a favor de la lectura? Compáralos con los de tus compañeros.

   ........................................................................................................................

6. ¿En qué fragmento se puede deducir que el padre de Urania era machista? Justifica tu respuesta.

   ........................................................................................................................

**D.** Vargas Llosa, en esta obra, refleja la vida de un dictador y de uno de sus ministros, el padre de Urania, de quien sabemos que no lee y que nunca ha tenido tiempo para leer.

1. ¿Cómo interpretas, entonces, la siguiente frase de Vargas Llosa?

> *"La literatura crea una fraternidad dentro de la diversidad humana y eclipsa las fronteras que erigen entre hombres y mujeres la ignorancia, las ideologías, las religiones, los idiomas y la estupidez".*

2. ¿Estás de acuerdo con ella? En parejas, buscad argumentos a favor y en contra de esta afirmación.

 **Ahora te toca a ti**

**E.** Antes y después. Urania nos narra en estos dos fragmentos que acabas de leer cómo eran antes su ciudad, su casa y su padre, y cómo son ahora. Escoge uno de los siguientes temas para describir los cambios que percibes en ellos:

- Tu ciudad (cuando eras pequeño y ahora).
- Alguien de tu familia.
- La situación social, política y económica de tu país.
- Tu mejor amigo.
- Tú mismo.

*"ESCRIBIR UNA NOVELA ES COMO BORDAR UNA TAPICERÍA CON HILOS DE MUCHOS COLORES: ES UN TRABAJO ARTESANAL DE CUIDADO Y DISCIPLINA"*

Esta escritora es también muy conocida, ¿sabes? Yo he visto la película de su novela *La casa de los espíritus*, salía Antonio Banderas y me encantó… me refiero a la historia.

Je,je, ¡te gustó todo, vamos! Pues léete el libro cuando puedas o si no, los *Cuentos de Eva Luna*, ¡son tan poéticos y tan imaginativos!

Empiezo a pensar que esa es una característica de gran parte de la literatura hispanoamericana.

¡Hala, ya te has puesto intelectual!, y tienes razón, como siempre…

## Navega e investiga

1. **En la siguiente *sopa de letras* aparecen diez datos sobre la vida y obra de la autora. Ayúdate de Internet para encontrarlos. Te damos algunas pistas.**

   a. País de nacimiento.

   b. País al que se fue a vivir a los tres años.

   c. Apodo por el que se conoce a su madre.

   d. Estado en el que reside en la actualidad.

   e. Título de seis de sus novelas principales (a una se le han perdido los artículos).

| L | L | S | C | Q | V | D | R | M | O | L | Q | R | I | H |
|---|---|---|---|---|---|---|---|---|---|---|---|---|---|---|
| P | W | G | B | B | B | N | I | I | C | S | H | M | D | A |
| P | R | T | V | Y | F | U | G | U | Z | T | H | U | K | L |
| H | O | R | R | O | Z | L | E | S | H | W | U | E | I | U |
| Z | S | A | T | I | H | C | N | A | P | U | V | B | N | A |
| A | I | P | E | S | N | E | O | T | A | R | T | E | R | P |
| C | A | L | I | F | O | R | N | I | A | A | K | C | C | K |
| S | U | T | I | R | Í | P | S | E | E | D | A | S | A | C |
| F | A | N | R | Z | J | T | S | I | P | C | H | C | H | N |
| C | V | R | L | C | U | L | C | J | U | S | O | I | A | U |
| Z | M | R | H | L | R | A | T | I | D | O | R | F | A | D |
| L | U | I | O | O | U | E | Z | K | H | E | P | E | V | W |
| E | L | Q | I | P | C | R | H | F | U | J | P | E | A | B |
| E | V | A | L | U | N | A | A | Q | F | S | P | N | R | Q |
| M | H | F | P | U | V | X | J | C | C | T | M | B | J | Ú |

**2.** Con los datos biográficos que has encontrado en Internet y en la sopa de letras, **redacta** una breve biografía de Isabel Allende para leerla a tus compañeros.

## Lectura 4: *INICIO DE SEIS NOVELAS*

### Antes de leer

**A.** La mayoría de los fragmentos de Isabel Allende que vas a leer tienen en común que introducen el nombre de sus protagonistas y explican el origen de este. Di qué te sugieren los siguientes nombres. Te damos un ejemplo, con el fragmento que ya has leído de Vargas Llosa.

| Urania | *Recuerda al planeta Urano. Distante, extraterrestre, fría (alejada del sol).* |
|---|---|
| Clara | |
| Eva Luna | |
| Eliza Sommers | |
| Belisa Crepusculario[1] | |

[1] **crepúsculo:** luz tenue que hay tanto al amanecer como al anochecer.

Barrabás llegó a la familia por vía marítima, anotó la niña Clara con su delicada caligrafía. Ya entonces tenía el hábito de escribir las cosas importantes y más tarde, cuando se quedó muda, escribía también las trivialidades, sin sospechar que cincuenta años después, sus cuadernos me servirían para *rescatar la memoria del pasado*. [...] Clara era muy **precoz**[1] y tenía la desbor-
5    dante imaginación que heredaron todas las mujeres de su familia por vía materna.

*La casa de los espíritus* (1982)

Me llamo Eva, que quiere decir vida, según un libro que mi madre consultó para escoger mi nombre. Nací en el último cuarto de una casa sombría y crecí entre muebles antiguos, libros en latín y momias humanas, pero eso no logró hacerme melancólica, porque *vine al mundo con un soplo de selva en la memoria*. Mi padre, un indio de ojos amarillos, provenía del
5    lugar donde se juntan cien ríos, olía a bosque y nunca miraba al cielo de frente, porque se había criado bajo la **cúpula**[2] de los árboles.

*Eva Luna* (1987)

Tenía el nombre de Belisa Crepusculario, pero no por fe de bautismo o acierto de su madre, sino porque ella misma lo buscó hasta encontrarlo y se vistió con él. *Su oficio era vender palabras*. Recorría el país, desde las regiones más altas y frías hasta las costas calientes, instalándose en las ferias y en los mercados, donde montaba cuatro palos con un toldo de

5 **lienzo**[3], bajo el cual se protegía del sol y de la lluvia para atender a su clientela [...]. Belisa Crepusculario había nacido en una familia tan mísera, que ni siquiera poseía nombres para llamar a sus hijos.

"Dos Palabras", *Cuentos de Eva Luna* (1989)

Escucha, Paula, voy a contarte una historia, para que cuando despiertes no estés tan perdida. La leyenda familiar comienza a principios del siglo pasado, cuando un **fornido**[4] marinero vasco desembarcó en las costas de Chile, *con la cabeza perdida en proyectos de grandeza* y protegido por el **relicario**[5] de su madre colgado al cuello, pero para qué ir tan

5 atrás, basta decir que su descendencia fue una **estirpe**[6] de mujeres impetuosas y hombres de brazos firmes para el trabajo y corazón sentimental.

*Paula* (1994)

Todo el mundo nace con algún talento especial y Eliza Sommers descubrió temprano que ella tenía dos: buen olfato y buena memoria. El primero le sirvió para ganarse la vida y el segundo para recordarla, si no con precisión, al menos con poética vaguedad de astrólogo.

*Hija de la Fortuna* (1999)

Vine al mundo un martes de otoño de 1880, bajo el techo de mis abuelos maternos, en San Francisco. [...] Nací de madrugada, pero en Chinatown *los relojes no obedecen reglas* y a esa hora empieza el mercado, el tráfico de carretones y los ladridos tristes de los perros en sus jaulas esperando el cuchillo del cocinero. He venido a saber los detalles de mi nacimiento

5 bastante tarde en la vida, pero peor sería no haberlos descubierto nunca; podrían haberse **extraviado**[7] para siempre en los **vericuetos**[8] del olvido.

*Retrato en sepia* (2000)

---

[1] **precoz:** con el talento e inteligencia de un adulto pese a tener poca edad.

[2] **cúpula:** techo con forma de bóveda circular.

[3] **lienzo:** tipo de tela o toldo.

[4] **fornido/a:** robusto, fuerte.

[5] **relicario:** caja o estuche para guardar reliquias (cosas sagradas, tesoros).

[6] **estirpe:** raza, linaje.

[7] **extraviado/a:** perdido.

[8] **vericueto:** sendero, camino, laberinto.

## *Después de leer*

**B.** **Interpreta** el significado de las siguientes expresiones y contesta a las preguntas relacionadas.

1. "Cincuenta años después, sus cuadernos me servirían para *rescatar la memoria del pasado*".

   • ¿Hay alguien en tu familia que recopile el árbol genealógico o historias familiares?

   • ¿Hasta dónde sabes de tus antepasados? ¿Te gustaría recopilar en un diario la historia de tu familia durante varias generaciones? Explica por qué.

2. "Eso no logró hacerme melancólica, porque *vine al mundo con un soplo de selva en la memoria*".

   • Todos tenemos más de un origen por vía materna o paterna. ¿Cuál es el tuyo? ¿Identificas alguna de tus virtudes o rasgos de personalidad con este *origen*? Compártelo con la clase.

3. "*Su oficio era vender palabras*".

   • ¿Qué crees que significa? ¿Se pueden vender las palabras?

   • Si tú tuvieras que *vender* una palabra del español y otra de tu idioma, ¿cuáles serían y por qué?

4. "Un fornido marinero vasco desembarcó en las costas de Chile, *con la cabeza perdida en proyectos de grandeza*".

   • ¿Qué connotaciones tiene esta expresión en relación con el desembarco de los españoles en Latinoamérica? Justifica tu respuesta.

5. "Nací de madrugada, pero en Chinatown *los relojes no obedecen reglas* y a esa hora empieza el mercado".

   • ¿En qué otras circunstancias de tu vida los relojes no *obedecen* reglas? Compara tu respuesta con la de tus compañeros.

---

 **Ahora te toca a ti**

**C.** **Escribe** en varias líneas, tal y como has visto en los fragmentos leídos, el inicio de la historia de tu familia. Puedes remontarte tan atrás como quieras, o como puedas.

## *"LO BUENO, SI BREVE, DOS VECES BUENO" (BALTASAR GRACIÁN)*

Pero ¿cómo voy a escribir un cuento que tenga siete líneas, Helen? ¡Si eso no existe!

Está claro, necesitas conocer los microrrelatos: mucho condensado en muy pocas palabras. Y no solo existen, Akira, entérate, sino que son muy difíciles.

¡Akira!

Vale, vale, empiezo a practicar: érase una vez…

Que es broma, mujer. Ahora sí: En un lugar de la Mancha… ¡Je, je, je, je!

Un microrrelato no es más que un **cuento muy breve**, lo más breve posible. Los hay incluso de una sola línea. Persigue la máxima intensidad en la mínima extensión. Algunos han visto en el microrrelato la versión en prosa del *haiku* japonés.

El microrrelato borra las fronteras entre los géneros. Está muy cercano al **aforismo**, a la **poesía**. Solo se le exige un mínimo movimiento narrativo y temporal. Aunque se requiera poco tiempo para leerlo, lo que sí necesita detrás es un lector formado, ya que el microrrelato exige una gran colaboración por parte de este.

El microrrelato se populariza en la literatura en español gracias a la renovación expresiva de las vanguardias. Algunas de las **greguerías** de **Ramón Gómez de la Serna** son verdaderos cuentos de apenas una línea. Pero es en el último medio siglo cuando se ha puesto de moda, especialmente en América, con autores como **Borges**, **Cortázar**, **García Márquez** o **Monterroso**.

Lo que queda es una sospecha: ¿No habrá en todo esto un poco de pereza?

**1.** **Nada mejor para comprender qué son los microrrelatos que leer esta entrevista a una reconocida autora argentina de cuentos y microrrelatos: Ana María Shua. Pero necesitamos tu ayuda: se nos han perdido las preguntas y las hemos recuperado, aunque desordenadas. ¿Podrías ayudarnos a escribir las preguntas que correspondan a cada respuesta?**

### ENTREVISTA A ANA MARÍA SHUA

#### Las preguntas perdidas y desordenadas

**a.** *¿Diría usted que el más clásico de todos los microrrelatos es el de Augusto Monterroso, el del dinosaurio?*

**b.** *¿En qué se diferencia un microrrelato de un cuento?*

**c.** *¿Pero es el más representativo?*

**d.** *¿Va publicando los minirrelatos según los escribe o los guarda hasta que tienen una cierta unidad y se publican juntos?*

**e.** *Como usted dice, el minirrelato es, por un lado, un género poco novedoso, pero, por otro, está muy relacionado con este tiempo, en el que todo va muy deprisa.*

**f.** *Con esa facilidad que tiene para escribir conciso, ¿para escribir novelas cómo hace?*

**g.** *Ese cansancio, ¿puede relacionarse también con el hecho de que son historias sin un contexto?*

**h.** *Leí en algún lado una frase de Hemingway, o que se le atribuye a él: "Se venden zapatos de bebé que nunca han sido usados". ¿Eso es para usted un microrrelato?*

**i.** *Los microrrelatos son una lectura con muy buena acogida en la radio. Pero a mí me pone algo nerviosa, porque no me da tiempo a darme cuenta de lo que oigo.*

**j.** *Una de las cosas que más me gusta de su libro es el sentido del humor. ¿Es una parte importante de su trabajo?*

**k.** *Y a la hora de escribirlos, ¿cómo hace?, ¿va cortando o eliminando palabras?*

**Pregunta:** ......................................................................................................................................

En veinticinco líneas, como máximo, es imposible desarrollar personajes o su psicología; hay que trabajar con los conocimientos del lector, hacer como en las artes marciales, donde se aprovecha la fuerza del adversario. Usar los conocimientos del lector para seducirlo y que sea él mismo quien complete el significado. Hay que tener mucho cuidado en lograr que no cruce la frontera del chiste, porque eso es realmente peligroso, quedarse en un jueguito de ingenio.

**Pregunta:** ......................................................................................................................................

El libro que sale ahora en España reúne mis cuatro libros de microficción, con unos sesenta textos nuevos. Mi primer libro, *La sueñera*, es de 1984. El género no tenía todavía el auge de ahora y a mí no me parecía que estuviera haciendo nada particularmente nuevo, en especial porque en Argentina tenemos una fuerte tradición de microrrelato. El primer libro de este tipo fue *Cuentos breves y extraordinarios*, de Borges y Bioy Casares, publicado en 1953. Y todos nuestros grandes escritores, los que han sido cuentistas, escribieron también microrrelatos. Borges, Cortázar, Bioy Casares...

**Pregunta:** ......................................................................................................................................

Es una parte importante de mi personalidad. Aparece en todo lo que hago. Mi problema es que muchas veces me propongo lo contrario, escribir sin humor, porque tampoco uno quiere estar riéndose todo el tiempo.

**Pregunta:** ......................................................................................................................................

Es un género que se adapta muy bien a Internet. En este sentido, sí tiene que ver con la cultura actual. Pero, por otro, los *best sellers* en Occidente son tremendos novelones de ochocientas páginas y nunca jamás un libro de minificción. Por algo será. En una novela, uno conoce un mundo, forma parte de alguna manera de él y puede entrar y salir tranquilamente en cualquier momento. Con el microrrelato es todo lo contrario, cada texto es independiente y requiere mucha atención. Cada texto es un pequeño cosmos que hay que comprender y por eso, en cierto modo, produce fatiga. Un libro de microrrelatos no es para leer de un tirón, como se puede decir de una novela; es todo lo contrario, algo como una caja de bombones, si uno los come todos seguidos se empalaga. No es un libro que se adapte a la velocidad y al poco tiempo que marca la cultura actual.

**Pregunta:** ....................................................................................................................................

Es el lector quien debe poner el contexto. Se le exige que preste una alta concentración y parte de sus conocimientos.

**Pregunta:** ....................................................................................................................................

Es un microrrelato con una forma que considero fácil, la del *aviso clasificado*. Trato de evitarla. Tengo una minificción de solo tres palabras, pero no la he recogido en ningún libro: *Terremoto busca profeta*.

**Pregunta:** ....................................................................................................................................

Es el más conocido.

**Pregunta:** ....................................................................................................................................

No necesariamente. Me parece que es limitado y hasta peligroso. Tiene esto que veníamos comentando, lo mismo que el de Hemingway, es demasiado breve. Tiene un elemento sorpresa y, por supuesto, es interesante y valioso. Pero creo que la minificción tiene posibilidades infinitas que, quizá, ese texto no muestra. Lo que pasa es que es perfecto y muy fácil de citar.

**Pregunta:** ....................................................................................................................................

Eso es fundamental. Es la teoría del *clic* sobre la que discutimos mucho los escritores y los críticos. Yo creo en la teoría del *clic*. Las minificciones necesitan espacio, aire alrededor. Tienen que estar solas en la página y también necesitan espacio cuando se las lee. Una minificción necesita unos veinte segundos de silencio para que se produzca ese clic de comprensión en la mente.

**Pregunta:** ....................................................................................................................................

No. Nacen con esa forma y medida. Lo que hago es cambiar muchas palabras, pulirlo y tratar de perfeccionarlo. Es como si trabajara con distintas partes del cerebro cuando escribo cuento, minificción o novela.

**Pregunta:** ....................................................................................................................................

Sufro. Pero me parece que, en el fondo, todos los novelistas sufren. Esas películas que muestran que el novelista está bloqueado y le da un ataque, y toma la máquina de escribir o la computadora y la tira contra la ventana, siempre se trata de un novelista, nunca de un cuentista.

**Extracto de la entrevista realizada por Soledad Gallego-Díaz para el periódico *El País*
(11 de abril de 2009).**

**2.** **Subraya** la afirmación de la escritora que te parezca más interesante o te haya llamado más la atención. Explica a tus compañeros por qué.

**Navega e investiga**

**3.** **En la entrevista, la periodista cita un microrrelato de Augusto Monterroso sobre un dinosaurio. Búscalo por Internet, léelo y comparte tu opinión con tus compañeros. ¿Estás de acuerdo con lo que dice Ana María Shua sobre él?**

# Lectura 5: *UNOS CUANTOS MICRORRELATOS HISPANOAMERICANOS*

## Antes de leer

**A.** No has leído aún los microrrelatos pero puedes usar tu intuición para adivinar qué cuentan. Elige la opción que creas correcta antes de leerlos.

### "El drama del desencantado"

○ **a.** Un drama teatral sobre un desengaño.
○ **b.** Un encantamiento arruina la vida de una persona.
○ **c.** Los últimos segundos de un suicida.

### "La oveja negra"

○ **a.** Una reflexión sobre la matanza de las minorías y la memoria histórica.
○ **b.** Una reflexión sobre la imposibilidad de ser uno mismo, diferente a los demás.
○ **c.** Una reflexión sobre el racismo y la esclavitud.

### "Teóloga"

○ **a.** Una historia sobre una mujer que descubre a Dios.
○ **b.** Una historia sobre la marginación de las mujeres en el cristianismo.
○ **c.** Una historia sobre la ausencia de Dios en nuestras vidas.

### "69"

○ **a.** Una noche de amor.
○ **b.** El miedo de un hombre a pasar la noche con una mujer.
○ **c.** Una confusión entre sueño y realidad.

## Después de leer

Ahora lee los microrrelatos y comprueba si tus respuestas han sido las correctas. Después contesta a las preguntas que figuran a continuación de los textos.

65

### "El drama del desencantado"

[...] el drama del desencantado que se arrojó a la calle desde el décimo piso, y a medida que caía iba viendo a través de las ventanas la intimidad de sus vecinos, las pequeñas tragedias domésticas, los amores furtivos, los breves instantes de felicidad, cuyas noticias no habían

llegado nunca hasta la escalera común, de modo que en el instante de reventarse contra
5    el pavimento de la calle había cambiado por completo su concepción del mundo, y había
llegado a la conclusión de que aquella vida que abandonaba para siempre por la puerta falsa
valía la pena de ser vivida.

Gabriel García Márquez

**B.** ¿Qué nos dice este cuento sobre la vida?

**C.** Explica la ironía que se nos plantea en él.

### "La oveja negra"

En un lejano país existió hace muchos años una oveja negra.

Fue fusilada.

Un siglo después, el rebaño arrepentido le levantó una estatua ecuestre que quedó muy bien
en el parque.

5    Así, en lo sucesivo, cada vez que aparecían ovejas negras eran rápidamente pasadas por las
armas para que las futuras generaciones de ovejas comunes y corrientes pudieran ejercitarse
también en la escultura.

Augusto Monterroso

**D.** Los antiguos romanos decían que la historia era la maestra de la vida. Según Monterroso, ¿aprendemos realmente de la historia? ¿Qué nos quiere decir con este cuento?

**E.** ¿Te parece un relato cínico? ¿Qué hay detrás de este cinismo?

### "Teóloga"

En el siglo VII después de Cristo, un grupo de teólogos bávaros discute sobre el sexo de los
ángeles. Obviamente no se admite que las mujeres (por entonces ni siquiera era seguro que
tuvieran alma) sean capaces de discutir materias teologales. Sin embargo, uno de ellos es una
mujer hábilmente disfrazada. Afirma con mucha energía que los ángeles solo pueden pertene-
5    cer al sexo masculino. Sabe, pero no lo dice, que entre ellos habrá mujeres disfrazadas.

Ana María Shua

**F.** Averigua qué significa en español la expresión *discutir sobre el sexo de los ángeles*.
¿Sabes de dónde viene esta expresión?

**G.** ¿Qué crees que dice el cuento de las mujeres que tratan de competir (o enfrentarse
o confundirse) con los hombres en una sociedad que las margina?

**H.** Parece un cuento contradictorio o paradójico. Explica por qué.

**"El hombre invisible"**

Aquel hombre era invisible, pero nadie se percató de ello.

Gabriel Jiménez Emán

**I.** ¿Qué opinas de este microrrelato? ¿Te parece un simple juego de ingenio o hay algo más?

**J.** De entre todos los microrrelatos que has leído, ¿cuál te ha gustado más?, ¿por qué?

**"69"**

Despiértese, que es tarde, me grita desde la puerta un hombre extraño. Despiértese usted, que buena falta le hace, le contesto yo. Pero el muy obstinado me sigue soñando.

Ana María Shua

**K.** Explica el título de este cuento.

**L.** ¿Te parece un cuento realista o fantástico?

## Navega e investiga

**M.** Busca un conocido relato chino de hace más de dos mil años sobre una mariposa. Su autor fue el filósofo Chuang Tzu. ¿A cuál de estos microrrelatos te recuerda? Justifica tu respuesta.

**N.** Mural de microrrelatos. En Internet podéis encontrar muchos microrrelatos.

1. Buscad algunos de ellos y haced entre todos un mural con los textos y fotografías o dibujos que sirvan para ilustrarlos. (Si queréis, podéis buscarlos en vuestras lenguas e incluir en el mural el texto original y la traducción al español).

2. Votad cuál es vuestro microrrelato favorito.

## Ahora te toca a ti

**Ñ.** Concurso de microrrelatos. Vamos a hacer un concurso de microrrelatos en clase:

1. Cada uno de vosotros escribe un microrrelato y, tras leerlos, se elige el mejor. ¡No olvides los ingredientes principales: ironía, sentido del humor y la sorpresa final!

2. Luego, podéis *editar* un pequeño libro con todos ellos. ¡Seguro que será un buen recuerdo de tu clase!

# Bibliografía

Los fragmentos que aparecen en este manual se han extraído de las obras que se citan en la siguiente relación:

## Unidad 1: Románticos y liberales

**Lectura 1:** ESPRONCEDA, JOSÉ DE: "Canción del pirata" (*Poesías*, 1840), en Balbín, Rafael (ed.), *Poesía romántica*, Madrid, Castalia, 1999.

**Lectura 2:** LARRA, MARIANO JOSÉ DE: "Un reo de muerte" (*Revista Mensajero*, 30 de marzo de 1835), en Díaz Larios, Luis F. (ed.), *Artículos de costumbres*, Madrid, Espasa-Calpe, 1989.

**Lectura 3:** LARRA, MARIANO JOSÉ DE: "Vuelva usted mañana" (14 de enero de 1833) y "El día de difuntos de 1836" (2 de noviembre de 1836), en Díaz Larios, Luis F. (ed.), *Artículos de costumbres*, Madrid, Espasa-Calpe, 1989.

**Recursos literarios:** LARRA, MARIANO JOSÉ DE: "La policía" y "El duelo", en Díaz Larios, Luis F. (ed.), *Artículos de costumbres*, Madrid, Espasa-Calpe, 1989.

## Unidad 2: La poesía romántica

**Lecturas 1, 2 y 3:** BÉCQUER, GUSTAVO ADOLFO: Rimas "XXIV", "LIII" y "LXVI" (*Rimas*, 1871), en López Estrada, Francisco y López García-Berdoy, M.ª Teresa (eds.), *Rimas y declaraciones poéticas*, Madrid, Espasa-Calpe, 1990.

**Lectura 4:** CASTRO, ROSALÍA DE: Poema "343" (*Orillas del Sar*, 1884), en Armiño, Mauro (ed.), *En las orillas del Sar*, Madrid, Espasa-Calpe, 2002.

**Recursos literarios:** ESPRONCEDA, JOSÉ DE: "A Jarifa, en una orgía" (*Canciones*, 1839), en Balbín, Rafael (ed.), *Poesía romántica*, Madrid, Castalia, 1999.

## Unidad 3: La novela realista

**Lectura 1:** PÉREZ GALDÓS, BENITO: *Misericordia* (1897), en Madrid, Alianza Editorial, 1985.

**Lectura 2:** ALAS "CLARÍN", LEOPOLDO: *La Regenta* (1885), en Baquero Goyanes, Mariano (ed.), Madrid, Espasa-Calpe, 2010.

**Lectura 3:** PARDO BAZÁN, EMILIA: "Las medias rojas" (*Cuentos de la Tierra*, 1922), en *Un destripador de antaño y otros cuentos*, Madrid, Alianza Editorial, 1988.

**Recursos literarios:** Extractos de *Misericordia* y *La Regenta* de las mismas ediciones que las lecturas 1 y 2.

## Unidad 4: El modernismo y la Generación del 98

**Lectura 1:** DARÍO, RUBÉN: "Sonatina" (*Prosas Profanas*, 1896-1901), en Llopesa, Ricardo (ed.), *Prosas profanas y otros poemas*, Madrid, Espasa-Calpe, 2002.

**Lectura 2:** MACHADO, ANTONIO: "Un olmo seco" (*Campos de Castilla*, 1907-1917), en Alvar, Manuel (introd.), *Poesías completas*, Madrid, Espasa-Calpe, 1985.

**Lectura 3:** BAROJA, PÍO: *Mala hierba* (1904), en Madrid, Alianza Editorial, 2005.

**Lectura 4:** BAROJA, PÍO: *El árbol de la ciencia* (1912), en Madrid, Alianza Editorial, 1984.

## Unidad 5. Poesía y vanguardia: la Generación del 27

**1. 2. Las vanguardias en España:** SALINAS, PEDRO, "35 bujías" (*Seguro Azar,* 1928), en *Antología poética de la generación del 27,* Madrid, Castalia, pág. 83.

**Lectura 1:** ALBERTI, RAFAEL: "Si mi voz muriera en tierra" (*Marinero en tierra,* 1925), en Alberti, Rafael, *Marinero en tierra,* Buenos Aires, Losada, 1976, pág. 157.

**Lectura 2:** CERNUDA, LUIS: "Si el hombre pudiera decir" (*Los placeres prohibidos,* 1931), en Ramoneda, Arturo (ed.), *Antología poética,* Madrid, Alianza Editorial, 1977, págs. 44-45.

**Lectura 3:** GARCÍA LORCA, FEDERICO: "Romance de la luna, luna" (*Romancero gitano,* 1924-1927), en Miguel, Emilio de (ed.), Madrid, Espasa-Calpe, 1994, págs. 97-98.

## Unidad 6. Renovación del teatro: Valle-Inclán y García Lorca.

**Lectura 1:** VALLE-INCLÁN, RAMÓN MARÍA DEL: *Luces de Bohemia* (1920), en Madrid, Espasa-Calpe, 1983, págs.104-105.

**Lectura 2:** GARCÍA LORCA, FEDERICO: *La casa de Bernarda Alba* (1934), en Josephs, Allen y Caballero, Juan (eds.), Madrid, Cátedra, 1978, págs. 193-196.

**Recursos literarios:** GARCÍA LORCA, FEDERICO: *Doña Rosita la Soltera* (1935), en Martínez Cuitiño, Luis (ed.), *Doña Rosita la Soltera o el lenguaje de las flores,* Madrid, Espasa-Calpe.

## Unidad 7. Las dos Españas

**Lectura 1:** HERNÁNDEZ, MIGUEL: "El silbo de afirmación de aldea" (*El silbo vulnerado,* 1934), "Mis ojos sin tus ojos" (*Imagen de tu huella,* 1934), "El niño yuntero" y "Canción del esposo soldado" (*Vientos del pueblo,* 1937), "Nanas de cebolla" (*Cancionero y Romancero de Ausencias,* 1939), en Cano Ballesta, Juan (ed.), *El hombre y su poesía,* Madrid, Cátedra, 1977, págs. 66, 72, 124, 131 y 181.

**Lectura 2:** HERNÁNDEZ, MIGUEL: "Elegía a Ramón Sijé", (*El Rayo que no cesa,* 1936), en Cano Ballesta Hernández, Juan (ed.), *El hombre y su poesía,* Madrid, Cátedra, 1977, pág. 85.

**Lectura 3:** NERUDA, PABLO: Poema "XX" (*Veinte poemas de amor y una canción desesperada,* 1924), en Neruda, Pablo, *Veinte poemas de amor y una canción desesperada,* Buenos Aires, Losada, 1974, págs. 23-25.

**Lectura 4:** NERUDA, PABLO: "Alturas del Machu Picchu XII", (*Canto general,* 1950), en Neruda, Pablo, *Canto General,* Edición digital (basada en la de Buenos Aires, Editorial Losada, 1955), Alicante, Biblioteca Virtual Miguel de Cervantes, 2000, págs. 37-39.

## Unidad 8: La literatura durante el franquismo: la narrativa.

**Lectura 1:** SENDER, RAMÓN J.: *Réquiem por un campesino español* (1960), en Barcelona, Destino, 1950.

**Lectura 2:** CELA, CAMILO JOSÉ: *La colmena* (1951), en Villanueva, Darío (ed.), Barcelona, Vicens Vives, 2007.

**2. La novela experimental de los años 60:** MARTÍN SANTOS, LUIS: *Tiempo de silencio* (1962), Barcelona, RBA Editores, 1993.

GOYTISOLO, JUAN: *Señas de identidad* (1966), Madrid, Alianza Editorial, 1999.

**Lectura 3:** DELIBES, MIGUEL: *Cinco horas con Mario* (1966), en Barcelona, Destino, 1991.

# Bibliografía

**Unidad 9:** La literatura durante el franquismo: poesía y teatro

**1. La poesía durante el franquismo:** ROSALES, LUIS: "Creador" (*La casa encendida*, 1949), en *Antología poética*, Madrid, Alianza, 1984.

ALONSO, DÁMASO: "Hermanos" (*Antología poética*, 1949), en *Hijos de la Ira*, Madrid, Espasa, 2007, Colección "Austral 70 años".

OTERO, BLAS DE: "Lo eterno" (*Ángel fieramente humano*, 1959), en *Ancia* (como "La tierra"), Madrid, Visor, 1984, pág. 56.

CELAYA, GABRIEL: "La poesía es un arma cargada de futuro" (*Cantos Íberos*, 1955), en *Trayectoria Poética* (Antología), Madrid, Clásicos Castalia, 1993, págs. 202-204.

CARNERO, GUILLERMO: "Oscar Wilde en París" (*Dibujo de la muerte*, 1967), en Madrid, Cátedra, 2010.

**Lectura 1:** OTERO, BLAS DE: "Inerme" (*Que trata de España*, 1964) e "Indemne" (*Hojas de Madrid con La galerna*, 1970), en Cruz, Sabina de la y Montejo, Lucía (eds.), *Poesía Escogida*, Barcelona, Vicens Vives, 1995, págs.123 y 186-187.

**1. 2. La poesía desarraigada de Gabriel Celaya:** CELAYA, GABRIEL: "Biografía" (*Itinerario poético*, 1975), en Ascunce, José Angel, *Trayectoria Poética* (Antología), Madrid, Clásicos Castalia, 1993, pág. 343.

GOYTISOLO, JOSÉ AGUSTÍN, "Autobiografía" (*Salmos al viento*, 1955-1956), en Riera, Carme, *Poesía*, Madrid, Cátedra, 2009, Colección "Letras Hispánicas", págs. 132 y 133.

**Lectura 2:** CELAYA, GABRIEL: "Hablando en castellano" (*Cantos íberos*, 1954), en *Trayectoria Poética* (Antología), Madrid, Clásicos Castalia, 1993, págs. 200-201.
"Sin lengua" (1960), en *Itinerario Poético*, Madrid, Cátedra, 1975, págs. 107-108.

**Lectura 3:** BUERO VALLEJO, ANTONIO: *Historia de una escalera* (1949), en Serrano, Virtudes (cd.), Madrid, Espasa-Calpe, 1997, Colección "Austral", págs. 60-62 y 74-75 (Acto I) y 105-106 y 119 (Acto III).

**Lectura 4:** SASTRE, ALFONSO: *La taberna fantástica* (1966), en Paco, Mariano de, *La taberna fantástica*, Madrid, Cátedra, 2000, Colección "Letras Hispánicas", págs. 89-92 y 98.

**Recursos literarios:** HIERRO, JOSÉ: "Fe de vida" (*Alegría*, 1947), en Corona Marzol, Gonzalo (ed.), *Antología poética*, Madrid, Espasa-Calpe, 1993, Colección "Austral", pág. 128.
"Vida" (*Cuaderno de Nueva York*), en Olivio Jiménez, José, *Antología Poética*, Madrid, Alianza Editorial, 2003, pág. 220.

CELAYA, GABRIEL, "Meditación" (*Marea del silencio*), "Coro" (*Lo demás es silencio*) y "Hablando en castellano" (*Cantos Iberos*), en *Trayectoria Poética* (Antología), Madrid, Clásicos Castalia, 1993, págs. 99, 166 y 201.

OTERO, BLAS DE: "La tierra" y "Hombre" (*Ancia*), Madrid, Visor, 1984, págs. 56 y 36.

**Unidad 10:** De la transición a la España actual

**Lectura 1:** MARÍAS, JAVIER: *Corazón tan blanco* (1992), en Madrid, Alfaguara, 1999, págs. 11 y 12.

**Lectura 2:** RIVAS, MANUEL: "La lengua de las mariposas" (*¿Qué me quieres, amor?*), Madrid, Punto de lectura, 2012, págs. 21-26.

**1. 3. Lucía Etxebarría:** ETXEBARRÍA, LUCÍA: *Nosotras que no somos como las demás*, Madrid, Destino, 1999, pág. 7.
*La Eva futura, la letra futura*, Madrid, Destino, 2000, págs. 15 y 25.

**Lectura 3:** ETXEBARRÍA, LUCÍA: *Amor, curiosidad, prozac y dudas* (1997), en Barcelona, Plaza y Janés, 1998, págs.: 15-16, 36, 53-55, 82, 113, 115, 118 y 163.

**Lectura 4:** GARCÍA MONTERO, LUIS: "El amor" ("Las palabras", *Completamente viernes*, 1988), en *Poesía* (1980-2005), Barcelona, Tusquets, 2011, Colección "Nuevos textos", pág. 407.

**Lectura 5:** D'ORS, MIGUEL: "Por favor" (*Hacia otra luz más pura*, 1999) en de Cuenca, Luis Alberto (ed.), *Diez poetas de los ochenta*, Madrid, Mercamadrid, 2007.

**Recursos literarios:** MARÍAS, JAVIER: *Corazón tan blanco*, Madrid, Alfaguara, 1999, pág. 122.

ETXEBARRÍA, LUCÍA: *Amor, curiosidad, prozac y dudas*, Barcelona, Plaza y Janés, 1998, págs. 77 y 78.

RIVAS, MANUEL: "La lengua de las mariposas" (*¿Qué me quieres, amor?*), Madrid, Punto de lectura, 2012, pág. 35.

## Unidad 11: La literatura hispanoamericana del siglo XX

**1. 2. La renovación de los años 40: el realismo mágico y la narrativa existencial:** GARCÍA MÁRQUEZ, GABRIEL: *Cien años de soledad* (1967), Madrid, Alfaguara, 1982, pág. 207.

SÁBATO, ERNESTO: *El túnel* (1948), Barcelona, Seix Barral, 1983.

**Lectura 1:** CORTÁZAR, JULIO: "Continuidad de los parques" (*Final del juego*, 1956), en Punto de lectura, 2003.

**Lectura 2:** GARCÍA MÁRQUEZ, GABRIEL: "Un día de estos" (*Los funerales de la Mamá Grande*, 1962), en Barcelona, Plaza y Janés, 1994.

**Lectura 3:** VARGAS LLOSA, MARIO: *La fiesta del chivo*, Madrid, Alfaguara, 2000, págs. 11-15 (capítulo I) y 64-65 (capítulo IV).

**Lectura 4:** ALLENDE, ISABEL: *La casa de los espíritus* (1982), en Madrid, Bibliotex, S.L., 2001, Colección del diario El Mundo, cortesía de Plaza y Janés, pág. 13.
*Eva Luna* (1987), en Barcelona, Plaza y Janés, 1998, pág. 9.
"Dos palabras" (*Cuentos de Eva Luna*, 1989), en Barcelona, debolsillo, 1989, pág. 15.
*Paula* (1994), en Barcelona, debolsillo, 2007, pág. 11.
*Hija de la Fortuna* (1999), en Barcelona, debolsillo, 2010, pág. 11.
*Retrato en sepia* (2000), en Barcelona, Plaza y Janés, 2000, pág. 13.

**Recursos literarios/Lectura 5:** GARCÍA MÁRQUEZ, GABRIEL: "El drama del desencantado", en Imízcoz Beunza, Teresa (ed.), *Manual para cuentistas: el arte y el oficio de contar historias*, Ediciones Península, 1999, pág. 58.

MONTERROSO, AUGUSTO: "La oveja negra", en *La oveja negra y demás fábulas*, Suma de Letras S.L., 2000, Colección "Punto de lectura".

SHUA, ANA MARÍA: "Teóloga", en *Casa de Geishas*, Barcelona, Thule ediciones, 2008.

JIMÉNEZ EMÁN, GABRIEL: "El hombre invisible", en *Los 1001 cuentos de 1 línea*, Caracas, Playco editores, 2002.

SHUA, ANA MARÍA: "69", en *Cazadores de letras*, Madrid, Páginas de espuma, 2009.

## Créditos fotográficos: